主编简介

邓纯东 男，1957年生，马克思主义研究院党委书记、院长，研究员、硕士，博士后合作导师、中国社会科学院研究生院博士生导师，第十三届全国政协委员，全国政协社会和法制专门委员会委员。

主持国家重大交办委托课题和特别重大交办委托课题多项；主持国家社科基金课题4项。筹划马克思主义研究院每年主办的马克思主义及其中国化系列国内论坛10余个，国际论坛3个。

在《人民日报》《光明日报》《求是》等报刊发表理论文章10余篇。主编《中国特色社会主义理论“新思想 新观点 新论断”研究丛书》（6本），《社会主义核心价值观丛书》（12本），《中国梦与中国特色社会主义研究丛书》（10本），《中国道路为什么能成功丛书》（10本），《马克思主义中国化最新成果研究报告》（2013年起每年一卷）等丛书多部。

中国社会科学院
马克思主义理论学科建设与
理论研究工程项目

治国理政思想专题研究文库

开放发展思想研究

邓纯东 主编

KaiFang
FaZhan SiXiang
YanJiu

人民日报出版社

图书在版编目（CIP）数据

开放发展思想研究 / 邓纯东主编. —北京：人民日报出版社，2018.1
ISBN 978-7-5115-5230-3

Ⅰ. ①开… Ⅱ. ①邓… Ⅲ. ①改革开放—中国—文集
Ⅳ. ①D61-53

中国版本图书馆 CIP 数据核字（2018）第 005584 号

书　　名：开放发展思想研究
作　　者：邓纯东

出 版 人：董　伟
责任编辑：周海燕　孙　祺
封面设计：中联学林

出版发行：人民日报出版社
社　　址：北京金台西路 2 号
邮政编码：100733
发行热线：（010）65369509　65369846　65363528　65369512
邮购热线：（010）65369530　65363527
编辑热线：（010）65369518
网　　址：www. peopledailypress. com
经　　销：新华书店
印　　刷：三河市华东印刷有限公司

开　　本：710mm×1000mm　1/16
字　　数：278 千字
印　　张：15. 5
印　　次：2018 年 8 月第 1 版　　2018 年 8 月第 1 次印刷

书　　号：ISBN 978-7-5115-5230-3
定　　价：68. 00 元

编者说明

中国共产党是高度重视理论指导、不断推进马克思主义中国化、善于进行理论创新的党。同时,我们党重视对马克思主义理论的学习和研究工作,重视用马克思主义中国化最新理论成果武装全党和教育人民,推进马克思主义大众化。

党的十八大以来,以习近平同志为核心的党中央坚持以马克思列宁主义、毛泽东思想、邓小平理论、"三个代表"重要思想、科学发展观为指导,坚持解放思想、实事求是、与时俱进、求真务实,坚持辩证唯物主义和历史唯物主义,紧密结合新时代条件和实践要求,以巨大的政治勇气和强烈的责任担当,对经济、政治、法治、科技、文化、教育、民生、民族、宗教、社会、生态文明、国家安全、国防和军队、"一国两制"和祖国统一、统一战线、外交、党的建设等各方面都做出了理论上的回答,以全新的视野深化对共产党执政规律、社会主义建设规律、人类社会发展规律的认识,进行艰辛理论探索,取得重大理论创新成果,提出一系列治国理政新理念新思想新战略。

围绕习近平总书记关于系列治国理政新理念新思想新战略的相关论述,学术界理论界发表了非常多的高质量的阐释性、研究性文章。为了更好地配合学习、研究和宣传习近平系列重要讲话精神,为了更好地推进和加强对习近平关于治国理政思想的研究,中国社会科学院马克思主义理论学科建设与理论研究工程决定编辑出版这套《治国理政思想专题研究文库》。文库从丰富的治国理政思想中撷取二十个方面的重要思想,分二十专题编辑出版。包括:《中国梦思想研究》《全面建成小康社会思想研究》《全面深化改革思想研究》《全面依法治国思想研究》《全面从严治党思想研究》《创新发展思想研究》《协调发展思想研究》《绿色发展思想研究》《开放发展思想研究》《共享发展思想研究》《意识形态工作思想研究》《民主政治建设思想研究》《经济建设思想研究》《社会建设思想研究》《文化建设思想研究》《生态文明建设思想研究》《民族工作思想研究》《国防军队外交思想研究》《"一带一路"思想研究》《人类命运共同体思想研究》。文库采集的论文来自党的十八大至党的十九大期间,在重要报刊上发表的部分理论和学术文章。

限于篇幅,不能把所有的高质量文章收入;基于编者水平,可能会遗漏一些高质量文章,另外,本书在选编工作中难免出现错误与不妥之处,敬请作者与读者一一谅解与指正。

2017 年 10 月

目　录
CONTENTS

用新发展理念统领发展全局*

历史一再证明,在很多情况下,谋求发展光靠赶超的勇气和激情是不够的,必须有正确的发展理念作指引,这样才能少走弯路、实现发展目标。党的十八大以来,以习近平同志为总书记的党中央面对国际形势和国内发展阶段性特征的重大变化,提出一系列治国理政的新思想新理念新战略。特别是在总结国内外发展经验的基础上,提出创新、协调、绿色、开放、共享的新发展理念,实现了党和国家发展理念的与时俱进。新发展理念是关系我国发展全局的一场深刻变革,是指引我们实现全面建成小康社会宏伟目标和今后相当长一个时期发展实践的行动指南。

一、改革开放以来我国发展理念的突破和提升

改革开放以来,我们党提出以经济建设为中心和以提高人民生活水平为主要目标的发展理念,特别是提出了快速提高人均国民生产总值的发展要求。改革开放之初,邓小平同志经过深入调查研究,提出把党在20世纪末的战略目标定为人民生活达到小康水平,并提出了分“三步走”基本实现现代化,到21世纪中叶达到中等发达国家水平。邓小平同志说:“所谓小康,从国民生产总值来说,就是年人均达到八百美元。”提出以人均国民生产总值来衡量发展水平和生活水平,是我国发展理念的一个巨大突破和进步。此前,我国很少使用人均指标,通常是以工农业总产值的增长速度来衡量发展。由于这一指标不能反映净产出和人均生活水平,所以尽管从数字上看增长速度不低,但人民生

* 本文作者:李培林,中国社会科学院副院长、学部委员。

活长期得不到明显改善,也难以了解我国的真实发展水平。实际上,1978 年我国人均国民生产总值只有 190 美元,在世界上排在后列,甚至低于低收入国家的平均水平。提出以人均国民生产总值来衡量发展水平和生活水平,使我国对发展水平和生活水平的目标有了比较精确的定位,提出的发展战略和发展路径更加符合国情和发展规律。

在发展目标中强调人均国民生产总值的增长,在当时也有国际发展大势的影响。二战以后,许多从殖民统治下独立出来的发展中国家面临的首要问题是发展生产力、缓解贫困、增强国力,它们多数确立了以经济增长,更确切地说是以提高人均国民生产总值为目标的发展战略。联合国第一个发展十年(1960—1970)的报告,1969 年应世界银行要求提出的皮尔逊发展报告,以及作为联合国第二个发展十年规划底本的廷伯根发展报告,都把人均国民生产总值的增长作为首要发展目标。而且,东亚和拉美一些国家和地区在 20 世纪60—70 年代的快速发展,印证了提高人均国民生产总值的重要性。然而,片面强调以人均国民生产总值为核心的经济增长而忽略全面发展,在一些拉美国家也带来产业畸形、资源浪费、环境污染、贫富悬殊、债台高筑等问题,造成有增长而无发展,甚至使一些拉美国家落入"中等收入陷阱"。

我国在改革开放初期,就已经认识到完善发展理念的重要性。早在 1982 年底,第五届全国人大第五次会议在通过"六五计划"时,就把"国民经济五年计划"正式改名为"国民经济和社会发展五年计划",增加了"社会发展"的理念。随着实践的发展,我们党又提出"经济社会协调发展""可持续发展""社会进步""人的全面发展""和谐社会建设""生态文明建设"等发展理念,并形成全面、协调、可持续的科学发展观。中国特色社会主义总体布局,从物质文明、政治文明和精神文明三位一体扩展到经济建设、政治建设、文化建设、社会建设、生态文明建设五位一体。发展理念的提升伴随改革发展进程,发展理念的突破推动改革发展实践的突破。今天,以习近平同志为总书记的党中央提出创新、协调、绿色、开放、共享的新发展理念,是对经济社会发展规律认识的深化,是我国发展理念的又一次重大提升,预示着我国发展将再次取得突破性成就。

二、践行新发展理念是关系我国发展全局的关键抉择

进入新世纪以来,我国发展出现了一系列新的阶段性特征,经济体制深刻

变革、社会结构深刻变动、利益格局深刻调整、思想观念深刻变化，人民群众对未来发展和生活前景产生了新的期待和更高要求。与此同时，国际形势动荡多变，我国发展重要战略机遇期的内涵发生深刻变化。与30多年前相比，今天我国经济社会发展面对许多新情况、新趋势、新问题、新挑战。要理解新情况、把握新趋势、解决新问题、应对新挑战，必须进一步完善和提升发展理念。创新、协调、绿色、开放、共享的新发展理念，就是在这样的大背景下提出来的。它聚焦国情、突出问题导向，具有很强的现实针对性。践行新发展理念，是关系我国发展全局的关键抉择。

创新是发展的第一动力，不创新只能是死路一条。我国改革开放后长期依赖投资、出口和劳动力供给，通过引进外资、实施外向型发展战略和发挥劳动力比较优势保持经济持续高速增长。目前，这些条件都发生了根本性变化，表现为产能过剩、出口受阻、劳动力成本大幅上升。仅仅依靠传统发展动力，继续沿着老路走，已经很难走得下去。在这种情况下，创新成为引领发展的第一动力。无论对于经济持续增长还是对于产业结构升级，创新都是关键一招。我们必须把创新摆在国家发展全局的核心位置，让创新成为国家发展和民族进步之魂，让创新在全社会蔚然成风。创新并不仅仅指科技创新和产业结构升级，也包括理论创新、制度创新、文化创新等各方面创新。创新也不仅仅指高科技、机器人、互联网等，创新体现在每一个产品、每一台机器设备的升级换代和标准制定权上。过去我们说，不改革只能是死路一条；现在我们也可以说，不创新也是死路一条。创新是艰难痛苦的，也是长期的，短期难以奏效。全球产业结构和产业链的上端，长期被西方发达国家垄断。要打破这种垄断，必然会受到打压和排斥。所以，对创新的长期性、艰难性必须有充分准备。近年来，我国在大飞机、重型汽车、智能机床、高铁、高速公路、大型桥梁、手机、互联网等一系列领域已成功走出创新之路，显示出创新的巨大动力、潜能和广阔前景。我们必须坚定信心，通过创新尽快实现新旧动力转换，实现发展的成功转型。

协调是持续健康发展的内在要求，只有处理好发展中的重大关系才能跨越“中等收入陷阱”。改革开放以来，我国进入经济起飞和快速发展阶段，从1978年人均GDP不足200美元到2000年人均GDP超过800美元，用20多年时间增加了500多美元；从2000年开始，仅用15年时间，人均GDP就从800多美元增加到8000美元,增加了7000多美元。在这让世界惊叹的快速发展中,发展的不协调问题也格外突出。特别是城乡和区域之间发展不协调、不平衡问题以及社会成员之间收入差距过大问题,成为我国发展中的突出短板。人均GDP8000美元曾经是一些落入“中等收入陷阱”的拉美国家遇到的增长“天花板”,因为经济社会发展失衡等问题,它们在这个“坎”上停滞了一二十年。我国“十三五”时期是全面建成小康社会的决胜时期,是从中等收入国家迈入高收入国家(人均GDP超过12000美元)门槛的关键时期,必须高度重视协调发展,特别是要解决好农村地区、发展落后地区贫困人口的发展问题。国内外发展的经验和教训都表明,协调发展是处理好一系列重大关系的基本遵循。

绿色发展是对发展经验教训的深刻总结,也是现代化建设的必然方向。在改革开放之初,我国就曾提出不能走一些国家在现代化过程中走过的“先污染、后治理”的老路。但在实际发展过程中,一些地方对快速脱贫和富裕起来的渴望压倒了环境保护和资源节约的要求,追求经济增长的短期政绩带来了环境破坏和资源浪费等严重后果。雾霾、饮用水和土壤污染、食品药品不安全等,已经严重影响人们的身体健康和生活质量,引起人们的反思。有人说“奋斗打拼几十年,换不回一片绿水蓝天”,这话虽然有些偏激,但道出了绿色发展的紧要性。突出强调绿色发展,不是来自国际社会的压力,也不是为了宣扬一个口号,而是我们付出惨痛代价后下定的坚强决心。“绿水青山就是金山银山”,这是从我国发展实践中得出的至理名言,是关于财富源泉理论的新思想,目的是形成人与自然和谐发展的现代化建设新格局。

开放是国家繁荣发展的必由之路,是我国的基本国策。我国对外开放从沿海开放、沿边开放、内陆开放再到全面开放,顺应了经济全球化和我国经济深度融入世界经济的大势,带来了我国经济的持续繁荣发展。国际发展经验表明,任何国家都不可能孤立于世界经济体系之外封闭发展。我们应利用好重要战略机遇期,深刻认识重要战略机遇期内涵发生的深刻变化,发展更高层次的开放型经济,积极参与全球治理,推进“一带一路”建设,构建广泛的利益共同体和命运共同体,提高我国在全球治理中制定规则的话语权,维护国家经济政治安全,防止国际风险对我国产生系统性影响。

共享是发展的目的,是中国特色社会主义的本质要求。我国是社会主义国家,我们要全面建成的小康社会是共建共享的社会。因此,必须把共享作为发展的一个重要原则加以认真践行，特别是要解决好突出的民生问题。当前，在就业领域应高度关注和解决好以大学毕业生为主的青年就业问题，化解产能过剩中的就业与职工安置问题，以及农村劳动力进一步转移问题；在教育领域应解决好教育公平问题，加大农村教育投入，加强农民工职业培训，防止农村贫困人口因教育短缺而造成贫困代际传递；在收入分配领域应进一步缩小城乡、区域和社会成员之间的收入差距，进一步加快减少贫困的步伐，确保到2020年现行标准下5500多万贫困人口如期全部脱贫；在社会保障领域应突出解决好进城农民工转变户籍后的同工同保问题，加快推进户籍人口城镇化，基本实现社会保障法定人口全覆盖；在医疗健康领域应解决好看病难、看病贵问题，解决好食品药品安全问题；在社会治理方面应协调好征地拆迁补偿、复转军人安置、水利工程移民安置等方面的矛盾，用法治思维与法治方式处理上访和群体性事件，维护社会治安秩序和人民生命财产安全，使全体人民在发展中有更多获得感。

三、坚持新发展理念包含的重大原则

改革开放以来，我国走出了一条中国特色社会主义强国富民之路，其间也遇到过通货膨胀、政治风波、企业大规模亏损、国际金融危机、重大自然灾害、重大流行病害等一系列重大挑战，但我们都成功应对和克服了。总结这些年的发展经验，最重要的一条就是不断完善和提升发展理念，用新发展理念统领发展全局。创新、协调、绿色、开放、共享的新发展理念，包含中国特色社会主义发展的重大原则。在践行新发展理念的过程中，必须坚持这些重大原则。

坚持党在社会主义初级阶段的基本路线。习近平同志指出："党在社会主义初级阶段的基本路线是党和国家的生命线。我们在实践中要始终坚持'一个中心、两个基本点'不动摇"。新发展理念把坚持以经济建设为中心同坚持四项基本原则、坚持改革开放这两个基本点统一于中国特色社会主义伟大实践。我们的发展是以经济建设为中心的发展，也是全面、协调、可持续的发展。发展必须保持一定的速度，同时必须更加注重质量，发展速度和发展质量是辩证统一的关系。党的领导是中国特色社会主义最本质的特征，在发展中必须加强和改善党的领导。新发展理念是我国在新的发展阶段以解决突出难题、瓶颈问题、短板问题为导向提出的，其中贯穿着党在社会主义初级阶段的基本路线，是一个从发展动力到发展目的的不可分割的整体。

坚持以人民为中心的发展思想。中国特色社会主义制度的优越性，集中体现在经济持续快速发展和人民生活不断改善的有机统一。发展经济是改善民生的基础，改善民生是发展经济的根本目的。我们党反复强调牢固树立并落实好以人民为中心的发展思想。习近平同志明确指出："人民对美好生活的向往，就是我们的奋斗目标。"民生是人心向背的风向标，是社会舆论的晴雨表，是发展信心和发展决心的压舱石。社会要保持和谐稳定，国家要保持长治久安，就要让老百姓的日子越过越好。落实新发展理念，就要始终坚持以人民为中心的发展思想，把保障和改善民生作为一切工作的出发点和落脚点。

坚持用改革和法治为发展保驾护航。习近平同志指出："要创新手段，善于通过改革和法治推动贯彻落实新发展理念，发挥改革的推动作用、法治的保障作用。"从现在起到本世纪中叶还有大约35年时间，当前正处于从实行改革开放起到实现现代化长达70多年的历史时期的中间点，这是一个新的历史起点。我们要从这个新的历史起点出发，用近5年时间全面建成小康社会，接近或迈入高收入国家的门槛，实现第一个百年奋斗目标；再用30年左右的时间达到中等发达国家水平，实现第二个百年奋斗目标，实现中华民族伟大复兴的中国梦。实现这些发展目标并非易事，必须创新发展手段、转变发展方式、拓展发展路径。通过深化改革，持续为发展增添活力、提供动力；通过加强法治，营造安定有序的发展环境、和谐稳定的社会环境。改革与法治共同发力，为我国丰富发展实践、提升发展境界、拓宽发展道路保驾护航。

（原载于《人民日报》2014年3月10日）

以人为本　实事求是　与时俱进
新发展理念彰显马克思主义真理性*

发展是马克思主义政党执政兴国的第一要务。能否在马克思主义指导下确立系统科学的发展理念,是检验马克思主义真理性和马克思主义政党执政能力的“试金石”。创新、协调、绿色、开放、共享的新发展理念,是我们党将马克思主义基本原理同我国具体实际和时代特征相结合的理念结晶,彰显了马克思主义的真理性,彰显了我们党执政兴国的高超智慧与能力。

一、彰显马克思主义以人为本的根本立场

人民是历史的创造者,民心向背是政党政权前途命运的决定因素,这是为马克思主义所揭示并为历史发展所证明的客观规律。坚持以人为本,是马克思主义的基本立场。以人为本,就是始终站在人民大众的立场上,坚持一切为了人民、一切相信人民、一切依靠人民,诚心诚意为人民谋利益。坚持以人为本,实现好、维护好、发展好最广大人民根本利益,是我们党开展一切工作的出发点和落脚点。落实到发展问题上,就是坚持以人民为中心的发展思想,把人民利益放在最高位置,尊重人民主体地位,发扬人民首创精神,想群众之所想、急群众之所急、谋群众之所需,坚持发展为了人民、发展依靠人民、发展成果由人民共享。

面对“十三五”时期我国经济社会发展的新形势和人民群众的新期待、新需求,我们党提出了创新、协调、绿色、开放、共享的新发展理念。这些新发展

* 本文作者:邓纯东,中国社会科学院中国特色社会主义理论体系研究中心。

理念是一个有机联系的整体,集中体现了我们党以人为本的根本立场。创新发展、协调发展、绿色发展、开放发展,人民群众既是主体,又是受益者;共享发展,则鲜明体现了新发展理念的根本价值取向,就是让发展成果最大限度地惠及全体人民。因此,新发展理念一经提出,就得到广大人民群众的衷心拥护和大力支持,必将通过人民群众的伟大实践创造新的人间奇迹。

二、彰显马克思主义实事求是的本质要求

实事求是是马克思主义的本质要求。实事求是,就是从客观存在的事物出发,通过观察和研究、学习和总结、概括和抽象,认识把握事物发展的内在规律。坚持实事求是,是马克思主义真理性的一个重要体现。在发展的问题上坚持实事求是,需要我们从我国现实国情和发展的阶段性特征出发,着力把握推进经济社会发展的科学规律。

社会主义社会的发展,受经济规律、自然规律、社会规律支配和制约。科学把握和自觉遵循这些客观规律对发展提出的要求,就能赢得发展的主动权,顺利实现发展目标。在全面深化改革的重大历史关头,我们党提出创新、协调、绿色、开放、共享的新发展理念,充分体现了马克思主义发展观的真谛,即发展必须是遵循经济规律的科学发展,必须是遵循自然规律的可持续发展,必须是遵循社会规律的包容性发展。

新发展理念遵循经济规律,按照科学发展的基本要求,顺应我国经济深度融入世界经济大循环的趋势,按照适应新常态、把握新常态、引领新常态的总要求,坚持以创新、开放的发展理念引领发展行动,努力以最小投入获得最大产出,不断提高经济效益和劳动生产率,满足全体社会成员的物质和文化需要。

新发展理念遵循自然规律,按照可持续发展的基本要求,强调自觉遵守自然资源和环境容量对发展的刚性约束,绝不使发展逾越生态红线、打破生态平衡;强调在维护绿水青山中打造金山银山,实现绿色发展,促进人与自然和谐共生。

新发展理念遵循社会规律,按照包容性发展的基本要求,以促进共同富裕为目标,致力于让大家共同享有自己创造的福利,实现共同建设、共享发展。只有这样,社会才能永葆和谐稳定,内需潜能才能充分释放,发展动力才能更

加充沛,发展势头才能更加强劲。

三、彰显马克思主义与时俱进的理论品格

真理是绝对真理与相对真理的辩证统一,需要根据时代的变化和实践的推进不断创新发展。马克思主义正是因为具有与时俱进的理论品格,才成为我们始终坚持和遵循的真理;马克思主义的真理性,也正是在人民群众与时俱进的创新实践中、在不断丰富和完善自身中得以体现和证明的。新发展理念是马克思主义中国化的最新理论成果之一,彰显了马克思主义与时俱进的理论品格。

创新、协调、绿色、开放、共享的新发展理念,是马克思主义基本原理在中国的具体运用,坚持了马克思主义一以贯之的立场、观点和方法;同时,新发展理念是针对我国面临的新发展形势、为解决我国经济社会发展存在的突出问题而提出的,具有鲜明的时代特征。创新发展理念科学把握创新驱动发展的时代潮流,将创新作为引领发展的第一动力,摆在国家发展全局的核心位置,为经济发展提供持续动力保障;协调发展理念针对我国经济社会发展不协调的突出问题,强调不断增强发展整体性,为我国经济社会健康、可持续发展奠定坚实基础;绿色发展理念积极回应人们从"求温饱"到"求环保"的新期待,强调经济发展与生态环境保护的有机结合,推进人与自然和谐共生,为中华民族永续发展提供保障;开放发展理念顺应经济全球化的时代潮流和我国经济深度融入世界经济的新形势,强调丰富对外开放内涵、提高对外开放水平,为我国进一步发展提供外部动力和良好国际环境支持;共享发展理念坚持全民共享、全面共享、共建共享、渐进共享,进一步丰富了马克思主义以人为本、共同富裕的内涵。总之,创新、协调、绿色、开放、共享的新发展理念是我们党根据时代变化和发展新形势提出的创新理念,鲜明体现了马克思主义与时俱进的理论品格,鲜明体现了马克思主义的真理性。

(原载于《人民日报》2016 年 2 月 26 日)

论新常态下的五大发展理念*

党的十八届五中全会首次提出了创新、协调、绿色、开放、共享的发展理念,开启了关系我国发展全局的一场意义深远的变革。虽然这五个理念在过去的工作中都有所体现,但在目前的经济新常态方针下,理念的内涵有了重要的发展。十八大以后,以习总书记为首的党中央立足于我国改革开放事业新的发展阶段,提出了新常态这一新的执政方针,指出新常态的特征就是从高速增长转为中高速增长,经济结构不断优化升级,发展动力从要素驱动、投资驱动转向创新驱动。2015 年 12 月的中央经济工作会议仍然重申要认识新常态、适应新常态、引领新常态,因此理论工作者要重点研究经济新常态下五大发展理念的相应内涵和关键节点。

一、创新发展

创新有广义和狭义之分。党的十八届五中全会提出,坚持创新发展,必须把创新摆在国家发展全局的核心位置,不断推进理论创新、制度创新、科技创新、文化创新等各方面创新,让创新贯穿党和国家一切工作,让创新在全社会蔚然成风。这里的创新主要指广义的创新。

科技创新就是狭义的创新。不管是广义还是狭义的创新,都十分重要,但由于篇幅限制,本文重点讨论科技的自主创新问题。

当前,特别要强调以科技创新为动力来突破经济发展“瓶颈”。动力不足

---

* 本文作者:程恩富(1950—),中国社会科学院学部委员、学部主席团成员兼马克思主义研究学部主任、博士生导师,世界政治经济学学会会长,中华外国经济学说研究会会长,研究方向为中外马克思主义及其经济学。

是当下制约我国经济发展的"瓶颈",突破"瓶颈"唯有创新。用创新培植发展新动力,就是要按照十八届三中全会的要求,"发挥科技创新在全面创新中的引领作用,加强基础研究,强化原始创新、集成创新和引进消化吸收再创新"。我国以往的发展基本上靠要素投入、低成本劳动力拉动,属于典型的数量规模型粗放式发展。粗放式发展造成产能严重过剩,资源环境约束,创新能力不足,经济大而不强。今天靠要素投入已难以为继,凭低劳动力成本竞争时代已经过去,单靠传统需求侧的"三驾马车"拉动明显不够。当下必须着力进行供给侧的"新三驾马车"(要素质量、结构优化和科技创新)的改革发展。可见,经济发展对创新的需求比过去任何时期都要强烈而紧迫。只有创新才能从根本上突破发展动力不足的"瓶颈"制约。将创新驱动发展作为我国面向未来的一项重大战略,一方面需要着力推动科技创新与经济社会发展紧密结合,让企业真正成为技术创新的主体。另一方面,政府在关系国计民生和产业命脉的领域要积极作为,加强支持和协调,总体确定技术方向和路线,用好国家科技重大专项和重大工程等抓手,集中力量抢占制高点。实施创新驱动发展战略关键在于增强自主创新能力,努力掌握关键核心技术。①

改革开放以来比较流行的一个错误观点和政策,就是强调市场换技术,强调所谓造不如买、买不如租。实践证明,这个战略是不成功的。一个明显失败的例子是轿车工业的对外开放,更为失败的例子是大飞机工业。八十年代初我国大飞机研发已经相当成熟,飞机制造厂也建立了,但一搞开放,领导层力排众议让"运十"大飞机下马。前几年才在上海搞了商飞公司,大飞机研发和生产才又上马,足足推迟了约30年。如此折腾的原因在于误读开放,以为开放就不要自主创新了,以为通过合资合作能换来核心技术。与错误观点反向而行的成功案例是高铁研发和生产。当时铁道部主动设法打破西方几家大公司的技术垄断,成为中国制造的一张"国际名片"。

错误的政策往往源于错误的理论导向。吴敬琏先生认为制度重于技术,②这种不分时点的表述,是背离经济学和哲学常识的。我们知道,生产力中最重要的是由人掌握的技术,而制度是生产关系和上层建筑的问题。如果笼统地

① 程恩富:《习近平的十大经济战略思想》,《当代社科视野》2014年第1期。

② 吴敬琏:《发展中国高新技术产业:制度重于技术》,中国发展出版社2002年版。

说制度重于技术,那就是说生产关系、上层建筑总是比生产力重要,显然是不对的。

我国经济开放分为几个阶段:第一阶段是强调"引进来"的单一战略,单纯追求对外国的资本和技术等引进。第二阶段强调"引进来和走出去"并重的战略,在继续追求"引进来"的同时,实施中国企业走出去投资的举措。1998 年,江泽民总结自己的工作时,认为过去只讲引进来是不够的,今后应当引进来和走出去并重。此后中央贯彻进出并重战略,开放进入第二阶段。第三阶段强调"自主创新"的新战略,实施自主知识产权和创新型国家的举措。① 十六大以后,时常有材料上报跨国公司实行"斩首行动",胡锦涛批示强调自主创新。后来国务院的机械工业振兴计划,实际上就是这个批示的结果。

但学术界和政界仍然有不同意见,林毅夫先生提出要防止陷入"自主创新陷阱",认为自主创新的成本收益有时候不合算,不如引进技术。② 针对越来越多的跨国公司在华设立研发机构,《光明日报》曾发文认为这是带动我国企业技术进步的良好机遇,中国的技术创新有了希望。人们不禁要问:西方跨国公司难道是来帮助我国掌握核心技术的? 事实上,他们只是来利用我们相对廉价的优秀人力资源,开发出一些适合中国的技术和产品,然后高价卖给我们,最终会制约我们的核心技术发展。20 世纪 30 年代有一个日本教授曾经写文章说日本应该发展"殖民地科技",强调殖民地科技如果完全不发展,宗主国也会受到不利影响,但发展时要保持 15 年左右的技术差距。现在发达国家虽然没有公开这样提,而实际上是只做不说。所以,十六大以后提出自主创新,十七大报告提出建设创新型国家,十八大以后提出创新驱动战略,都是非常正确的。

2000 年以后我提出了自主知识产权优势理论,③指出除了要发挥动态比

---

① 程恩富,侯为民:《转变对外经济发展方式的"新开放策论"》,《当代经济研究》2011 年第 4 期,第 37 - 45 页。

② 佚名:《自主创新是动力还是陷阱》,新华网,http://news.xinhuanet.com/fortune/2005-11/01/content_3711603.htm,2005 年 11 月 01 日。

③ 程恩富,丁晓钦:《构建知识产权优势理论与战略——兼论比较优势和竞争优势理论》,《当代经济研究》2003 年第 9 期。

较优势和综合竞争优势之外,①还必须重点培育和发挥第三种优势,即知识产权优势。前两种优势理论各有缺陷。比较优势理论暗含着各个经济体所具有的资源禀赋保持不变的特征,实践中容易导致"比较优势陷阱",即原来只在国际产业链低端具有比较优势的经济体永远陷在低端,产业结构难以向中高端迈进。美国波特(Porter)提出的竞争优势则因强调多因素的影响,没能抓住问题的关键。所以我提出第三种优势的理论和战略,即自主知识产权优势理论和战略。显然,这一理论和战略的主要实现途径就是自主创新。因此,十八届五中全会把创新作为五大发展理念之首,继续建设创新型国家,提升经济的内生增长水平,说明自主知识产权优势理论和战略与党中央思路高度一致。

二、协调发展

在五中全会公报中提到的五大发展理念中,协调发展具有非常重要的理论和政策意义。从问题导向进行深一步思考,针对当前我国经济社会发展的难题及其对策,有必要确立十大协调发展的新理念和新举措。

一是协调经济与社会发展。整个国民经济的发展应稳中有进、又好又快,但发展经济的出发点和归宿点是改善民生,因而"改善民生就是发展"的价值导向,与社会主义经济发展的根本目的是内在统一的。当前,必须从改善民生就是发展的战略高度来谋划财富和收入分配、就业、医疗、住房、教育、社会保障六大领域的社会发展,是新常态下协调经济发展与社会发展的主要内容。

二是协调速度与效益发展。纵观全球经济增长,1—3%是低速度,4—6%是中速度,7—9%是高速度,10%以上是超高速度,因而我国进入经济新常态的标志之一是高速度转向中高速度,这是客观规律与政策掌控共同作用的状态。为了协调速度与效益的关系,就必须注重经济发展方式,使其从规模速度型粗放增长转向质量效率型集约增长,经济结构从增量扩能为主转向调整存量、做优增量并存的深度调整,经济发展动力由要素驱动、投资驱动等传统增长点转向以创新驱动为代表的新增长点,以及产业结构的不断合理化和高级化。

---

① 程恩富,丁晓钦:《构建知识产权优势理论与战略——兼论比较优势和竞争优势理论》,《当代经济研究》2003年第9期。

三是协调区域之间发展。其关键主要如下:一是统筹协调各经济区的区域发展战略。目前,我国除了继续发展长三角、珠三角和中部经济区以外,已实施“一带一路”、京津冀协同发展、长江经济带、西部大开发、东北老工业基地振兴等一批重点区域发展战略。二是要根据我国主体功能区规划统筹协调、分类指导各区域国土空间的开发。要从全局角度促进这些战略的有机融合,推进经济区和主体功能区之间的优势互补与良性互动。

四是协调城乡之间发展。当下我国城市与农村的经济社会发展差距相对较大,因而尽快进行农村的公共设施建设、中小学义务教育建设、乡镇企业建设以及城乡一体化和城镇化建设,是协调城乡发展的关键。新型城镇化建设应讲究城乡两利和实效,而非单纯追求农村人口进城。

五是协调人与自然发展。要处理好经济建设、人口增长与自然资源利用、生态环境保护的关系。在每个家庭可以生养二孩的新政下,预计将比一孩制多出 1 亿左右的人口总量,这会加剧已经严重恶化的生态环境和资源匮乏的格局,因而必须加大保护和修缮生态环境的力度,加大高效利用自然资源的力度,其中包括推行一些约束性指标。

六是协调公有与私有发展。在严格遵照宪法和党中央一系列文件关于坚持和巩固以公有制为主体、多种所有制共同发展的大框架下,要认真贯彻毫不动摇地同时发展公有制经济和非公有制经济的原则,坚决落实习近平总书记和党中央关于国有企业改革要有利于提高活力、竞争力和国有资本放大功能的“三个有利于”以及做强做优做大国有企业的总方针,重点发展以公有资本控股为主的混合所有制经济,而非单纯发展壮大中外私有制经济或以民营经济为主体。

七是协调先富与共富发展。其核心是完善按劳分配为主体、多种分配方式并存的分配制度体系。首先,坚持和完善公有制经济中的按劳分配制度。其次,坚持和完善政府对财富和收入的调节制度。在初次分配领域,政府要通过对收入分配的相关法律法规的完善和执行,科学调节收入和财富的分配。在再分配领域,政府通过完善税收制度来调节高收入群体的过高收入,通过完善转移支付制度来提高低收入群体的收入,并通过完善法律制度来取缔非法收入。

八是协调物质与精神发展。全面建设小康社会既包括不断提高物质生产和消费水平，也包括文化生产和消费水平，而后者就涉及社会主义核心价值体系和核心价值观的培育与提升，即社会主义市场经济条件下优质精神、进步精神、健康精神等大众化和主流化问题；涉及以马列主义及其中国化理论为灵魂的思想文化软实力增强和国际竞争问题。可见，这一协调意义非凡。

九是协调技术与制度发展。技术属于生产力的范畴，制度属于生产关系和上层建筑的范畴。不宜抽象地永恒认定“制度重于技术”，如同不能简单地说生产关系和上层建筑重于生产力一样。必须重视习近平总书记关于“创新是发展的第一动力”的论断，协调以科技为引领的生产力体系与改革生产关系和上层建筑为内容的制度体系二者的互动发展。

十是协调对内与对外发展。应确立对外开放的目的是为了更好地发展国内的理念，力避采取为开放而开放，甚至于弊大于利的开放措施。目前，我国公有与私有企业应加强联合，逐步夺回被外资不断控制的众多产业部门，包括大众化网站。金融发展要确立服务实体经济和富民强国的思路，要防止外国资本在中国形成金融垄断，谨慎对待并充分论证资本项目开放的问题，加快金融市场的事先、事中和事后全过程监管，特别是加强以有效治理股灾的股市监管法制和能力建设。

三、绿色发展

有一种观点认为，国内外马克思主义者把生态环境恶化主要归因于资本主义制度，我认为，从全球范围看，生态环境的恶化是资本主义制度导致的，中外左翼学者分析得对。对中国来说，主要是思想观念、制度安排、政策和相应的技术没有跟上。其中，构建中国特色社会主义生态制度的体系是当务之急和关键。

首先，政府统一的规划管理制度是生态治理的核心要件。政府是生态制度建设的主导者，良好的生态制度首先需要政府的长远规划和科学管理。完善和落实包括规划环评、政绩考评、资源核算、生态管理等方面和环节在内的政府规划管理制度已刻不容缓。例如，要建立严格的环境保护管理制度体系；要建立体现生态文明建设状况的经济社会发展评价考核体系；要建立和完善生态环境责任追究制度。其中，必须落实一把手负总责制、必要的生态保护一票否决制和终身追究制。对违背科学发展要求、造成资源环境生态严重破坏的要记录在案，实行终身追责，不得转任重要职务或提拔使用，已经调离的也要问责；对推动生态文明建设工作不力的，要及时诫勉谈话；对不顾生态环境约束而盲目决策并造成严重后果的，要严肃追究有关人员的领导责任；对履职不力、监管不严、失职渎职的，要依纪依法追究有关人员的监管责任。

其次，归属清晰的资产产权制度是生态保护的激励方式。归属清晰的资产产权制度通过市场交易，确定资产价格而发挥作用。充分发挥市场在一般资源配置中的决定性作用，可以使价格真实反映自然资源的稀缺程度，准确调节资源供求关系，节约利用资源，减少环境污染，从而推动资源配置效益最大化或效率最优化。

不过，包括资产产权制度在内的生态市场机制在现实生活中并非总是有效。因为生态环境和自然资源是公共产品，而市场机制又具有利益个体性、时空局部性、力量分散性以及信息不对称等局限性，这就容易导致如下情况发生：资产的财产权并非总是能够明确确定，比如空气，就很难具体分配和确定；在谈判人数过多，交易成本过高的情况下，已经明确的资产产权也并非总能转让；在信息不对称情况下，资产产权明确且能够自由转让也并非意味着资源配置的最优化。既然资产产权制度只是在一定条件下和一定范围内起到调节自然资源、改善生态环境的作用，那么就必须发挥好政府调节的主导性作用，而不可迷信市场化。充分发挥政府和市场在生态保护方面的双重作用和各自优势，可以有效避免以财产私有为基础，以市场经济为主体，政府只是守夜人的资本主义制度下所引发的对自然环境的破坏性影响，因而是中国特色社会主义制度优越性的一个集中体现。鉴于此，国家在继续推进自然资源产权交易市场建设的同时，还要健全和完善自然资源资产管理体制与用途管制制度。

再次，自然资源的有偿使用制度是生态开发的约束手段。长期以来由于人们生态保护观念的缺乏，生态管理滞后，生态价值被忽略，造成有些城市资源被无偿使用，较低的排污费征收标准不能有效约束企业排污，因而使生态环境受到损害却得不到补偿和赔偿。为此，应通过完善和实施绿色税费制度、生态补偿制度和损害赔偿制度，贯彻“谁开发谁保护，谁破坏谁恢复，谁受益谁补偿”的公平原则，让动态经济发展中的先行者对其所产生的外部性予以补偿。例如，要积极推进环境保护税和资源使用费改革；要建立反映市场供求关系、资源稀缺程度、生态环境损害成本及修复效益的生态补偿制度；要构建责任明确、途径畅通、技术规范、保障有力、赔偿到位、修复有效的生态环境损害赔偿制度。特别需要强调的是,要通过建立生态环境损害赔偿磋商机制,完善相关诉讼规则,加强赔偿和修复的执行与监督,规范鉴定评估,切实有效赔偿因污染环境、破坏生态而导致的生态环境要素及功能的损害。①

最后,防治结合的从严治理制度是生态平衡的根本保障。对内面临资源约束下的经济转型和技术升级问题,需要改变因经济快速发展而滥用自然资源的生态稀缺局面,提高企业和居民的资源利用率,减少能源耗费,促进资源循环利用,把民众对生态资源的索取控制在合理范围内。国家则必须以防治结合的从严治理制度为治污之根本保障。具体言之,在预防环境污染方面,应对企业强化节能节地节水、环境、技术、安全等市场准入标准,对一切社会成员的行为设立空气、水、土壤、物种保护的最低环境影响标准。只有把资源损耗和生态成本纳入国民经济核算体系,才能使市场价格真实反映经济活动的环境代价,确定恰当的边际社会成本,刺激企业提高资源产出率。

在治理环境方面,各级政府要承担主要的生态责任,履行生态职能,维护生态安全,转变经济发展方式,协调好经济发展和环境保护的关系。为此,要加大财政资金投入,统筹有关资金,对资源节约和循环利用、新能源和可再生能源开发利用、环境基础设施建设、生态修复与建设、先进适用技术研发示范等给予支持。企业要担任绿色发展的主体性角色,通过技术创新和管理创新节能减排,高效生产,兼顾实现经济效益、社会效益和生态效益,实行企业环境行为评级制度及差别化信贷配套政策,引导企业实行绿色化生产经营模式。生态组织要在生态公益宣传、环境损害评估以及应对环境紧急事件等方面独立发挥积极作用。公民个人则要转变消费观念和生活方式,制度化参与环境保护和环境监督,推动创造整洁、优美、和谐的生态环境和形成绿色、低碳、循环的科学生活方式。

四、开放发展

五中全会提出,坚持开放发展,必须顺应我国经济深度融入世界经济的趋

---

① 王尔德:《2018 年全国推行生态环境损害赔偿制度改革》,《21 世纪经济报道》2015 年 09 月 18 日。

势,奉行互利共赢的开放战略,发展更高层次的开放型经济,积极参与全球经济治理和公共产品供给,提高我国在全球经济治理中的制度性话语权,构建广泛的利益共同体。开创对外开放新局面,必须丰富对外开放内涵,提高对外开放水平,协同推进战略互信、经贸合作、人文交流,努力形成深度融合的互利合作格局。2015 年 12 月,中央经济工作会议指出,要继续抓好优化对外开放区域布局、推进外贸优进优出、积极利用外资、加强国际产能和装备制造合作、加快自贸区及投资协定谈判、积极参与全球经济治理等工作。要抓好"一带一路"建设落实,发挥好亚投行、丝路基金等机构的融资支撑作用,抓好重大标志性工程落地。

目前,贯彻党中央关于"发展更高层次的开放型经济"的关键,是要建立起"低损耗、高效益、双向互动、自主创新"的"精益型"对外开放模式,统筹国内经济发展与对外开放的关系,促进国民经济持续健康发展。① 例如,要推进高水平双向开放,首先要以实施自主知识产权战略为重点,加速创新型国家建设,参与国际分工要从较低端向中高端迈进,积极提升对外经济开放的质量。不仅要落实"中国制造 2025",而且要参照德国"工业 4.0"的精神,超前规划我国产业。不能每一个产业都搞后发优势,在高铁方面我们就搞了先发优势,很成功。自主创新需要长期不间断的投入,长期积累,过去我们在这方面做得不够,科技研发费用投入太低,2014 年科技研发经费占比只有 2.1%。

其次,要根据每个产业的自主创新能力来具体确定该产业对外开放的程度和速度,从而为该产业提高自主创新能力营造较为宽松的环境。日本的产业是一个一个开放的,这个经验来自德国。在 19 世纪经济学家李斯特的历史学派影响下,德国迅速起飞,采取的措施就是先保护,先不对英国开放,通过内部竞争提高技术等,产业水平接近英国,或者互有长短,然后才开放互利。

第三,金融开放发展要确立服务于实体经济和富民强国的思路,这是新常态下经济平稳运行的前提条件。服务于实体经济是金融的基本职能。这一职能正常发挥作用的条件是金融发展的速度和水平与实体经济相适应。金融业开放发展滞后于实体经济,就会阻碍实体经济的发展;金融业开放发展超前于

---

① 程恩富,尹栾玉:《加快转变对外经济发展方式须实现"五个控制和提升"》,《经济学动态》2009 年第 4 期,第 63 - 66 页。

实体经济,则会使金融风险不断积累,在金融监管缺位的情况下最终将导致金融危机和经济危机。

新常态下金融发展服务于实体经济和富民强国,需重点做好以下几方面工作。一是要防止外国资本在中国形成金融垄断。外国资本在中国的金融垄断,不仅会攫取大量的金融垄断利润,而且会使中国失去经济自主权和国家安全的屏障。新常态下防止外资的金融垄断,要求我国在发展混合所有制的过程中,通过法律严格限定外国资本在商业金融机构的参股比例和参股条件。二是要谨慎对待并充分论证资本项目开放的问题。资本项目管制是防止国家资本严重冲击国内经济发展的有效手段。资本项目开放的程度和速度要与国内资本市场的抗风险能力和金融监管部分的监管能力相适应。三是加快金融市场的事先、事中和事后全过程和全方位监管,特别是加强以有效治理股灾的股市监管法制和能力建设。一方面,人大要完善金融市场监管的法律制度体系,使法制建设与金融市场发展实践相适应;另一方面,金融监管部门要在监管人员素质、监管技术、监管机制等方面不断提高监管能力。四是人民币"入篮(SDR)"后,金融改革仍应基于国家安全原则,以加强自主型高层次开放。人民币入篮不等于要立即开放资本项目。基于"三元悖论",资本自由流动与汇率稳定和货币政策存在着"钟摆效应",就是保证三个宏观经济政策目标中的一个目标实现的同时,另外两个可以实现一定程度的摆动。具体说来,保证货币政策有效性的同时,实现有管理的浮动汇率制度配合有管制的资本流动。

五、共享发展

五中全会公报提出,坚持共享发展,必须坚持发展为了人民、发展依靠人民、发展成果由人民共享,做出更有效的制度安排,使全体人民在共建共享发展中有更多获得感,增强发展动力,增进人民团结,朝着共同富裕方向稳步前进。缩小收入差距,坚持居民收入增长和经济增长同步、劳动报酬提高和劳动生产率提高同步,健全科学的工资水平决定机制、正常增长机制、支付保障机制,完善最低工资增长机制,完善市场评价要素贡献并按贡献分配的机制。

坚持共享发展,主要涉及民生和共同富裕的问题,其中分配问题最为突出。我国现在财产和收入的分配差距都比较大,基尼系数超过美国;1%最富家庭已拥有我国家庭财产的三分之一,已与美国相同。要注意的是,贫富分化的第一指标不是收入。收入只是财富的流量,而关键是财富的存量,即家庭净资产。家庭净资产才是衡量贫富分化的首要指标。据2015年10月17日《参考消息》报道,最新胡润财富报告说,中国亿万富翁人数已经超过美国。这份追踪财富状况的调查报告说,中国经济虽然放缓,但是2015年亿万富翁人数增加了242人,达到596人。相比之下,美国亿万富翁人数为537人。上述中国亿万富豪人数不包括港澳台地区。

最近十几年来,党中央文件一直强调要"缩小收入差距",但在学界和政界一直有争议,甚至有文章说"富豪是经济引擎,也应是社会楷模"。一种极其流行的错误观点认为,目前贫富差距问题不是首要问题,不是非公经济的大规模发展导致的,而"中等收入陷阱"才是需要担心的问题。这是必须认真辨析的前沿问题。

2007年,世界银行在其发表的《东亚的复兴:经济增长的观点》报告中,用不到一页的篇幅匆匆提出了"中等收入陷阱"一词,但并未给出明确的概念。报告只是描述了陷入"中等收入陷阱"后的若干表现:缺乏规模经济、经济大幅波动或基本停滞、陷入增长困境等。这就提供了模糊的空间,甚至是有意为之。

首先,拉美地区陷入所谓"中等收入陷阱"的真实原因,是由于新自由主义泛滥造成的恶果。新自由主义是古典自由主义的一个极端发展,主张完全市场化、去国家调控化,在凯恩斯主义失效后得势。

其次,在31个低收入国家中,除了朝鲜,全部实行了资本主义,而且多数是非洲国家。资本主义国家所标榜的自身制度的所谓优越性,并没有在这些国家身上得到体现。相反,却说明了低收入资本主义国家也会存在严重的问题。以非洲国家为例,或多或少都与资本主义制度有关:如整体思想观念落后、政治不稳定、国内外冲突不断、粮食短缺、公共卫生事业缺乏、教育供给严重不足、就业问题突出,等等。

第三,高收入没有进入陷阱吗?以美国为首的西方高收入国家已发生长达8年的金融危机、经济危机、财政危机,发生在前几年的"占领华尔街运动"所提出的"1%与99%人的对立"的贫富分化局面,发生频频向外进行经济政治军事霸权扩张的事件,这些均表明美国、欧盟和日本已进入高收入陷阱。

当前,要真正落实五中全会强调的共享和共同富裕的新理念,关键之一在于壮大和完善按劳分配为主体的所有制基础,必须毫不动摇地巩固和发展公有制经济,包括国有经济和多种形式的集体经济、合作经济。公有经济是消灭剥削、消除两极分化、实现共同富裕的经济基础,是发展现代社会化生产力的市场主体,也是限制非公经济剥削、提高劳动财富和劳动收入的重要途径。多年来的事实表明,公有制和按劳分配的主体地位日渐削弱,劳动收入的占比不断下降,归根到底是由于公有经济的主体地位被旁落(被卖掉、被吞占)。要重点发展以公有制为主体和公有资本控股的混合所有制,这是具有全局性最重要的意义。

关键之二在于构建国家主导型劳动者维权机制。目前我国大多数劳动者在非公企业就业,加不加工资主要由老板说了算,政府干预的空间很小。西方政府是站在雇主阶级的立场上主要靠事后调节来协调劳资关系。作为人民政府而非"中性政府"的社会主义政府应汲取西方的教训,应当站在雇员阶级的立场上,主要在事前采取主动、积极措施协调劳动关系或劳资关系。过去在西德企业董事会中的雇员比例制和收入共决机制下,工会依据企业劳动生产率提高来谈判雇员收入的合理增长;在日本,企业依据职工工龄的增加而提高收入等措施,都可以为我国政府借鉴和利用。如果政府严格检查落实法定劳动时间和劳动合同法,劳动者利益完全可以得到保障。我国政府至少应当像当年英国政府一样向企业派出工厂视察员,对于侵犯职工利益的行为直接进行起诉。这是主动协调劳资关系和维护社会稳定的积极措施。如果各级政府等候劳资冲突了,再事后去协调,那就陷于被动,也难以体现人民政府的劳动阶级性质,与从严全面依法治国的积极进取精神并不吻合。

(原载于《南京财经大学学报》2016 年第 1 期)

坚持开放发展

——“五大发展理念”解读之四*

近日，国际货币基金组织决定将人民币纳入特别提款权货币篮子。这是人民币国际化的一个里程碑，也是中国发展更高水平开放型经济的一个重要标志。站在新的历史起点上，习近平同志把开放发展作为引领我国未来五年乃至更长时期发展的“五大发展理念”之一，向世界表明中国开放的大门永远不会关上，中国经济发展将继续为世界带来巨大的正面外溢效应。开放发展理念为提高我国对外开放的质量和发展的内外联动性提供了行动指南，必将进一步拓展实现“两个一百年”奋斗目标的发展道路，进一步拓展实现中华民族伟大复兴中国梦的发展空间，也将进一步拓展世界经济发展空间。

引领我国对外开放领域深刻变革的科学理念

习近平同志提出的开放发展理念，准确把握当今世界和我国发展大势，直面我国对外开放中的突出矛盾和问题，体现了我们党对经济社会发展规律认识的深化、对外开放思想的丰富和发展。

开放发展是准确把握国际国内发展大势的先进理念。近年来，我国对外开放的基础和条件发生深刻变化，对外开放面临新的国际国内形势。从国际看，世界经济进入深度调整期，国际经济合作和竞争格局发生深刻变化，各国既需要携手应对发展问题和经济全球化进程中的各种挑战，又存在抢占科技制高点、整合全球价值链、重构国际经贸规则的激烈竞争。我国已成为世界第

---

* 本文作者：任理轩。

二大经济体和世界经济增长重要引擎,肩负更多的国际责任和期待。同我国在世界经济中扮演的新角色相比,我国对外开放水平总体不够高的矛盾非常突出。只有发展更高层次的开放型经济,才能更好顺应和平、发展、合作、共赢的世界潮流,才能有效应对发达国家再工业化以及TPP、TTIP等高标准区域贸易协定谈判带来的挑战。从国内看,我国经济发展进入新常态,表现出速度变化、结构优化、动力转换三大特点,加快经济发展方式转变和提高发展质量效益的任务更加紧迫。引领经济发展新常态,用好内涵发生深刻变化的重要战略机遇期,必须用高水平开放推动高质量发展。开放发展理念正是在深入把握国际国内发展大势的基础上提出来的。它所倡导的对外开放,不是对过去做法的简单重复,而是要以新思路、新举措发展更高水平、更高层次的开放型经济;既立足国内,充分发挥我国资源、市场、制度等优势,又更好利用国际国内两个市场、两种资源,以开放促改革、促发展、促创新,与世界各国互利共赢、共享发展成果。

开放发展是深化认识发展规律的科学理念。习近平同志指出:“各国经济,相通则共进,相闭则各退。”一语道破世界经济发展规律。开放带来进步、封闭导致落后,这已为古今中外的发展实践所证明。这一发展规律在经济全球化时代表现得尤为明显。第二次世界大战结束后,经济全球化浪潮风起云涌,生产的国际化程度空前提高,各国经济联系日益紧密。根据世界银行2008年发布的一份报告,全球有13个经济体实现了持续25年以上的高速增长,它们的共同特征就是实行对外开放。我国同样是开放发展的受益者。通过深化改革、扩大开放,我国顺利实现了从贫穷落后大国到世界第二大经济体、第一大货物贸易国的飞跃。开放之所以有如此巨大的威力,是因为它符合以扩大市场、深化分工、发挥优势推动经济发展的规律。特别是在经济全球化深入发展、各国经济加速融合的当今时代,只有打开国门搞建设,把一国发展置于广阔的国际空间来谋划,才能获得推动发展所必需的资金、技术、资源、市场、人才乃至机遇和理念,才能充分发挥比较优势,创造更多社会财富。开放发展理念深刻总结国内外发展经验教训,抓住经济全球化时代发展的关键,是对经济社会发展规律认识的深化。

开放发展理念引领对外开放领域深刻变革。理念是行动的先导。习近平同志提出的开放发展理念,赋予开放发展以富有当今时代特色、顺应世界发展潮流、符合我国发展要求的深刻内涵，必将引发对外开放领域的深刻变革。开放发展带动创新、推动改革、促进发展，是其他四大发展的重要支撑，是联通国内国际的纽带桥梁，是全面深化改革和全面依法治国的动力源和试验场。只有坚持开放发展，才能在国际比较和竞争中推进创新、培养人才，使创新发展获得新动能；才能在开拓国际市场中发挥国内国际经济联动效应，使协调发展获得新空间；才能在主动参与全球可持续发展中促进我国生态文明建设，使绿色发展获得新活力；才能在不断扩大同各国互利合作中实现我国更好发展，使共享发展获得新基础。贯彻落实开放发展理念，我国对外开放必将实现质的提升，迈出建设开放型经济强国的新步伐。开放发展是观念、是体制、是格局，不仅将引领我国外向型经济发展的深刻变革，也将推动我国同世界各国的合作共赢事业。

以解决发展内外联动问题为核心，全方位升级开放型经济

习近平同志指出，中国将在更大范围、更宽领域、更深层次上提高开放型经济水平。开放发展理念，核心是解决发展内外联动问题，目标是提高对外开放质量、发展更高层次的开放型经济。开放发展理念包含主动开放、双向开放、公平开放、全面开放、共赢开放等重要思想，将全方位升级我国开放型经济。

主动开放，把开放作为发展的内在要求，更加积极主动地扩大对外开放。对外开放不是权宜之计，而是国家繁荣发展的必由之路。习近平同志指出，“中国越发展，就越开放。”坚持主动开放，就要统筹国内国际两个大局，把既符合我国利益又能促进共同发展作为处理与各国经贸关系的基本准则；以开放促改革，健全有利于合作共赢并同国际贸易投资规则相适应的体制机制；积极参与全球治理，提高我国在全球经济治理中的制度性话语权；努力实现对外开放与维护经济安全的有机统一，在扩大开放中动态地谋求更高层次的总体安全。近年来，我国着力推动二十国集团加强合作，推进“一带一路”建设，筹建亚投行等，迈出主动开放的稳健步伐。在世界经济复苏缓慢、贸易保护主义抬头的今天，我国坚定不移地扩大对外开放，做全球自由贸易的推动者，彰显了负责任大国的胸怀和担当。

双向开放，坚持引进来和走出去并重。坚持引进来和走出去并重，是开放型经济发展到较高阶段的重要特征，也是更好统筹国际国内两个市场、两种资源、两类规则的有效途径。在引进来方面，适应我国加快转变经济发展方式的要求，着力提高引资的质量，注重吸收国际投资搭载的技术创新能力、先进管理经验以及高素质人才。在走出去方面，适应我国对外开放从贸易大国迈向贸易强国、投资大国以及市场、能源资源、投资"三头"对外深度融合的新局面，支持我国企业扩大对外投资，推动装备、技术、标准、服务走出去，提升在全球价值链中的位置。推进双向开放，要求促进国内国际要素有序流动、资源高效配置、市场深度融合。

公平开放，构建公平竞争的内外资发展环境。习近平同志强调："中国市场环境是公平的。所有在中国内地注册企业，都是中国经济重要组成部分。"公平开放要求改变过去依靠土地、税收等优惠政策招商引资的做法，通过加强法治建设，为外资企业提供公平、透明、可预期的市场环境，实现各类企业依法平等使用生产要素、公平参与市场竞争、同等受到法律保护。推进公平开放，表明中国利用外资的政策不会变，对外商投资企业合法权益的保护不会变，为各国企业在华投资兴业提供更好服务的方向不会变，必将进一步增强外资企业长期在华发展的信心。

全面开放，全面布局开放举措、开放内容、开放空间，打造陆海内外联动、东西双向开放的全面开放新格局。追求全面是提高开放水平的必然。习近平同志指出，"中国将继续全面对外开放，推进同世界各国的互利合作。"全面开放体现在开放举措上，就是坚持自主开放与对等开放，加强走出去战略谋划，统筹多双边和区域开放合作，加快实施自由贸易区战略，推进"一带一路"建设，推动陆海内外联动、东西双向开放；体现在开放内容上，就是进一步放开一般制造业，有序扩大服务业对外开放，扩大金融业双向开放，促进基础设施互联互通；体现在开放空间上，就是改变我国对外开放东快西慢、沿海强内陆弱的区域格局，逐步形成沿海内陆沿边分工协作、互动发展的全方位开放新格局。推进全面开放，要求协同推进战略互信、经贸合作、人文交流。

共赢开放，加强国际交流合作，推动经济全球化朝着普惠共赢的方向发展。当前，全球产业链、供应链、价值链加速整合，各国发展联动、机遇共享、命运与共的利益交融关系日益凸显。共赢开放反对保护主义，主张构建开放型世界经济，维护和加强多边贸易体制，为世界各国发展提供充足空间；主张区域自由贸易安排对多边贸易体制形成有益补充,而不是造成新的障碍或藩篱,推动经济全球化朝着普惠共赢的方向发展;以开放发展为各国创造更广阔的市场和发展空间,促进形成各国增长相互促进、相得益彰的合作共赢新格局。推进共赢开放,要求发展全方位、多层次国际合作,扩大同各国各地区的利益汇合,实现互利共赢。

贯彻开放发展理念,推动互利共赢的国际发展合作

习近平同志指出:"我们将坚定不移奉行互利共赢的开放战略,继续从世界汲取发展动力,也让中国发展更好惠及世界。"贯彻落实开放发展理念,我们将以对外开放的主动赢得经济发展和国际竞争的主动,在扩大开放中同世界各国形成深度融合的互利合作格局。

推进"一带一路"建设。今日之世界已成为一个你中有我、我中有你的命运共同体。"一带一路"建设顺应时代潮流,秉持共商、共建、共享原则,致力于实现各国在发展机遇上的共创共享,促进中国与世界在发展机遇相互转化中实现合作共赢,是我国扩大对外开放的重大战略举措。推进"一带一路"建设,应弘扬开放包容、互学互鉴的精神,坚持互利共赢、共同发展的目标,奉行以人为本、造福于民的宗旨,完善双边和多边合作机制,推进同相关国家和地区多领域互利共赢的务实合作。积极推进政策沟通、设施联通、贸易畅通、资金融通、民心相通,广泛开展教育、科技、文化、旅游、卫生、环保等领域合作,共建开放多元共赢的金融合作平台,为世界可持续发展提供新动力,给沿线各国人民带来实实在在的利益。

培育国际经济合作和竞争新优势。形成对外开放新体制,是培育国际经济合作和竞争新优势的关键。为此,上海、广东、天津、福建四个自由贸易试验区正在进行积极探索。今后,应进一步加大制度改革力度,在形成对外开放新体制上迈出新步伐。建立贸易便利化体制机制,全面实施单一窗口和通关一体化;提高自由贸易试验区建设质量,在更大范围推广复制;创新外商投资管理体制,全面实行准入前国民待遇加负面清单管理制度;完善境外投资管理体制,清理取消束缚对外投资的各种不合理限制;加快构建开放安全的金融体系,完善涉外法律法规体系,建立健全风险防控体系;等等。通过全面深化改革,大力营造竞争有序的市场环境、透明高效的政务环境、公平正义的法治环境、合作共赢的人文环境、法治化国际化便利化的营商环境,加快形成有利于培育新的比较优势和竞争优势的制度安排。

形成对外开放战略新布局。完善对外开放区域布局、对外贸易布局、双向投资布局,是形成对外开放战略新布局的重要内容和标志。完善对外开放区域布局,应贯彻开放型经济发展与区域协调发展相结合的思路,支持沿海地区全面参与全球经济合作和竞争,加快内陆沿边地区开放步伐,形成各有侧重的对外开放基地。完善对外贸易布局,应加快对外贸易优化升级,推动外贸由大进大出向优质优价、优进优出转变,着力建设贸易强国。完善双向投资布局,应在大力引进境外资金和先进技术的同时,支持我国企业扩大对外投资,积极搭建金融服务平台,为国际产能和装备制造合作提供更好的金融服务。同时,注重深化内地和港澳、大陆和台湾地区合作发展。

推动全球经济治理体系改革完善。近年来,中国努力推动互利共赢的国际发展合作,成为推动构建平等公正、合作共赢国际经济新秩序的中坚力量。今后,中国将继续推动全球经济治理体系改革完善,积极承担与自身能力和地位相适应的国际责任和义务,努力使全球治理体制更加平衡地反映大多数国家的意愿和利益。加强宏观经济政策国际协调,维护多边贸易体制,加快实施自由贸易区战略,促进形成各国发展创新、增长联动、利益融合的世界经济。

开放的中国造福世界。中国努力在扩大开放中同世界各国形成深度融合的互利合作格局,构建广泛的利益共同体,使中国梦同世界各国人民的美好梦想紧紧相连、息息相通。

(原载于《人民日报》2015 年 12 月 23 日)

五大发展理念的“中国智慧”*

2014年7月，习近平同志在主持召开经济形势专家座谈会时指出：“各级党委和政府要学好用好政治经济学，自觉认识和更好遵循经济发展规律，不断提高推进改革开放、领导经济社会发展、提高经济社会发展质量和效益的能力和水平。”2015年11月，习近平同志在主持中共中央政治局第28次集体学习时强调：“我国经济发展进程波澜壮阔、成就举世瞩目，蕴藏着理论创造的巨大动力、活力、潜力，要深入研究世界经济和我国经济面临的新情况新问题，为马克思主义政治经济学创新发展贡献中国智慧。”

政治经济学：从“学好用好”到“贡献中国智慧”

从“学好用好政治经济学”到发展“为马克思主义政治经济学创新发展贡献中国智慧”，体现了习近平同志在主持这次学习时提出的关于马克思主义政治经济学是坚持和发展马克思主义的“必修课”、要“把实践经验上升为系统化的经济学说，不断开拓当代中国马克思主义政治经济学新境界”重要思想，也是对当代中国马克思主义政治经济学发展提出的新的要求和新的任务。

习近平同志在主持中共中央政治局第28次集体学习时提到：“党的十一届三中全会以来，我们党把马克思主义政治经济学基本原理同改革开放新的实践结合起来，不断丰富和发展马克思主义政治经济学，形成了当代中国马克思主义政治经济学的许多重要理论成果”，这些“重要理论成果”之一就是“关于树立和落实创新、协调、绿色、开放、共享的发展理念的理论”。

---

* 本文作者：顾海良，教育部社会科学委员会副主任。

五大发展理念集发展方向、发展目标、发展方式、发展动力、发展路径等为一体，是改革开放以来我国发展经验的深刻总结，是对“实现什么样的发展、怎样发展”问题的新回答，是马克思主义政治经济学基本原理与中国经济社会发展实际的结合。习近平同志在主持中共中央政治局第28次集体学习时还指出：“要坚持新的发展理念，创新、协调、绿色、开放、共享的发展理念是对我们在推动经济发展中获得的感性认识的升华，是对我们推动经济发展实践的理论总结，要坚持用新的发展理念来引领和推动我国经济发展，不断破解经济发展难题，开创经济发展新局面。”习近平同志对五大发展理念的系列论述，不仅是“十三五”时期而且也是更长时期我国发展思想的深刻阐释，集中体现了我们党对中国特色社会主义经济社会发展规律的新的认识，是习近平同志贡献于当代马克思主义政治经济学的“中国智慧”。

五大发展理念的“问题导向”和“人民呼声”

2015年新年来临之际，习近平同志在全国政协新年茶话会上的讲话就提出：“问题是时代的声音，人心是最大的政治。推进党和国家各项工作，必须坚持问题导向，倾听人民呼声。”在对党的十八届三中全会《中共中央关于全面深化改革若干重大问题的决定》的说明中，他提出过同样的问题：“要有强烈的问题意识，以重大问题为导向，抓住关键问题进一步研究思考，着力推动解决我国发展面临的一系列突出矛盾和问题。”坚持问题导向，聚焦突出问题和明显短板，回应人民群众诉求和期盼，是提出发展理念的基本方法，也是创新发展理念的基本立场。

2015年10月，习近平同志在征求关于制定“十三五”规划建议的意见时提到：“要直接奔着当下的问题去，体现出鲜明的问题导向，以发展理念转变引领发展方式转变，以发展方式转变推动发展质量和效益提升，为‘十三五’时期我国经济社会发展指好道、领好航。”五大发展理念紧紧扣住中国经济社会的趋势性变化和阶段性特征，对中国经济社会发展的实践和理论的问题意识主要在于：发展方式粗放，创新能力不强，部分行业产能过剩严重，在新一轮科技革命的机遇面前，如何将我国经济发展的优势资源集聚到重点领域，力求在关键核心技术上实现突破，力求在国家创新战略上实现突破，实现社会生产力的全面跃升；在社会主义基本制度与市场经济的结合上，如何使市场在资源配置中起决定性作用和更好发挥政府作用这两方面优势更有彰显；在实现全面建成小康社会的决胜冲刺中，如何准确定位人民群众普遍关心的就业、教育、社保、住房、医疗等民生指标，基本公共服务供给不足，使广大人民群众最大限度地共享经济社会发展的成果；在经济社会可持续发展中，如何使生态文明的绿色指标得到切实落实和实现，使人民群众的健康水平和环境质量的提高落到实处、见到实效；在经济社会的全面发展中，城乡区域发展不平衡，如何增强不同地区发展的协调性，特别是促进中西部地区的协同发展，形成国家现代经济社会发展的合理格局；在继续实施对外开放的基本国策中，如何着力提高全面开放型经济新格局，以开放的最大优势谋求中国经济社会的更大发展空间；在实现共同富裕的过程中，如何健全有利于促进社会公平的分配体制和机制，收入差距较大，消除贫困任务艰巨，明确精准扶贫、精准脱贫的政策举措，把更多公共资源用于完善社会保障体系等。

五大发展理念的根本价值和思想力量

直面中国经济社会发展现实问题，以强烈的问题意识，致力于破解发展难题、增强发展动力、厚植发展优势，形成互为一体、协同发力的总体发展理念，这是五大发展理念的根本价值和思想力量之所在。

创新是引领发展的第一动力。马克思认为，“随着一旦已经发生的、表现为工艺革命的生产力革命，还实现着生产关系的革命”。由生产力发展和科学技术革命为根本牵引力的创新理念，既强调了科学技术作为社会生产力要素的根本驱动力量，又强调了这种驱动力量对经济运行、经济体制乃至经济制度变迁的根本推动力量。创新置于发展理念之首位，强调创新在培育发展新动力，形成促进创新的体制框架，塑造更多依靠创新驱动、更多发挥先发优势的引领型发展等方面的意义。习近平同志指出：“一定要牢牢抓住发展这个党执政兴国的第一要务不动摇，在推动产业优化升级上下功夫，在提高创新能力上下功夫，在加快基础设施建设上下功夫，在深化改革开放上下功夫，扎扎实实走出一条创新驱动发展的路子来。”特别是在深入实施创新驱动发展战略中，要拓展视野、开阔创新领域，增强自主创新能力，推动科技创新、产业创新、企业创新、市场创新、产品创新、业态创新、管理创新等，“加快形成以创新为主要引领和支撑的经济体系和发展模式”。“要激发调动全社会的创新激情，持续发力,加快形成以创新为主要引领和支撑的经济体系和发展模式。要积极营造有利于创新的政策环境和制度环境”。“谁拥有一流的创新人才,谁就拥有了科技创新的优势和主导权”。

协调是持续健康发展的内在要求。协调在于把握中国特色社会主义事业总体布局,正确处理发展中的重大关系,重点促进城乡区域协调发展,促进经济社会协调发展,促进新型工业化、信息化、城镇化、农业现代化同步发展,在增强国家硬实力的同时注重提升国家软实力,不断增强发展整体性。习近平同志指出,“要采取有力措施促进区域协调发展、城乡协调发展,加快欠发达地区发展,积极推进城乡发展一体化和城乡基本公共服务均等化。”坚持工业反哺农业、城市支持农村,健全城乡发展一体化体制机制,推进城乡要素平等交换、合理配置和基本公共服务均等化,还要注重推动物质文明和精神文明协调发展,推动经济建设和国防建设融合发展。

绿色是永续发展的必要条件。恩格斯在回溯人类久远的历史发展时指出:“我们每走一步都要记住:我们绝不像征服者统治异族人那样支配自然界,绝不像站在自然界之外的人似的去支配自然界——相反,我们连同我们的肉、血和头脑都是属于自然界和存在于自然界之中的;我们对自然界的整个支配作用,就在于我们比其他一切生物强,能够认识和正确运用自然规律。”绿色是人民对美好生活追求的重要体现,要坚持节约资源和保护环境的基本国策,坚持可持续发展,坚定走生产发展、生活富裕、生态良好的文明发展道路,加快建设资源节约型、环境友好型社会,形成人与自然和谐发展现代化建设新格局,推进美丽中国建设,并为全球生态安全做出中国贡献。2015 年 9 月,习近平同志在第 70 届联合国大会上作的题为“携手构建合作共赢新伙伴,同心打造人类命运共同体”的演讲中指出:“要构筑尊崇自然、绿色发展的生态体系。人类可以利用自然、改造自然,但归根结底是自然的一部分,必须呵护自然,不能凌驾于自然之上。我们要解决好工业文明带来的矛盾,以人与自然和谐相处为目标,实现世界的可持续发展和人的全面发展。”绿色作为中国发展理念的内涵,是对世纪之交中国生态文明建设实践经验的总结和理论探索的凝练,奠定了当代中国马克思政治经济学生态经济理论的坚实基础。

开放是国家繁荣发展的必由之路。习近平同志认为:“经济全球化、社会信息化极大解放和发展了社会生产力,既创造了前所未有的发展机遇,也带来了需要认真对待的新威胁新挑战。”中国开放发展的基本理念就是:“在经济全球化时代,各国要打开大门搞建设,促进生产要素在全球范围更加自由便捷地流动。各国要共同维护多边贸易体制,构建开放型经济,实现共商、共建、共享。要尊重彼此的发展选择,相互借鉴发展经验,让不同发展道路交汇在成功的彼岸,让发展成果为各国人民共享。”开放在于顺应我国经济深度融入世界经济的趋势,奉行互利共赢的开放战略,坚持内外需协调、进出口平衡、引进来和走出去并重、引资和引技引智并举,发展更高层次的开放型经济,积极参与全球经济治理和公共产品供给,提高我国在全球经济治理中的制度性话语权,构建广泛的利益共同体。习近平同志指出:“要加快转变政府职能,发挥好试验区辐射带动作用,着眼国际高标准贸易和投资规则,使制度创新成为推动发展的强大动力。”扩大对外开放要同实施“一带一路”等国家重大战略紧密衔接起来,同国内改革发展衔接起来。开放理念强调开创对外开放新格局,丰富对外开放内涵,提高对外开放水平,形成深度融合的互利合作的开放新格局等观点,是对中国改革开放理论的新的概括。

共享是中国特色社会主义的本质要求。习近平同志强调,“广大人民群众共享改革发展成果,是社会主义的本质要求,是我们党坚持全心全意为人民服务根本宗旨的重要体现。我们追求的发展是造福人民的发展,我们追求的富裕是全体人民共同富裕。改革发展搞得成功不成功,最终的判断标准是人民是不是共同享受到了改革发展成果。”共享在于坚持发展为了人民、发展依靠人民、发展成果由人民共享,做出更有效的制度安排,使全体人民在共建共享发展中有更多获得感,增强发展动力,增进人民团结,朝着共同富裕方向稳步前进。共享要坚持经济发展以保障和改善民生为出发点和落脚点,全面解决好人民群众关心的教育、就业、社保、医疗卫生、食品安全等问题,让改革发展成果更多、更公平、更实在地惠及广大人民群众。要按照精准扶贫、精准脱贫要求,确保在既定时间节点打赢扶贫开发攻坚战。

(原载于《前线》2016 年第 1 期)

习近平对外开放理念研究*

党的十八大以来,以习近平同志为总书记的党中央在推进中国特色社会主义伟大事业的进程中,深化对共产党执政规律、社会主义建设规律、人类社会发展规律的认识,形成一系列治国理政新理念新思想新战略。在习近平治国理政新理念新思想新战略中,对外开放思想占有重要地位。

一、习近平对外开放思想形成的现实背景

习近平总书记一直高度重视中国的对外开放问题。党的十八大召开后不久,2012 年 12 月 5 日,在人民大会堂同在华工作的外国专家代表座谈时他就明确指出:"我们的事业是向世界开放学习的事业。关起门来搞建设不可能成功。我们要坚持对外开放的基本国策不动摇,不封闭、不僵化,打开大门搞建设、办事业。"①习近平对外开放思想有深厚的现实基础。

(一)习近平对外开放思想是对经济全球化历史进程的科学把握

十五、十六世纪以来,人类社会经济全球化的进程基本上可以划分为三个主要阶段。第一个阶段是殖民扩张和世界市场初步形成的阶段。这一阶段的特点就是西方国家以军事暴力推进经济扩张,实施产业占领。很多国家都被西方国家当作产品的倾销地,这种单向度的、不公平的、掠夺式的产品倾销成为经济全球化第一阶段的显著特点。正如二十世纪英国最重要的现代历史学家之一的霍布斯鲍姆所言:"资本主义积累的特色,正是它的无限性。标准石

---

* 本文作者:辛向阳,中国社会科学院马克思主义研究院研究员、博士生导师。

① 《中国是合作共赢倡导者践行者》,《人民日报》2012 年 12 月 06 日。

油公司、德意志银行、戴比尔斯钻石公司,其自然疆界是在宇宙的尽头,或其能力所能达到的极限。”①这一阶段一直持续到第一次世界大战之前,各个帝国主义国家对世界的瓜分完成。正如列宁在《帝国主义论》中指出的那样:1876年以后,殖民地有极大的扩张,英国、俄国、法国、德国、美国、日本6个最强的大国的殖民地增加了一半以上,由4000万平方公里增加到6500万平方公里,增加了2500万平方公里,比各宗主国的面积(1650万平方公里)多一半。世界各地区各民族都被卷入资本主义世界体系之中,大部分国家都成了这些帝国主义国家的附庸。这一阶段的经济全球化给很多国家人民带来了深重灾难。第二个阶段就是两个平行世界市场阶段,是半全球化阶段。第二次世界大战结束后,世界政治格局发生了巨大变化,相继诞生了十多个社会主义国家,在亚非拉,一大批殖民地半殖民地国家纷纷宣告独立。世界上形成了社会主义和资本主义两大阵营,资本主义国家对社会主义阵营进行经济封锁,在客观上形成了两个平行的世界市场。每一个市场都有自己的规则,相互之间高筑起壁垒,互不往来。第三个阶段就是经济全球化深度发展的阶段。1991年苏联解体,标志着冷战结束,两大阵营直接对立的局面不复存在,两个平行的市场随之消失。在这一阶段的初期,经济全球化主要表现为以西方国家为主导的贸易体系席卷全球。各国相互依存大幅加强,经济全球化快速发展演化。冷战结束25年来,经济全球化达到了一个新的阶段,深刻影响着各个国家和人民的命运。

(二)习近平对外开放思想深刻把握了我国同世界关系的客观历程

与经济全球化500年的历程相一致,从明清以来,中国与世界的关系经历了三个复杂的阶段。第一个阶段是从闭关锁国到半殖民地半封建阶段。由于封建统治制度的落后,在鸦片战争之前长达300多年的时间中,封建专制统治者把中国隔绝于世界市场和工业化大潮之外。接着在鸦片战争之后,中国成为西方列强进行疯狂掠夺的地方,成为积贫积弱的国家。习近平总书记在2014年6月9日两院院士大会上的讲话中指出:“明代以后,由于封建统治者闭关锁国、夜郎自大,中国同世界科技发展潮流渐行渐远,屡次错失富民强国的历史机遇。鸦片战争之后,中国更是一次次被经济总量、人口规模、领土幅

① 霍布斯鲍姆:《帝国的年代》,贾士蘅译,中信出版社2014年版,第356页。

员远远不如自己的国家打败。"①第二阶段是"一边倒"和封闭半封闭阶段。新中国成立后,由于美国和西方国家封锁我们,再加上我们是社会主义阵营的国家,在外交上我们采取向苏联"一边倒"的政策,我们的发展是在相对封闭的环境中进行的。到"文化大革命"时期,中国在经济上基本同世界隔绝,没有多少贸易和经济往来。第三个阶段就是全方位对外开放阶段。从1978年改革开放以来,中国不断扩大对外开放领域,提高对外开放水平。2001年中国加入世界贸易组织,实现了我国同世界关系的历史性变革。从三个阶段的历史演变来看,中国什么时候坚持了对外开放,什么时候就能够得到比较好的发展,反之亦然;什么时候开放程度高,什么时候发展的水平就高,反之亦然。

(三)习近平的对外开放思想深刻把握了当前中国发展外部环境的机遇和挑战

冷战结束后,尽管曾经一度出现了"一极世界",但世界多极化和国际关系民主化大势谁也无法改变。以西方国家为主导的全球治理体系出现变革和分化的迹象,争夺全球治理和国际规则制定主导权的较量十分激烈。由于西方发达国家在经济、科技、政治、军事上的优势地位还没有根本改变,国际政治经济秩序中的不合理不公正现象依然存在。中国只有不断扩大开放,在开放中增强综合国力,更加熟悉国际经济、世界贸易竞争的规则,才能在全球治理和国际规则的制定中发挥出更大作用,才能使国际政治经济秩序更加公平合理。经过改革开放38年来的艰苦努力,中国已经成为世界第二经济大国、最大货物出口国、第二大货物进口国、第二大对外直接投资国、最大外汇储备国、最大旅游输出国、世界经济增长最大贡献国等,成为世界政治经济版图变化最重要的动能所在。同时,要看到我国经济大而不强问题依然突出,科技创新能力水平不高问题依然明显。要解决这些问题,需要进一步扩大开放,通过提高开放的水平和质量、广度和深度,使中国的经济和科技真正走向既大又强、既强又优,从而把经济科技实力转化为国际制度性权力。当前和今后一个时期,我们在国际上面临的矛盾、风险、挑战不少,比如"中国市场经济地位"之争会更加复杂,贸易保护主义不断抬头,中国走出去的步伐会受到各方面制约等。我们

---

① 习近平:《在中国科学院第十七次院士大会、中国工程院第十二次院士大会上的讲话》,《人民日报》2014年06月10日。

要敢于应对这些挑战，扩大开放的规模和程度，实现经济治理体系和治理能力现代化，以对外开放的主动赢得经济发展和国际竞争的主动。

二、习近平对外开放思想的科学内涵

习近平总书记围绕着"实现什么样的开放、如何开放"这一重大问题，阐述了很多新的思想，丰富和发展了中国特色社会主义理论体系的对外开放理论。习近平总书记的对外开放思想包括开放发展思想、开放型经济强国思想、人类命运共同体思想以及"一带一路"战略等。

第一，阐明了开放发展的思想。党的十八届五中全会提出了开放发展的理念，指出"开放是国家繁荣发展的必由之路。必须顺应我国经济深度融入世界经济的趋势，奉行互利共赢的开放战略，坚持内外需协调、进出口平衡、引进来和走出去并重、引资和引技引智并举，发展更高层次的开放型经济，积极参与全球经济治理和公共产品供给，提高我国在全球经济治理中的制度性话语权，构建广泛的利益共同体。"①之后，习近平总书记多次阐明了开放发展的重要意义及基本内涵。他在十八届五中全会上就《中共中央关于制定国民经济和社会发展第十三个五年规划的建议》起草的有关情况向全会做的说明中指出，(《建议》)第六部分讲坚持开放发展、着力实现合作共赢，从完善对外开放战略布局、形成对外开放新体制、推进"一带一路"建设、深化内地和港澳以及大陆和台湾地区合作发展、积极参与全球经济治理、积极承担国际责任和义务6个方面展开。这就把开放发展包含的主要内容讲清楚了。习近平强调，现在的问题不是要不要对外开放，而是如何提高对外开放的质量和发展的内外联动性。2015年10月29日，他在党的十八届五中全会第二次全体会议上的讲话中指出："我们必须坚持对外开放的基本国策，奉行互利共赢的开放战略，深化人文交流，完善对外开放区域布局、对外贸易布局、投资布局，形成对外开放新体制"②。这是对开放发展的科学阐述。

第二，阐明了开放型经济新体制和开放型经济强国的科学含义。习近平

---

① 《中共中央关于制定国民经济和社会发展第十三个五年规划的建议》，《人民日报》2015年11月04日。

② 习近平：《在党的十八届五中全会第二次全体会议上的讲话(节选)》，《求是》2016年第1期。

在很多讲话中都强调要形成对外开放新体制,发展更高层次的开放型经济,以扩大开放带动创新、推动改革、促进发展。党的十八届五中全会明确要求到2020年,开放型经济新体制基本形成。什么是开放型经济新体制?2015年5月5日,中共中央国务院审议通过的《关于构建开放型经济新体制的若干意见》对此做了明确解释,即加快培育国际合作和竞争新优势,更加积极地促进内需和外需平衡、进口和出口平衡、引进外资和对外投资平衡,逐步实现国际收支基本平衡,形成全方位开放新格局。这一体制的特征就是十二个字:互利共赢、多元平衡、安全高效。其标志就是:建立起了与国际高标准投资和贸易规则相适应的管理方式,形成了参与国际宏观经济政策协调的机制,形成了深度交融的互利合作网络机制,健全了完善外商投资国家安全审查机制,健全了贸易摩擦应对机制等。在2020年开放型经济新体制基本形成的基础上,我们要向开放型经济强国迈进。

第三,阐明了命运共同体的思想。2013年在莫斯科国际关系学院的演讲中,习近平总书记第一次阐释了命运共同体的思想。迄今为止,习近平总书记近百次阐述了命运共同体的思想。他先后提出了亚洲命运共同体、中国—东盟命运共同体、中非命运共同体、中拉命运共同体、人类命运共同体等思想。建设人类命运共同体是我们推进对外开放的重要目标。人类命运共同体告诉我们,当今世界,各国相互依存、休戚与共,各国相互联系的程度空前加深,任何一个国家的发展都离不开其他国家的发展,人类生活在同一个地球村里,生活在历史和现实交汇的同一个时空里,越来越成为你中有我、我中有你的命运共同体;要树立双赢、多赢、共赢的新理念,扔掉我赢你输、你赢我输或者赢者通吃的旧思维;共同维护和发展开放型世界经济,必须反对各种形式的保护主义,维护自由、开放、非歧视的多边贸易体制;各国要充分发挥自身的比较优势,共同优化全球经济资源配置,完善全球产业布局,建设利益共享的全球价值链,减少高端价值链对于低端价值链的损害,培育普惠各方的全球大市场,实现互利共赢的发展。

第四,阐明了"一带一路"思想。"一带一路"建设是扩大开放的重大战略举措和经济外交的顶层设计。2013年9月7日,习近平访问哈萨克斯坦在纳扎尔巴耶夫大学发表演讲时第一次提出了"丝绸之路经济带"的思想。之后不到一个月,10月3日,在印度尼西亚国会发表演讲时,习近平又提出了21世纪

"海上丝绸之路"的思想。"一带一路"战略的提出大大丰富了对外开放的理念,也给国际社会发展带来了新的启迪。2016 年 4 月 29 日,中央政治局就历史上的丝绸之路和海上丝绸之路进行了第三十一次集体学习,习近平总书记在主持学习时强调,"一带一路"建设是我国在新的历史条件下实行全方位对外开放的重大举措、推行互利共赢的重要平台。我们必须以更高的站位、更广的视野,在吸取和借鉴历史经验的基础上,以创新的理念和创新的思维,扎扎实实做好各项工作,使沿线各国人民实实在在感受到"一带一路"给他们带来的好处。"一带一路"是什么路? 它是唤起沿线国家的历史记忆之路,唤醒了人们对于古代丝绸之路的美好回忆,古代丝绸之路是一条贸易之路,更是一条友谊之路。凭借着这条道路,中国的四大发明传到了中亚和西方国家,改变了一些国家的历史发展进程。正如习近平总书记 2016 年 5 月 30 日在全国科技创新大会、两院院士大会、中国科协第九次全国代表大会上的讲话中引用马克思的话所阐明的那样,马克思说:"火药、指南针、印刷术——这是预告资产阶级社会到来的三大发明。火药把骑士阶层炸得粉碎,指南针打开了世界市场并建立了殖民地,而印刷术则变成新教的工具,总的来说变成科学复兴的手段,变成对精神发展创造必要前提的最强大的杠杆。"①凭借着这条道路,马可·波罗来到中国,在中国游历了 17 年,后来回到意大利,在 1299 年写完《游记》。《马可·波罗游记》为欧洲人展示了全新的知识领域和视野。这本书的意义,在于它导致了欧洲人文的广泛复兴。在当代,这是一条能够给沿线各个国家带来大利的阳光大道,而不是只为少数国家谋私利的狭窄小路。"一带一路"建设已经给很多国家带来了巨大利益。2016 年 6 月,习近平在访问塞尔维亚期间,塞尔维亚总统尼科利奇讲:"习近平主席曾经说,实现中国梦不仅造福中国人民也造福世界人民,我们就是最好的例证。"②"一带一路"就是实现中国梦同时造福各国人民的共赢之路。

三、习近平对外开放思想的鲜明特征

习近平总书记一再强调,改革开放是强国之路。扩大开放不是选与不选

---

① 马克思,恩格斯:《马克思恩格斯文集》第 8 卷,人民出版社 2009 年版,第 338 页。

② 杜尚泽,王远:《携手共建"一带一路"》,《人民日报》2016 年 06 月 27 日。

的“选择题”,而是必须考好的“必答题”。中国坚定不移实行对外开放的基本国策,坚持打开国门搞建设,利用各种方式创造更全面、更深入、更多元、更互惠的对外开放格局。习近平对外开放思想体现了中国人敢于和善于到国际市场的汪洋大海中搏击风浪的智慧和能力,这些思想具有以下鲜明特征。

首先,宽广的马克思主义视野。习近平总书记在阐述中国的对外开放时,始终坚持马克思主义的立场、观点和方法。用马克思主义视野观察经济全球化就能够科学地把握中国对外开放的基本特征、发展趋势,就能够制定出科学的举措。2016 年 1 月 18 日,习近平总书记在省部级主要领导干部学习贯彻十八届五中全会精神专题研讨班开班式上发表的讲话中说,早在 19 世纪,马克思、恩格斯在《德意志意识形态》《共产党宣言》《1857—1858 年经济学手稿》《资本论》等著作中就详细论述了世界贸易、世界市场、世界历史等问题,“《共产党宣言》指出:‘资产阶级,由于开拓了世界市场,使一切国家的生产和消费都成为世界性的了。’马克思、恩格斯的这些洞见和论述,深刻揭示了经济全球化的本质、逻辑、过程,奠定了我们今天认识经济全球化的理论基础”①,更是奠定了我们今天对外开放的思想基础。《共产党宣言》明确指出:“新的工业的建立已经成为一切文明民族的生命攸关的问题”。② 这一论断尽管已经过去了 168 年,其意义依然重要。当代中国必须通过自身的努力和对外开放,推进工业化水平,成为世界重要的制造强国。要想生活得好,就必须生产得好。中国制造强国建设离不开对外开放,中国已经做出了系统部署,比如推进中国制造 2025 与德国工业 4. 0 的对接。这一点,习近平总书记在 2016 年 6 月 13 日会见德国总理默克尔时讲得很明确。习近平指出,“两国政府已为‘中国制造 2025’同德国‘工业 4. 0’对接搭建了平台,要引导和鼓励两国企业实现项目落地。”③默克尔则表示,双方应该努力增进互信,加紧落实德国“工业 4. 0”同“中国制造 2025”对接合作。这种合作会提升双方工业化的水平。

其次,博大的国际胸怀。习近平的对外开放思想一方面体现了维护国家核心利益的爱国主义情怀,另一方面体现了推进人类和平与发展事业的全球

① 习近平:《在省部级主要领导干部学习贯彻党的十八届五中全会精神专题研讨班上的讲话》,《人民日报》2016 年 05 月 10 日。

② 马克思,恩格斯:《马克思恩格斯选集》第一卷,人民出版社 1995 年版,第 276 页。

③ 李伟红:《习近平会见德国总理默克尔》,《人民日报》2016 年 06 月 14 日。

视野和国际胸怀。2013 年 3 月 19 日,在接受金砖国家媒体联合采访时,习近平强调:"中国人是讲爱国主义的,同时我们也是具有国际视野和国际胸怀的。"①中国进行对外开放,根本目的是为实现中华民族伟大复兴提供良好的外部环境,其基本前提就是绝不能放弃我们的正当权益,绝不能牺牲国家核心利益,任何国家不要指望我们会拿自己的核心利益做交易,不要指望我们会吞下损害我国主权、安全、发展利益的苦果。在对外开放中维护国家利益,这是我们的底线原则。与此同时,我们的对外开放是为人类发展做出更大贡献的开放,不是只顾自己利益的开放。习近平总书记 2013 年 1 月 28 日在十八届中央政治局第三次集体学习时指出:"我们要树立世界眼光,更好把国内发展与对外开放统一起来,把中国发展与世界发展联系起来,把中国人民利益同各国人民共同利益结合起来,不断扩大同各国的互利合作,以更加积极的姿态参与国际事务,共同应对全球性挑战,努力为全球发展作出贡献。"②中国经济增长对世界经济增长的贡献已经连续 6 年保持在 25% 以上,中国已经成为世界经济的稳定器、动力源。中国作为负责任大国,在免除一些国家债务和对外援助方面做出了极大努力。《中国与非洲的经贸合作》白皮书提供的数据显示,从 2000 年至 2009 年,中国已免除 35 个非洲国家总计 189. 6 亿元人民币的债务。2015 年 9 月 26 日,习近平在联合国发展峰会上宣布,中国将免除对有关最不发达国家、内陆发展中国家、小岛屿发展中国家截至 2015 年底到期未还的政府间无息贷款债务。在"中国免除最不发达国家债务"方面,习近平指出:"多算大账,少算小账,特别要多算政治账、战略账,少算经济账、眼前账。"③这就是国际胸怀、大国责任。

再次,强烈的风险意识。对外开放是在国际舞台上与狼共舞,与强手过招,面临着很多风险和陷阱。习近平指出:"我们今天开放发展的大环境总体上比以往任何时候都更为有利,同时面临的矛盾、风险、博弈也前所未有,稍不留神就可能掉入别人精心设置的陷阱。"其一是修昔底德陷阱。中国要参与国际事务发挥更大作用,有的西方学者就提出所谓修昔底德陷阱。正像 2016 年

---

① 《习近平接受金砖国家媒体联合采访》,《人民日报》2013 年 03 月 20 日。

② 《更好统筹国内国际两个大局夯实走和平发展道路的基础》,《人民日报》2013 年 01 月 30 日。

③ 王坎,李建广,李尧:《中国免除外债是穷大方》,《人民日报》2015 年 09 月 28 日。

7月6日全国人大外事委员会主任委员、中国社科院国家全球战略智库首席专家傅莹在英国皇家国际问题研究所发表演讲中所说,尽管中国经过30多年改革开放取得巨大的成功,因为与西方体制的差异,中国长期以来在政治上被西方世界所排斥。所排斥的方式之一就是制造所谓的修昔底德陷阱。修昔底德陷阱的含义是,一个崛起中的新兴强国必然对古老的霸主发起挑战,从而触发世界范围的冲突,犹如修昔底德笔下的雅典和斯巴达。冲突的结果也会是灾难性的,像雅典和斯巴达的冲突一样,两个强国都走向衰落。中国的发展在一些西方人看来就是要挑战斯巴达的雅典。对此,习近平多次强调了避免修昔底德陷阱的问题。2014年1月22日,美国《世界邮报》刊发了对习近平的专访,习近平专门谈到在当今世界处理大国之间的关系时说,我们都应努力避免陷入“修昔底德陷阱”。2015年9月在访问美国时多次谈到这一问题。如22日在西雅图欢迎晚宴上,习近平表示,世界上本无“修昔底德陷阱”,但大国之间一再发生战略误判,就可能自己给自己造成“修昔底德陷阱”。① 其二,企业走出去的安全审查陷阱。极少数国家不仅排斥我们,而且给我们设置各种陷阱和障碍。中国企业要到美国去投资,就要接受美国外国投资委员会反反复复的审查,很多企业因此折戟沉沙。美国外国投资委员会2016年2月公布了最新的外商投资报告,数据显示美国对外国投资国家安全审查空前严苛,审查案件数量创历史纪录,而中国企业遭受审查数量,连续第三年名列榜首。其三,技术引进壁垒。1949年11月在美国的提议下秘密成立了针对社会主义国家的巴黎统筹委员会(简称“巴统”),负责对社会主义国家实行禁运和贸易限制。“巴统”还有针对中国贸易的特别禁单,该禁单所包括的项目比苏联和东欧国家所适用的国际禁单项目多500余种。1994年4月1日,巴统正式宣告解散。然而,它所制定的禁运物品列表后来被《瓦森纳协定》(全称为《关于常规武器和两用物品及技术出口控制的瓦森纳安排》)所继承,延续至今。《瓦森纳协定》包含两份控制清单:一份是军民两用商品和技术清单,涵盖了先进材料、材料处理、电子器件、计算机、电信与信息安全、传感与激光、导航与航空电子仪器、船舶与海事设备、推进系统等9大类;另一份是军品清单,涵盖了各类

① 杜尚泽,廖政军:《习近平出席华盛顿州当地政府和美国友好团体联合欢迎宴会并发表演讲》,《人民日报》2015年09月24日。

武器弹药、设备及作战平台等共22类。中国被明确列为禁运国家之列。所以时至今日，中国从西方发达国家进口高技术产品异常困难。这一点，习近平总书记看得非常清楚。2013年3月4日在参加全国政协十二届一次会议科协、科技界委员联组讨论时，他指出："现在，比较正常的技术引进也受到种种限制，过去你弱的时候谁都想卖技术给你，今天你发展了，谁都不愿卖技术给你，因为怕你做大做强。在引进高新技术上不能抱任何幻想，核心技术尤其是国防科技技术是花钱买不来的。人家把核心技术当'定海神针'、'不二法器'，怎么可能提供给你呢？"①我们必须坚定不移地走中国特色自主创新道路，把核心技术牢牢掌握在自己手中。

习近平总书记的对外开放思想充满着辩证法的力量，这一思想告诉我们，要充分估计国际格局发展演变的复杂性，更要看到世界多极化向前推进的态势不会改变，在这一"变与不变"中不断把中国的对外开放推向深入；要充分估计世界经济调整的曲折性，更要看到经济全球化进程不会改变，在这一"变与不变"中推动中国企业走出去强筋健体，使中国经济更深地融入世界经济之中；要充分估计国际矛盾和斗争的尖锐性，更要看到和平与发展的时代主题不会改变，在这一"变与不变"中团结世界各种和平力量，共同促进世界的繁荣与发展；要充分估计国际秩序之争的长期性，更要看到国际体系变革方向不会改变，在这一"变与不变"中以中国的开放推进国际经济政治秩序的公正合理化；要充分估计我国周边环境中的不确定性，更要看到亚太地区总体繁荣稳定的态势不会改变，在这一"变与不变"中我们要坚持亲、诚、惠、容的周边外交理念，以更加开放的胸襟和更加积极的态度促进地区合作。

（原载《贵州省党校学报》2016年第4期）

① 中共中央文献研究室：《习近平关于科技创新论述摘编》，中央文献出版社2016年版，第36页。

坚持开放发展　调整开放战略*

十八届五中全会首次提出“创新、协调、绿色、开放、共享”五大发展理念。这是在总结几十年国际国内发展经验与教训的基础上提出的、指导中国未来发展的重大理念。其中,开放发展是非常重要的理念。

过去几十年,中国一直强调对外开放,并把对外开放作为基本国策,但更多的是讲涉外经济活动,如吸引外资、发展对外贸易、对外投资、经济合作等。如今,对外开放上升为新的发展理念,跟以前所说的对外开放有何区别?我认为,开放发展就是要求在所有工作中都要用全球视野、世界眼光去谋划发展,要利用好全球资源和全球市场,推进中国的发展。五大发展理念并不是划块,不是说科技工作要讲创新、涉外经济工作要讲开放,而是每一个领域都要按照五大发展理念来谋划工作。比如文化工作,也要有开放发展的理念,也要用全球视野来谋划文化发展。所以,开放发展的理念,就是要学习借鉴全人类已经取得的发展成果,用全球眼光去谋划发展,利用好外部资源和外部市场,并将其与内部资源和内部市场有机结合起来。也就是说,现在讲开放,已不限于涉外经济活动,开放的适用范围大大扩展了。

一、把开放发展理念放在决定国家和民族命运的高度来认识

虽然五大发展理念是针对“十三五”规划提出来的,但是绝不仅仅适用于“十三五”规划,而是在相当长的时期内都将指导我们的工作。开放发展理念为什么重要?

---

* 本文作者:隆国强,国务院发展研究中心副主任。

第一,开放发展理念是符合世界潮流的。孙中山先生曾说,“世界潮流,浩浩荡荡,顺之者昌,逆之者亡。”当今世界最大的潮流就是经济全球化,一个国家要寻求发展,就必须顺应潮流。经济全球化能成为最大的潮流,是因为它反映了生产力发展的要求,生产要素要在全球配置,全球市场越来越统一。早期的亚当・斯密、大卫・李嘉图都论证了全球分工对促进经济发展的意义,而在实践中亦是如此。

第二,开放发展理念是在总结自身和国际发展经验教训的基础上提出的,有历史经验作为支撑。中国过去一百多年的历史,实际上就是从封闭走向开放的历史。中国曾经是最辉煌的、最发达的国家。1793 年,乾隆皇帝执政,被称为中国历史上最聪明、最智慧、最有作为的皇帝之一。面对英国公使马戛尔尼的通商请求,他却说,我们天朝大国物产丰盈,不需要与蛮夷之邦通商,但我可以赏赐给你礼物,你带着礼物回家吧。这是两个国家之间失之交臂吗?现在看来,这是一个最伟大的农业文明与工业革命以后的工业文明之间失之交臂。农业文明的大国在不经意间与工业革命擦身而过,并在此后短短几十年间的一系列战争中,从大国地位迅速滑落。英法联军六千人可以攻破几十万人驻守的北京城,一路畅通无阻。今天我们再来反思,这不只是冷兵器和热兵器之间的区别,而是农业文明与工业文明之间的战争,战争不打,胜负已定。

今天,中国又面临着一场以信息技术为代表的新一轮技术革命。如果中国不开放,就会面临与新一轮信息技术革命擦身而过的风险。历史的经验教训非常透彻地告诉我们,中国的发展必须开放。不是世界离不开中国,而是中国离不开世界。当然,随着中国的贡献越来越大,世界会越来越离不开中国。要把开放发展理念放在决定一个国家、一个民族命运的高度来认识。

二、贯彻开放发展理念须与时俱进调整开放战略

要贯彻开放发展理念,必须与时俱进调整我们的开放战略。开放发展本身是把双刃剑,必须有正确的开放战略和有效的措施,才能保证在开放中趋利避害。

回顾历史,不同的国家走过不同的道路,取得了不同的成果。例如阿根廷,在一百年前 GDP 与美国差不多,但是一百年之后的今天,它与美国的差距有多大?二战后,拉美国家和东亚经济体走了不同的发展道路,拉美国家选择

了进口替代战略,而东亚国家走出了一条出口导向的发展道路。其实,这两者背后就是封闭发展和开放发展之间的区别。当然,这两种不同的发展思路也带来了不同的效果。

过去30多年,中国从封闭走向开放,取得了巨大成效。世界银行报告指出,中国是在全球化进程中少数几个获利较多的发展中国家之一。也就是说,中国在开放过程中实现了趋利避害。与此同时,在全球化进程中很多国家也在推进开放,但效果不尽相同。像中国这样能够真正成为全球化赢家的国家并不多,更多的发展中国家未得其利,先受其害。

所以,历史经验告诉我们,开放发展很重要,闭关锁国就会落后挨打,但并不是“一开就灵”,不是打开国门就一定能够取得好的发展成效。想在全球化进程中趋利避害,必须有正确的开放战略和有效的措施。开放战略是随着外部环境和自身发展阶段的变化而变化的,如果不与时俱进地调整,曾经有效的开放战略可能就会渐渐失效,甚至会带来负面效果。

在新的历史时期,从“十三五”的新发展阶段来讨论进一步扩大开放,中国要想继续抓住全球化的机遇,必须根据已经发生和即将发生的内部与外部环境变化,来调整开放战略。

首先,新的开放战略要体现中国经济发展新常态提出的要求。

开放战略从来不是独立的战略,而是国家整体发展战略中的一部分。过去30多年,中国的整体发展战略是延续多年的工业化战略,主要目标就是加速推动中国的工业化。开放战略则是通过利用好外部资源和外部市场,来服务于中国的工业化进程。按照“两个缺口”理论,一个国家在工业化进程中会受到两个制约因素,一是资金缺口,一是外汇缺口。后起国家是在全球化进程中推进工业化,解决外汇短缺非常重要,而开放战略实际上就是围绕如何解决外汇短缺的问题,所以,出口创汇是中国过去几十年对外开放的核心目标。加入世贸组织以前,我们对来华投资的外资项目进行筛选,欢迎出口导向的外资,对外资企业提出业绩要求,如自己解决外汇平衡、本地采购比例、出口比例的要求。所以,中国加入世贸组织以前,吸收的外资和去其他发展中国家的外资是有一定区别的,最大的区别就是通过筛选,来中国的外资大部分是制造业,并且是出口导向型的制造业。这是基于中国发展战略的目标和政策措施进行筛选的结果。

从中国发展阶段目标出发来制定开放战略是有效的，对中国的工业化快速推进起到了非常重要的推动作用。而今天，中国发展进入新阶段，习近平总书记指出，中国经济进入新常态的特点是，增长速度换挡、结构加速升级、增长动力转换。中国对外开放战略就要符合新常态的要求，要服务于寻求经济增长新动力，而新动力就是创新和结构升级。也就是说，开放战略要利用好国际国内两种资源和两个市场来加速中国的创新和结构升级。

其次，新的开放战略要有利于中国牢牢把握好新的战略机遇期。

中国所处的外部环境和以前相比发生了很大变化。20 世纪 70 年代到 90 年代，中国面临的最大机遇是东亚地区劳动密集型出口导向产业的跨境转移，我国制定了对外开放战略，建立了经济特区、经济技术开发区，实施加工贸易等一系列政策措施，使得中国能够迅速成为承接出口导向型、劳动密集型产业的最大国家。正是因为抓住了这样的重要机遇，才使得中国迅速崛起成为世界上最大的货物贸易出口国。那么，今天我们还面临着什么机遇？2008 年世界金融危机以后，国际环境发生很大变化，全球经济增长低迷，全球性的产能过剩加剧，贸易保护主义抬头，针对中国的各种贸易摩擦增加，从外需的角度来讲，我们将面临更多的挑战。新一轮的经贸规则正在构建之中，更多体现了美国等发达经济体的利益，对中国来说将面临很多新的挑战。这其中还有没有重大机遇？中央明确指出，中国还处于大有可为的战略机遇期，但内涵发生了改变。

一是新技术革命的重大机遇。以信息技术为代表的新一轮技术革命，对全人类、对任何一个国家都是一次重大的机遇。错失这次机遇，将会面临重大的挑战。把握好新技术革命的机遇，中国不仅会在新兴产业中占有一席之地，抢占制高点；更重要的是，像中国这样的追赶型经济体，能够实现用新技术来提升和改造大量的传统产业。面对新技术革命，世界各国都在纷纷制定自己的战略，美国提出了“工业互联网”，德国提出了“工业 4. 0”，中国提出了“互联网 +”“中国制造 2025”等。各国都在抢抓新技术革命的机遇，力争抢占新技术革命的制高点，而这也是中国面临的最大机遇。

二是在“引进来”方面，高端的人才、高端的产业活动等都在加速向中国汇集。2004 年，中国的留学归国人员只有两万多人，到 2014 年每年回国的有 34. 5 万人，十年增长了十几倍，说明高端人才加速向中国汇集。归国留学人员还只是高端人才的一部分。在中国的外资企业里,有大量的外籍管理人员、工程师、科学家,他们也属于高端人才。同时,来中国投资的外资企业,其投资内容和结构也发生了很大变化。2014 年,媒体在讨论出现外资转移、撤资的情况。但也正是在这一年,中国取代美国成为吸收外资最多的国家。如何解释这样矛盾的现象?其实,那些转移出去的外资是冲着原来中国的比较优势而来的,今天中国的比较优势在转换,如劳动力成本上升等因素,所以一些外资需要转移。如同 30 年前从"四小龙"转到中国,今天的一部分劳动密集型生产活动也要转到劳动力成本更低的地方去。在这个时期,没有新投资者的进入才是危险的。但是我们可以看到,来的外资比走的外资多得多,而且来的外资与走的外资不同,更多的是从事先进制造业和现代服务业。必须看到,中国服务业的开放程度还不够高,进一步开放空间还很大。当这些更加高端的外资向中国汇聚,一方面投资者可以分享中国发展的机遇,另一方面对国家来说,外资结构变化对提升竞争力、促进产业结构升级有积极意义。

据我们的相关调查,在受调查的外资企业中,高达 31% 的企业表明要在中国从事研发活动。一方面是为了更好地进入中国市场,做适应性的研发,另一方面是为了利用中国已经变化了的比较优势,特别是利用中国的人才优势。中国每年约有 750 万大学毕业生。我国从"人口红利"转变为"人才红利",是人力资源的提升,也形成了新的比较优势。

三是在"走出去"方面,中国面临金融危机带来的低成本海外并购机遇。包括三一重工、吉利汽车等在内的中国企业,通过低成本的并购,获取被并购企业的技术、研发能力、品牌、国际销售渠道,大大加快了中国企业与国际接轨的步伐,为其在全球整合资源、提升核心竞争力提供了一条捷径。我们既要强调推进自主创新,打造中国的自主品牌,同时也绝不排斥在开放发展的思路下,利用外部已有的品牌和创新成果,两条腿走路。

四是中国有参与全球基础设施建设的新机遇。在全球经济一片暗淡的背景下,基础设施建设是一个亮点。发达国家需要提升自身的基础设施来适应新技术革命、新产业发展的需要。发展中国家要推进城镇化、工业化,需要新建大量的基础设施。特别是习近平主席提出了"一带一路"倡议,基础设施是优先领域。"一带一路"倡议得到众多国家的热烈反响,亚洲基础设施投资银行(AIIB)顺利建成。推进“一带一路”会给沿线国家带来新的发展机遇,给世界经济注入新的动力。同时,也给具有很强的基础设施设计、建设、施工、管理、运营能力的中国企业,提供非常重要的机遇。这个机遇不仅仅是拿到一个项目,赚到项目本身带来的收入,更重要的是通过参与这些基础设施建设,把中国的资本和技术密集的装备带到国际市场上去,大大改善和提升中国的出口结构。中国的通信设备、发电设备、运输设备等资本和技术密集型产业已经具备一定的国际竞争力。这些产业要开拓国际市场,在融资支持、售后服务、知识产权等方面,与劳动密集型的产业是不同的,将面临更多的新要求和新挑战。一旦通过这些方式进入国际市场,就会带来对这些产品的长期需求。所以,国务院提出了国际产能合作、促进装备出口。这些就是适合中国当前发展阶段的新机遇。

再次,新的对外开放战略要有利于发挥新的比较优势。

中国的比较优势正在发生深刻转换,过去我们参与全球分工,最主要是依托低成本的劳动力,现在人口红利迅速消失,人才红利在上升。除此之外,国内的大市场,完善的基础设施,完备的产业配套能力,都将成为中国参与全球竞争新的比较优势。

总之,我们不妨把新的对外开放战略称为新兴大国竞争力升级战略,其核心目标就是适应三个方面的变化——经济新常态提出的新要求、外部环境变化带来的新机遇以及比较优势变化带来的新优势。在开放战略中实现我国竞争力的升级,实现出口结构的升级,实现我国在全球分工价值链地位的升级。

三、实行新开放战略需要完善体制机制

要实现新的发展战略,需要新的发展理念和新的体制机制。在未来的开放进程中,要防止民族主义、民粹主义、骄傲自满的情绪;同时要树立机遇意识、风险意识和平等互利意识。要做到构造对外开放新格局、形成国际竞争的新优势和构建开放型经济新体制的“三位一体”。构建开放型经济新体制是形成国际竞争新优势的保障。

在新一轮的开放中,服务业是重点。要打造一个具有国际竞争力、法治、透明的营商环境,吸引高端产业、高端投资活动、高端人才与国内有机结合,加

速结构升级。同时,要完善一系列机制,用壮士断腕的精神去推进开放。开放本身也是一种改革,会涉及利益的调整,这就需要大家达成共识,要有勇气去推进开放,要用正确的开放战略,按照正确的顺序推进开放,还要建立开放的利益补偿机制。

(原载于《中国发展观察》2016 年第 3 期)

中国经济学如何研究开放发展*

全球金融危机爆发后，中国经济社会发展面临的国内外环境发生了深刻变化，我国对外开放的格局急需新的突破。一方面，世界经济持续复苏乏力，全球价值链深度整合，国际经贸规则加速重构，全球经济治理机制面临深刻变革，国际竞争日益加剧，新的全球经贸格局正在形成，全球经济治理主导权的竞争日趋激烈。另一方面，我国经济深度融入世界经济体系，但经济发展进入新常态，旧有的经济发展模式难以为继，经济体制改革进入深水区和攻坚期，对外开放的比较优势发生新的变化，开放型经济进入全面转型期。在这一背景下，党的十八届五中全会提出"开放发展"，并与"创新""协调""绿色""共享"并列为新时期五大发展理念。坚持开放发展，不仅可以为我国转变经济发展方式、创新体制机制、推动转型升级提供新的突破口，也有利于我国在新一轮世界经济秩序调整中占据主动、抢占先机。那么，开放发展的内涵究竟新在何处？中国经济学应如何研究开放发展，从而为我国对外开放的实践提供更多的理论依据和决策参考？

一、开放发展的新内涵

《中共中央关于制定国民经济和社会发展第十三个五年规划的建议》对开放发展进行了部署，并明确指出要"奉行互利共赢的开放战略，坚持内外需协调、进出口平衡、引进来与走出去并重、引资和引技引智并举，发展更高层次的开放型经济，积极参与全球经济治理和公共产品供给，提高我国在全球经济治

---

* 本文作者：盛斌，马斌，南开大学国际经济研究所。

理中的制度性话语权，构建广泛的利益共同体”。这种开放发展新理念打破了以发达国家为主导的思维模式与治理体系，强调深度融合、互利共赢、构建广泛利益共同体。这意味着中国的开放并非仅为了谋求自身发展和追求本国利益，而是兼顾他国的合理关切与促进各国共同发展，更加注重利益和发展成果共享。

具体而言，开放发展的新内涵主要体现为以下“十个转变”。

(一)由注重商品出口转变为进出口并重

改革开放以来，出口导向型发展模式使我国对外贸易取得了辉煌成就。2009年，中国超过德国成为世界第一大商品出口国，并持续至今。然而，在出口规模日益攀升的同时，我国的出口发展备受诟病，突出表现为出口商品结构不合理，低端产品和加工制成品所占的比重较大。出口的快速发展也导致我国进出口贸易严重失衡，货物贸易连年顺差，并成为国际收支失衡的主要来源。因此，提高出口质量，优化出口结构，同时进一步重视进口贸易的发展，成为新形势下开放发展的题中应有之义。

当然，注重进口并非意味着仅仅为了平衡贸易而增加进口规模，而是要从进口对国内产业结构升级和福利水平提高的视角来考虑扩大进口规模和优化进口商品结构。此外，还要重视消费品的进口，以提高国内消费者福利为目标，实现消费品的贸易自由化。①

(二)由注重制造业开放转变为制造业和服务业开放并重

制造业一直是我国对外开放的优先部门和侧重点，通过开放，制造业获得了长足的发展并具备了一定的国际竞争优势。相对而言，我国服务业不仅开放较晚，而且发展程度相对滞后，服务贸易连年逆差且有不断扩大之势，服务贸易产品结构严重失衡，低附加值产品依然占据主导地位，服务业国际竞争力不足问题日益突出。与此同时，服务业也成为后危机时代国际经济合作与竞争以及国际经贸规则谈判的焦点。因此，加快服务业开放，不仅是提升我国开放型经济竞争力的必然选择，也是迎合未来国际经贸规则博弈的现实需要。

尽管制造业一直是前一轮开放的重点，但是在高端制造业领域的开放程度依然较低。高端制造业是决定一国在未来全球竞争中立于不败之地的重要

① 盛斌：《读懂开放型经济新体制的新意》，《解放日报》2015年6月7日。

因素之一,在当前经济全球化向纵深发展的背景下,高端制造业的全球价值链也不断拓展,进一步扩大制造业开放领域并推动高端制造业的开放,既是中国开放发展的主要方向,也是迎合经济全球化新形势的必然要求。因此,由注重制造业开放向制造业和服务业开放并重转变,是新常态下提升中国开放型经济发展水平的必然途径之一。

然而,由于服务业是高度异质性的部门,不仅包括运输、旅游、建设等基本服务行业,也涵盖保险和养老服务、金融服务、文化教育、电信、计算机和信息服务等较为敏感的安全领域,因此,在服务业开放时,应保持谨慎,对于不同的行业,要区别对待,并进行渐进式开放。

(三)由注重引进外资转变为引资和引技引智并举、引进来和走出去并重

外资在我国前一阶段的对外开放过程中起到了不可替代的作用,外商直接投资的流入是近三十多年来我国经济腾飞的助推剂之一,为我国成功融入全球价值链做出了突出贡献。外资的引进既可以解决国内经济发展急需的资金缺口,又带来了先进的技术和企业经营管理理念。然而,尽管中国已成为全球第三大外商直接投资流入国(地区),但我国利用外资的质量不高,尤其在制造业中,高技术制造业利用外资所占比重较低,2015 年高技术制造业实际利用外资额在制造业实际利用外资总额中的比重仅为 23.80%;同时,外商直接投资企业加工贸易进出口值在外商直接投资企业进出口总值中的比重过高,2015 年这一数值为 56.14%。低质量外资的大量流入,不仅可能固化我国在全球价值链中的低端位置,也与提高开放型经济水平的目标不符。因此,应注重提高引进外资质量,推动由侧重引进外资数量向引资和引技引智并举转变。

虽然我国对外直接投资起步较晚,但发展十分迅猛,近年来在规模不断扩大的同时,对外直接投资结构也出现明显优化,更多的民营企业日益成为对外投资的主体,投资领域也由自然资源行业逐步延伸至商贸行业,乃至国外品牌、研发等战略性资产。加快企业走出去,不断扩大对外直接投资将会成为有效提高我国在全球价值链中位置的重要手段。在企业走出去过程中,要加强与国内产业和区域发展的对接,如将高铁、电力等国内优势产业与东道国对接,进行产能合作,在扩大开放的同时,有效推动国内产业和区域的发展。

(四)由沿海地区率先开放和向发达经济体开放转变为沿海沿边内陆联动、东西双向开放

通过沿海地区率先开放以吸引发达经济体的资金和技术，是改革开放以来相当长的一段时期内我国融入世界经济体系的主要形式，并助推了我国经济的快速崛起。与此同时，这也导致我国中西部地区的开放潜力尚未得到有效开发，东、中、西部地区发展失衡，并造成了经济发展对发达经济体的严重依赖。全球金融危机爆发后，世界经济增长格局发生了显著变化，发达经济体增速下滑且复苏乏力，主要新兴市场和发展中经济体则保持持续增长，全球产业开始重新布局。进一步加快我国内陆和沿边地区的开放步伐，推动沿海沿边内陆联动、东西双向开放的发展，是全方位激活我国中西部地区开放潜力的重要手段，也有利于我国抓住全球产业重新布局的机遇，不断扩大开放的广度和深度。“一带一路”可以为实现开放区域格局的转变提供良好的平台。

（五）由主要依靠要素禀赋优势竞争转变为新型制度优势竞争

中国传统的竞争优势主要依靠廉价劳动力、土地、资源等要素禀赋优势，但是随着人口红利的消失，土地、资源等的紧张，我国的竞争优势日趋减弱，甚至开始向竞争劣势转变，并成为制约开放型经济水平提高的直接因素。新的竞争优势的培育，要从体制机制转型着手，建立新的制度优势，包括完善法治化、国际化、便利化的营商环境，健全争端解决机制，提高规则透明度等。新型制度优势不仅具有较大的内生性，而且具有强大的惯性和难以复制性。由主要依靠要素禀赋优势竞争向新型制度优势竞争转变，既是加深开放型经济程度的客观要求，又是构建开放型经济新体制的重要手段。

（六）由政策优惠的洼地转变为制度创新的高地

20 世纪 80 年代初期，经济特区、综合保税区、海关特殊监管区和出口加工区等的建立，拉开了中国对外开放的序幕。上述区域内，进出口企业可以享受各种优惠的财税和金融政策，并成为政策优惠的洼地。在开放型经济新体制下，中央相继成立了上海、天津、广东和福建四个自由贸易试验区，自贸试验区的主要功能和使命是制度创新的探索、先行先试以及制度复制推广，而不再享受任何优惠政策。因此，自贸试验区不再是获取优惠政策的平台，更不是优惠政策洼地，而是体制、机制和规则创新的试验田。

（七）由主要发展双边经贸关系的碎片化开放转变为统筹双边、多边和区域次区域经贸合作的集成化开放

长期以来，中国的对外经贸合作主要侧重于发展双边经贸关系，尤其偏向

发展与大国的经贸关系，这从中国的主要贸易伙伴分布和所签署的自由贸易协定国别(地区)分布中可以得到明显的例证。以双边经贸关系为主以及对小国的忽略，会导致中国在对外经贸合作中难以扩大各方利益的汇合点，也难以建立国际统一战线，在争取公平、合理的国际经贸关系中会势单力孤(裴长洪，2013)。统筹双边、多边和区域次区域经贸合作，一方面可以大力推动中国国际市场的多元化，另一方面有利于集成各方利益进而打造高标准的自由贸易区网络，从而形成深度融合的互利合作开放格局。

(八)由边界规则开放措施转变为向边界内规则开放措施拓展

边界规则开放措施主要是拆除关税和非关税壁垒，在以最终产品为界限的传统分工模式下，有力地推动了贸易和投资自由化的发展，中国前一轮对外开放中主要采用的就是边界规则开放措施，并获得了巨大的收益。然而，随着全球价值链的兴起和纵深发展，全球生产、贸易与投资体系已经逐步由传统分工模式向以产品内分工为主的新型模式转变。在新型分工模式下，国际生产与贸易越来越难以分清国别身份，国家之间的相互依存与交融日益增强①，也必然推动国际经贸规则由边界规则向边界内规则转变。诸如扩展的知识产权、竞争政策、政府采购、投资、环境标准、劳工标准、相互认证、资本流动、部门贸易便利化、法治水平、消费者保护、国内管制一体化等一系列边界内规则将日益成为影响开放型经济水平的重要因素。因此，完善开放型经济体系，必然要求开放措施由边界规则向边界内规则拓展转变。

(九)由被动融入全球价值链转变为主动建立中国的全球价值链

全球价值链的本质是跨国公司依据各国和地区的要素禀赋差异进行全球资源配置。一国(地区)所拥有的要素类别和质量决定着其在国际分工中的地位和主导全球价值链的能力。上一轮对外开放中，中国所拥有的廉价劳动力、土地等低端要素竞争优势，决定了在全球价值链中扮演着被主导的角色，融入全球价值链的方式也必然是被动的。近年来，随着国内外经济形势的变化，我国依靠低端要素所形成的国际竞争优势难以为继，国内经济发展方式也开始由低端要素驱动向创新要素驱动转变，从而为我国提升在全球价值链中的地

---

① 盛斌:《迎接国际贸易与投资新规则的机遇与挑战》,《国际贸易》2014 年第 2 期，第 4 ~9 页。

位奠定了基础。利用高端要素整合全球资源，建立中国的全球价值链，既是新形势下提高开放型经济水平的必然要求，也是推动开放发展的重要战略目标。

（十）由被动接受和适应国际经贸规则转变为主动参与国际经贸规则制定和全球经济治理

第二次世界大战以后建立的国际货币基金组织、世界银行和世界贸易组织所确立的全球经济、贸易和金融规则，对经济全球化的纵深发展起到了重要的推动作用。然而，这些机构是由以美国为首的发达国家所主导的，其所制定的国际经济和金融规则更多代表着西方发达国家的利益，而忽视了广大发展中国家的利益诉求。事实上，早期中国也正是通过融入西方发达国家所主导的全球经贸规则来发展开放型经济的，我国对这些规则的态度是一种被动的接受和适应。然而，国际金融危机爆发后，全球经济治理的不力，使得以西方国家为主导的国际经贸规则备受诟病，改革全球经济治理机制的呼声日益高涨。同时，全球经济力量也发生了鲜明的对比，以中国为代表的新兴市场和发展中经济体迅速成长为世界经济的重要一极，参与国际经贸规则构建和全球经济治理的能力明显提升，而以美国为首的西方国家经济实力有所下降，维持旧有国际经贸规则的成本越来越高，世界经济治理机制进入加速变革期。在这一背景下，主动参与国际经贸新规则的制定和积极参与全球经济治理，既是中国积极承担国际责任和义务的表现，又是我国经济实力上升的客观结果，更是完善开放型经济新体制的重要途径。

二、学术界关于开放发展的研究态势

面对国内外经济形势的新变化，坚持开放发展已成为学术界的共识。辜胜阻（2015）认为，开放发展是发展的大趋势，坚持开放发展就是要加大开放的力度、推进开放的深度、扩大开放的广度、构建全方位的开放格局。隆国强（2016）也指出，相较于对外开放，开放发展的适用范围有了更大的拓展。对于开放发展的研究，已有成果主要从构建开放型经济新体制、自由贸易试验区建设、“一带一路”倡议和提升全球经济治理制度性话语权四个方面展开。

（一）关于构建开放型经济新体制的研究

钟山指出，构建开放型经济新体制是我国实现由贸易大国向贸易强国转变，由吸引外资大国向吸引外资和走出去并重转变的现实需求，是我国更加全面和广泛参与国际经济合作的现实需要，也是我国经济社会发展的需要。① 张二震、戴翔认为，我国现行对外开放体制既不能适应经济全球化新形势、全球经贸格局的调整和国际经贸规则的新变化，也不能满足中国谋求全球价值链新地位和国内经济转型升级的需要，必须构建开放型经济新体制。他们进一步指出，开放型经济新体制的"新"意就在于从以往的边界开放转向边界内开放，以新的规则和制度对接全球国际经贸新规则。②

部分学者从多个方面对开放型经济新体制的特征和内涵进行了解读。裴长洪和郑文指出，我国开放型经济新体制的主要特征可以归纳为五个方面，分别是扩大服务业开放、促进"外在型经济"成长、适应多种形式的贸易投资自由化、适应国际经贸新规则和拓宽开放型经济战略空间。③ 唐海燕认为，开放型经济新体制的新内涵就是要在提高开放型经济水平的过程中，建立起适应经济全球化和全球经济治理新形势的体制机制，建立起一种集组织、程序和规则于一体的科学的制度安排。全毅也认为，开放型经济新体制的本质是政府按照市场经济的规则和机制进行管理经济活动的运行机制和法律制度。④ 姜荣春指出，构建开放型经济新体制，就是要实现由产品市场开放向要素市场开放转变，由制造业开放向服务业开放转变，同时保持单边开放与相互开放并进，以及主动对接国际经贸规则与积极推动国际经贸规则重构并举。⑤

一些学者也提出了发展开放型经济、完善我国开放型经济新体制的策略与措施。宋泓指出，我国发展开放型经济应采取近期着力培育国际竞争新优势，远期积极推进自由和公平贸易的"两步走"战略。⑥ 张岸元强调，中国构建

---

① 钟山：《构建开放型经济新体制是必然选择》，《中国发展观察》2014 年第 4 期，第 45 ~ 46 页。

② 张二震、戴翔：《关于构建开放型经济新体制的探讨》，《南京社会科学》2014 年第 7 期，第6 ~ 12 页。

③ 裴长洪、郑文：《中国开放型经济新体制的基本目标和主要特征》，《经济学动态》2014 年第 4 期，第 8 ~ 17 页。

④ 全毅：《论开放型经济新体制的基本框架与实现路径》，《国际贸易》2015 年第 9 期，第 17 ~ 25 页

⑤ 姜荣春：《新时期构建开放型经济新体制的理论宗旨、逻辑主线与主要内容》，《国际贸易》2015 年第 2 期，第 10 ~ 16 页。

⑥ 宋泓：《中国是否到了全面推进开放型经济的新阶段?》，《国际经济评论》2015 年第 4 期，第 9 ~ 25 页。

开放型经济新体制最为迫切和艰巨的任务是，形成与中国比较优势格局变化以及所具备的资本和产能优势相适应的对外投资制度安排。① 霍建国则指出，完善开放型经济新体制的重点应是加快市场开放的制度建设、积极主动参与多边体制建设和全球经济治理，同时把握好开放的顺序和节奏并加强国际风险防范。②

(二)关于自由贸易试验区建设的研究

对于自由贸易试验区的研究，已有成果主要从自由贸易试验区建设的意义和作用、功能定位和主要建设内容、建设成效及存在的问题、进一步推进自由贸易试验区建设的建议四个方面进行研究。

就自由贸易试验区建设的意义和作用而言，建设自由贸易试验区是新时期中国进一步扩大开放和深化改革的重要举措，是推进改革和提高开放型经济水平的“试验田”。③ 陈宗胜和吴志强(2016)也认为，建设自由贸易试验区是应对中国经济发展面临挑战和重要战略机遇期的战略举措，对于推动中国经济转型升级、促进新一轮改革开放、打造新的经济增长引擎等具有重要的现实意义。袁波、李光辉指出，自由贸易试验区建设的重要作用是承载了国家以开放促改革的重要使命，体现了引领规则制定的战略思路、服务国家战略的发展定位、建设制度创新高地的发展思路，以及促成了深化新一轮改革开放的全国共识。④

在自由贸易试验区的功能定位和主要建设内容方面，张汉林、盖新哲认为，自由贸易试验区的功能定位应着力于解决我国经济内外失衡问题和提升我国在全球价值链中的地位以及在全球新一轮国际经贸规则制定中的缺席困境。⑤ 张燕生以上海自由贸易试验区为研究对象，指出上海自由贸易试验区的

---

① 张岸元:《构建开放型经济新体制》,《宏观经济管理》2016 年第 1 期,第 36 ~ 38 页。

② 霍建国:《深化改革开放全面构建开放型经济新体制——关于“十三五”时期扩大对外开放的思考》,《全球化》2015 年第 6 期,第 30 ~ 37 页。

③ 商务部国际贸易经济合作研究院课题组:《关于中国自由贸易试验区建设的思考》,《国际贸易》2015 年第 11 期,第 13 ~ 20 页。

④ 袁波、李光辉:《新时期自由贸易试验区建设的重要作用与对策研究》,《国际贸易》2015 年第 10 期,第 15 ~ 18 页。

⑤ 张汉林、盖新哲:《自由贸易区来龙去脉、功能定位与或然战略》,《改革》2013 年第 9 期,第 98 ~ 105 页。

定位应是沿着海关特殊监管区的高级形态即自由贸易园区的方向发展和沿着高标准自由贸易协定的制度要求先行先试。① 张幼文也认为,自由贸易试验区应是制度创新的高地而不能是政策洼地,试验的核心在于构建与经济全球化最新发展相兼容的开放型经济体制,并应致力于探索管理体制创新、转变政府职能、提升产业结构、创新竞争优势、推动双向开放等方面的内容。②

就自由贸易试验区建设的成效及存在的问题而言,自上海自由贸易试验区挂牌成立以来,深化改革总体进展良好③,制度创新功能明显④,改革开放效应显著,形成了一批可复制、可推广的经验⑤,但是自由贸易试验区对外开放的吸引力明显不足⑥,贸易便利化程度、政府职能转变和行政效率仍有待进一步提高⑦,区内产业功能尚不强、离岸功能较为薄弱、企业活力有待加强⑧,负面清单管理模式仍有待探索、法律制度尚未与国际法对接。⑨

就如何进一步推进自由贸易试验区建设,有学者认为,上海自由贸易试验区应进一步完善以负面清单管理为核心的投资管理制度,完善以贸易便利化为重点的贸易监管制度,推进以资本项目开放和金融服务业开放为目标的金融制度创新,探索建立符合国际惯例的税收制度,理顺自贸试验区的管理体制

---

① 张燕生:《新一轮高标准改革开放应如何先行先试——中国(上海)自由贸易试验区的改革重点和未来方向》,《学术月刊》2013 年第 10 期,第 74 ~ 78 页。

② 张幼文:《自贸区试验与开放型经济体制建设》,《学术月刊》2014 年第 1 期,第 11 ~ 19 页。

③ 上海市人民政府发展研究中心课题组:《关于中国(上海)自由贸易试验区深化改革的评估报告》,《科学发展》2015 年第 12 期,第 49 ~ 55 页。

④ 裴长洪、陈丽芬:《中国(上海)自由贸易试验区功能扩区研究》,《学习与实践》2015 年第 2 期,第 5 ~ 16 页。

⑤ 沈开艳、徐琳:《中国上海自由贸易试验区:制度创新与经验研究》,《广东社会科学》2015 年第 3 期,第 14 ~ 20 页。

⑥ 佟家栋:《中国自由贸易试验区启动试验以来的思考》,《城市观察》2016 年第 1 期,第 20 ~ 26 页。

⑦ 上海市人民政府发展研究中心课题组:《关于中国(上海)自由贸易试验区深化改革的评估报告》,《科学发展》2015 年第 12 期,第 49 ~ 55 页。

⑧ 裴长洪、陈丽芬:《中国(上海)自由贸易试验区功能扩区研究》,《学习与实践》2015 年第 2 期,第 5 ~ 16 页。

⑨ 荆林波、袁平红:《中国(上海)自由贸易试验区发展评价》,《国际经济评论》2015 年第 2 期,第 78 ~ 99 页。

机制并完善制度创新的法律保障。① 荆林波和袁平红也提出上海自由贸易试验区应不断加强制度创新，并以“一带一路”战略为契机，与跨太平洋伙伴关系协定和跨大西洋贸易与投资伙伴协议进行战略性对接，同时要服从国家战略，建立协同机制实现协同发展。② 商务部国际贸易经济合作研究院课题组指出，要明确中国自由贸易试验区未来发展的方向，合理布局自由贸易试验区的区域布局，探索突破自贸试验区的现有发展模式，同时充分重视对自贸试验区的监管与风险防范工作。③

（三）关于“一带一路”倡议的研究

李绍荣指出，“一带一路”的实质是对中国初期开放战略的转型和升级。④ 李向阳认为，“一带一路”是新时期中国对外开放的重大举措，是中国经济外交的新平台，是一种新型区域合作机制。⑤ 张茉楠强调，“一带一路”承载着全面开放、统筹发展和民族复兴的崇高使命，是我国中长期的统领性战略。⑥

一些学者研究了建设“一带一路”的战略意义和积极影响。程国强指出，推进共建“一带一路”有利于中国形成全方位开放新格局，为中国和世界经济发展提供新动力，有利于优化和创新全球治理机制，为促进亚欧非区域发展和人类和平做出重要贡献。⑦ 陆南泉认为，“一带一路”建设有利于我国深度融入经济全球化和区域经济合作进程，有助于我国全方位开放新格局的形成，有利于我国中西部地区的发展，有助于中国寻觅新的经济增长点。⑧ 李伟

---

① 上海市人民政府发展研究中心课题组：《关于中国（上海）自由贸易试验区深化改革的评估报告》，《科学发展》2015 年第 12 期，第 49 ~ 55 页。

② 荆林波、袁平红：《中国（上海）自由贸易试验区发展评价》，《国际经济评论》2015 年第 2 期，第 78 ~ 99 页。

③ 商务部国际贸易经济合作研究院课题组：《关于中国自由贸易试验区建设的思考》，《国际贸易》2015 年第 11 期，第 13 ~ 20 页。

④ 李绍荣：《对“一带一路”发展战略的经济学分析》，《人民论坛 · 学术前沿》2016 年第 5 期，第 40 ~ 54 页。

⑤ 李向阳：《构建“一带一路”需要优先处理的关系》，《国际经济评论》2015 年第 1 期，第 54 ~ 63 页。

⑥ 张茉楠：《全面提升“一带一路”战略发展水平》，《宏观经济管理》2015 年第 2 期，第 20 ~ 24 页。

⑦ 程国强：《共建“一带一路”：内涵、意义与智库使命》，《中国发展观察》2015 年第 4 期，第 8 ~ 11 页。

⑧ 陆南泉：《中国倡导“一带一路”战略的意义与风险》，《探索与争鸣》2015 年第 12 期，第 93 ~ 97 页。

(2015)指出,共建“一带一路”有利于优化全球治理结构,有助于全球经济走出金融危机阴影,冲破结构性矛盾羁绊,实现经济稳定复苏。除以上影响外,卢锋等认为,“一带一路”的建设可以改善中国的对外资产负债结构①;李绍荣还指出,“一带一路”战略的实施,有利于完善我国的市场经济体制。②

然而,“一带一路”建设并非一帆风顺,在推进过程中将面临一系列挑战和风险。卢锋等指出,“一带一路”建设过程中将会始终面临如何处理与美国、日本、俄罗斯等大国及沿线小国之间关系的难题,在工程与项目实施层面也将受到沿线国家体制政策风险、经济形势及政局变动风险、环境风险和中国企业自身能力建设的挑战。③ 盛斌、黎峰(2016)认为,建设“一带一路”面临着区域大国间的竞争与博弈、西方国家的掣肘与阻挠、沿线国家的反应与合作意愿、国内区域间的利益协调等诸多挑战与制约因素。张茉楠指出,建设“一带一路”还将面临沿线国家安全威胁的挑战,并需要克服区域整体发展水平和一体化水平较低、基础设施建设存在较大缺口等一系列难题。④

对于如何推进“一带一路”建设,张宇燕(2015)指出,“一带一路”建设的关键点在于通过制度基础设施建设整合沿线国家的经贸规则,从而实现制度创新。李伟(2015)认为,建设“一带一路”关键是要处理好沿线各国特有利益与区域共同利益、竞争与合作、区内合作与区外合作的关系。李向阳则认为应优先处理好政府与企业、中央政府与地方政府、利用现有比较优势与开发新优势、经济合作与非经济合作、机制化合作与非机制化合作之间的关系。⑤ 王国刚(2015)提出,在建设“一带一路”过程中,应充分尊重沿线国家的主权,以平等、合作、互利和共赢为基础,以经济社会发展为导向,以提高沿线国家的社会福祉为目标,以亚洲基础设施投资银行和丝路基金为先导,以交通运输设施和

---

① 卢锋等:《为什么是中国? ——“一带一路”的经济逻辑》,《国际经济评论》2015 年第 3 期,第 9 ~ 34 页。

② 李绍荣:《对“一带一路”发展战略的经济学分析》,《人民论坛·学术前沿》2016 年第 5 期,第 40 ~ 54 页。

③ 卢锋等:《为什么是中国? ——“一带一路”的经济逻辑》,《国际经济评论》2015 年第 3 期,第 9 ~ 34 页。

④ 张茉楠:《全面提升“一带一路”战略发展水平》,《宏观经济管理》2015 年第 2 期,第 20 ~ 24 页。

⑤ 李向阳:《构建“一带一路”需要优先处理的关系》,《国际经济评论》2015 年第 1 期,第 54 ~ 63 页。

基础设施改善为抓手,以自由贸易区建设为契机,充分发挥市场机制的决定性作用,推动沿线国家和地区的经济、贸易和社会发展,提高就业者技能和就业水平,促进其经济结构优化,并加快推动区域经济一体化进程。

(四)关于提升全球经济治理制度性话语权的研究

张伯里(2015)认为,积极参与全球经济治理,推动国际经济治理体系的完善,既是中国经济持续增长、经济实力提高的客观要求,又是我国与外部世界经济相互联系密切、相互影响深化的客观要求。向全球提供必要的公共物品,还是中国构建开放型经济新体制过程中不容回避的问题(裴长洪,2014)。广东国际战略研究院课题组进一步提出了中国参与全球经济治理的基本理念与定位,并指出中国要做全球经济治理体系的深度参与者、主要建设者和共同改善者。①

对于参与全球经济治理的路径选择和战略举措,薛荣久和杨凤鸣、赵龙跃和李家胜均认为,WTO 是中国积极参与全球经济治理的理想平台,我国应高度重视 WTO 在中国参与全球经济治理中的领先地位和整体作用,并维护 WTO 多边谈判职能,主动应对多哈回合谈判困局,努力推动多哈回合谈判早日结束。②③ 庞中英和王瑞平(2013)基于金砖国家合作视角,提出金砖国家开发银行和金砖外汇储备库,可以为中国参与全球经济治理提供有力手段。黄薇(2016)指出,中国参与全球经济治理应在加强自身全球经济治理机制建设的同时,推进以中国为支点的有效全球经济治理网络建设。高凌云和苏庆义(2015)认为,我国主动参与全球经济治理,需要从平台角色、公共品提供能力和治理议题设置三个方面切入,并着力推动全面深化国内改革、推进"一带一路"建设和自由贸易区建设。易纲(2015)指出,我国参与全球经济治理要从积极引导全球经济议程、加强宏观经济政策国际协调、积极推动多边贸易谈判进程和完善现有国际经贸规则、积极参与新领域的国际经贸规则制定、促进国际货币体系改革和国际金融监管改革、加快实施自由贸易区战略六个方面入手。

---

① 广东国际战略研究院课题组:《中国参与全球经济治理的战略:未来 10 ~ 15 年》,《改革》2014 年第 5 期,第 51 ~ 67 页。

② 薛荣久、杨凤鸣:《WTO 在全球经济治理中的地位、作用与中国对策》,《国际贸易》2016 年第 4 期,第 4 ~ 7 页。

③ 赵龙跃、李家胜:《WTO 与中国参与全球经济治理》,《国际贸易》2016 年第 2 期,第 18 ~ 23 页。

综上所述,对于中国开放发展问题,学者们已经进行卓有成效的研究,对开放发展的必要性及重大意义已形成共识,对自由贸易试验区建设、开放型经济新体制构建、“一带一路”建设和积极参与全球经济治理等也进行了一些探讨,研究成果逐渐丰硕。但是,随着开放发展的深入和开放型经济体制的完善,中国开放发展需要研究的问题也日益增加。诸如服务业开放的范围和行业次序,高标准的国际经贸规则构建,自由贸易试验区建设效果评估,亚洲基础设施投资银行、丝路基金以及金砖国家金融合作,“一带一路”战略与沿线国家战略对接与协调,中国在全球经济治理中的制度性话语权等关乎开放发展进程的核心问题,均亟待深入研究与系统探讨。

三、未来深化开放发展研究的关键问题与方法

下一步,研究开放发展,要把握住关键问题,可进一步探讨高标准的国际经贸规则,中国在全球经济治理中的制度性话语权,“一带一路”建设与沿线国家战略对接与协调,亚洲基础设施投资银行、丝路基金和金砖国家金融合作,自贸试验区服务业开放及建设绩效评估等问题,并采用定性分析、比较分析、定量分析、案例分析、仿真模拟等多种研究方法。

(一)深化开放发展研究的关键问题

1. 高标准国际经贸规则

当前中国同世界各国的经贸合作以及所建立的自由贸易区大多还是沿袭WTO所倡导的国际经贸规则,并多以边界规则为主。近年来,随着国际贸易与投资格局的演变以及全球价值链的深入发展,国际贸易与投资规则逐渐由边界规则向边界内规则转变。伴随TPP、TTIP等巨型自由贸易协定以及以“负面清单+准入前国民待遇”为主的投资协定的兴起,高标准的国际经贸规则日渐形成。制定高标准和高质量的国际贸易与投资规则,已成为中国开放发展的重要内容,并开始在自由贸易试验区进行探索。这就需要首先厘清TPP、TTIP等所涵盖的国际经贸规则的内容,并将其与既有国际经贸规则进行比较分析,寻找出其所蕴含的“高标准”。同时,开展中国现行国际经贸规则与TPP和TTIP国际经贸规则的对比研究,寻找出中国现行规则与国际经贸新规则的差距,并加强对国际经贸规则演变趋势的跟踪研究和前瞻研究,以便在自贸试验区中开展进一步的试点。

就负面清单而言，尽管自由贸易试验区试点建设以来，中国相继推出了2013版、2014版和2015版三个版本的负面清单，特别管理措施也由2013年的190条，缩减至2014年的139条和2015年的122条，但是，这些负面清单均没有摆脱《外商投资产业指导目录》产业政策模式的思路，在基本框架、清单内容与透明度上，与美国双边投资协定（BIT）负面清单以及中美BIT谈判负面清单均有一定的差距。进一步完善自贸试验区负面清单，既是中国制定高标准和高质量投资规则的必然要求，也是自贸试验区改革的重点方向。为此，需要深入开展对自贸试验区负面清单、中美BIT谈判负面清单以及美国BIT负面清单之间的比较研究。同时，在完善负面清单的过程中，对于限制外资进入的领域以及限制条件，以及一些新型业态尤其是已经在发达经济体出现而中国尚未出现的业态等采取的何种管理模式，亦是应该深入探讨的问题。

此外，无论是对标TPP、TTIP和TISA的贸易规则，还是对标美国BIT负面清单，自贸试验区试验高标准和高质量国际贸易与投资规则的根本目的是为中国参与双边或多边自由贸易协定和投资协定谈判作准备，因此，探讨自贸试验区与中国参与国际贸易与投资协定谈判的双向联动机制以及规则的转化机制，也是需要关注和研究的重点问题之一。

2. 中国在全球经济治理中的制度性话语权

随着全球经济治理机制进入加速变革期，中国积极参与全球经济治理，提高在全球经济治理中的制度性话语权迎来了重要的机遇期。但需要看到的是，当前国际和地区格局也在加速演变，这可能会导致中国参与全球经济治理的内涵与条件发生相应的改变，因此，系统梳理与剖析这一内涵与条件及其变动趋势，厘清中国参与全球经济治理的主要内容，对提高中国在全球经济治理中制度性话语权至关重要。另一方面，尽管全球经济治理机制改革已成共识，但是究竟如何改革，发达经济体和发展中经济体之间尚存在较大分歧，对于这一问题，我们要冷静对待。这就需要结合全球经济形势对现有全球经济治理机制进行研究，深入分析已有机制治理失效的领域、原因及改革趋势，寻找中国参与这些机制改革的空间、着力点以及应努力的方向。

第一，未来的研究可针对TPP、TTIP、TISA等协定或谈判的新动向，分析研究应如何通过参与高标准贸易投资协定谈判而使新规则的重构更多反映包括中国在内的发展中国家的利益诉求，以实现面向21世纪的、以发展为导向的、反映平衡、包容、共享和可持续发展理念的国际经济新秩序。第二,研究中国应如何进一步积极联合其他发展中经济体,特别是提供推进与新兴国家的合作,共同倡导有利于发展的新规则。第三,研究中国从被动接受者转变为深度参与者和制度构建者的路径与优先领域,分析中国应如何通过参与和引领WTO、APEC、G20等多边或区域进程不断扩大话语权,改革现有国际经济组织的制度安排与决策过程。第四,研究中国如何通过构建面向全球的高标准FTAs和BITs网络推进全球经济治理新规则,包括在区域全面经济伙伴关系(RCEP)、中美和中欧BITs谈判、其他FTAs谈判中提出能够平衡各国利益和体现中国元素的国际贸易新规则范本。第五,深入研究挖掘"一带一路"倡议所带来的提升全球经济治理制度话语权的经验与启示,总结其成功模式,提炼出可供参考的新规则,分析其可能性与必要性,为中国成为全球治理的深度参与者和制度构建者提供思想基础和可操作性政策建议。

3."一带一路"战略与沿线国家战略对接与协调

"一带一路"是我国开放发展的重要平台,横跨亚非欧三大洲,沿线国家众多,经济发展水平参差不齐、国家间关系错综复杂、利益诉求众多,各国的发展战略千差万别。如俄罗斯提出了欧亚经济联盟,旨在加强俄罗斯、白俄罗斯、亚美尼亚、哈萨克斯坦、塔吉克斯坦、吉尔吉斯斯坦六国的政治经济合作;哈萨克斯坦提出了"光明之路"计划,旨在推进其国内基础设施建设,把本国建设成为欧亚大陆的交通枢纽和经济中心;蒙古启动了"草原之路"计划,试图通过运输贸易振兴国内经济;印度尼西亚为建设海洋强国推出了"海上高速公路"计划;孟加拉国则积极推进孟中印缅经济走廊建设;同时,土库曼斯坦、乌兹别克斯坦、吉尔吉斯斯坦也分别提出了"强盛富民"发展战略、"福利与繁荣年"规划、"国家稳定发展战略"。可见,沿线国家均有自身的发展战略或规划,与"一带一路"倡议或有互补或有冲突(盛斌、黎峰,2016)。建设"一带一路"秉持的是亲诚惠容理念,是一个多元、合作与开放的过程,最终目的是实现合作共赢与利益共享。因此,应深入研究如何将"一带一路"建设与沿线国家发展战略对接与协调,以尽可能地兼顾多方利益诉求。

4. 亚洲基础设施投资银行、丝路基金以及金砖国家金融合作

亚洲基础设施投资银行、丝路基金、金砖国家开发银行和金砖国家应急储备安排,是发展中国家参与全球经济治理的有益尝试,其目标并非是推翻现有

国际经济治理机构，而是对现有国际经济治理机制未能关注的领域和未能广泛关注到发展中国家利益的缺陷的补充。其中，亚洲基础设施投资银行、丝路基金和金砖国家开发银行注重基础设施建设领域，金砖国家应急储备安排则注重为成员国短期国际收支危机提供流动性支持。与既有机制类似，这些机制也是基于规则的多边机制，所不同的是这些机制是一种平等、包容的机制。这就决定了这些机制在运行、管理以及决策方面与既有国际经济治理机制具有较大差异。因此，如何设计这些机制的运行、管理及决策机制，以更好地体现平等、互利、共赢的理念，尚需要结合实践进行深入研究。

亚洲基础设施投资银行、丝路基金和金砖国家开放银行都主要致力于为基础设施建设和互联互通提供融资，故需要建立融资项目的风险评估和贷款审查制度，这些制度应如何建立，也有待于进一步的研究。此外，由于上述三个机构功能和受益国家的重叠性，如何协调三者之间的关系和有效合作，以及协调其与现有相关国际金融与发展机构如世界银行、亚洲开发银行、非洲开发银行等的关系，也是需要进一步研究的重点问题之一。

5. 自贸试验区的服务业开放

服务业开放是自由贸易试验区“先行先试”的一个重点内容。上海、天津、广东和福建四个自由贸易试验区根据各自区域发展特点，在金融、航运、医疗、文化、电信、工程等领域试点开放，但是从覆盖面来看，自贸试验区服务业开放的范围仍相对较窄。近年来，以跨太平洋伙伴关系协定（TPP）、跨大西洋贸易与投资伙伴协议（TTIP）和国际服务贸易协定（TISA）为代表的国际经贸新规则已将服务业开放的范围拓展至知识产权、竞争、环境保护、劳工标准、消费者保护、政府采购、教育与培训、技术与科研、文化保护与文化合作等领域。这些新规则不仅会影响未来双边和多边国际经贸谈判的走向，更事关我国产业的国际竞争力。就承担“先行先试”任务的自贸试验区而言，如何推动服务业的进一步开放成为摆在其建设和发展过程中的重要问题，也理应成为学术界研究的重点。此外，由于服务业是高度异质性部门，因此，还需要加强对服务业的基础研究，深入研究不同服务行业的特征，以及开放过程中可能面临的风险，从而为自贸试验区内服务业深度开放的行业顺序选择提供理论依据。

6. 自由贸易试验区建设效果评估

自由贸易试验区建设，是我国构建开放型经济新体制的重要抓手，目的是在制度创新的不断探索中总结经验和不足，以便在全国范围内复制和推广。中国实施自由贸易试验区战略是要效果的。① 因此，需要对自由贸易试验区的建设情况进行全面、系统的总结和评估，包括试点任务的落实情况、是否达到预期目标、取得的主要成效及存在的问题等。具体而言，可以根据四个自贸试验区各自的总体方案，围绕其具体实施方案和试验特色，从政府职能转变与法律制度保障、贸易自由化和便利化、投资自由化和便利化、金融开放与创新、区域协同发展五个方面，基于政策效果和市场效果两个层面，针对每一个自贸试验区建立一套独立的评估体系。在这一过程中，探索如何建立科学的评估框架，制定有效的评估标准，选取恰当的评估方法，开发合理的评估指标体系，自然成为未来应该关注的焦点和深入研究的重点。

（二）开放发展的研究方法

在探讨上述问题时，定性分析法可以贯穿研究的始终，同时针对不同的问题或者问题的不同维度还可以选择不同的研究方法。在研究高标准的国际经贸规则时，可以主要采用比较分析法，比较分析既有国际经贸规则与 TPP 和 TTIP 国际经贸规则的差异，开展中国现行国际经贸规则与 TPP 和 TTIP 国际经贸规则的对比研究，比较分析自贸试验区负面清单、中美 BIT 谈判清单以及美国 BIT 负面清单之间的差异等。开展自贸试验区建设效果评估研究时，可以采用定量分析方法构建衡量贸易自由化和便利化，以及投资自由化和便利化的指标；在评估政府政策落实情况时，可以采用专家咨询法；在衡量企业对自贸试验区制度创新的满意度时，可以采用问卷调查法；在构建评估体系时，可以采用层次分析法。在研究自贸试验区服务业开放时，可以采用仿真模拟的方法，模拟不同情景下，不同部门服务业开放的效果以及同一部门开放程度不同时的经济效果，从而可以甄别服务业开放的风险，进而确立服务业开放的次序。分析自贸试验区建设中的制度创新时，还可以采用案例分析法，对其中的一个或一组典型案例进行分析。在分析“一带一路”建设与沿线国家战略协调，亚洲基础设施投资银行、丝路基金和金砖国家金融合作，全球经济治理机制改革等问题时，还可引入地缘政治学和地缘经济学思维，并采用国际政治经

---

① 佟家栋：《中国自由贸易试验区启动试验以来的思考》，《城市观察》2016 年第 1 期，第 20 ~ 26 页。

济学的分析方法进行研究。

四、结语

开放发展理念的提出，是对改革开放30多年来我国对外开放实践的总结和升华。坚持开放发展，是中国应对后危机时代世情国情变化的战略举措。推动开放发展，就是要在坚持主动开放的基础上，构建公平竞争的开放发展环境，秉持互利共赢的发展理念，全面布局开放内容、开放空间和开放举措，打造进出口并重、制造业和服务业开放并重、引资和引技引智并举、引进来和走出去并重、沿海沿边内陆联动、东西双向开放的全方位开放格局；同时加快开放的制度创新、推动边界内开放、统筹双边多边和区域次区域经济合作、积极参与全球经贸规则制定和全球经济治理。对于开放发展的研究，可以采用定性分析、比较分析、定量分析、案例分析、仿真模拟等方法以及结合地缘政治学和地缘经济学思维，进一步重点探讨自贸试验区的服务业开放，高标准的国际经贸规则，自贸试验区的建设效果，亚洲基础设施投资银行、丝路基金和金砖国家金融合作，“一带一路”建设与沿线国家战略对接与协调，中国在全球经济治理中的制度性话语权等问题。需要注意的是，随着国际及地区经济形势和格局的变化，开放发展研究的领域会日益丰富，因而应加强对开放发展的动态跟踪研究。

（原载于《改革》2016年第7期）

论五大发展理念的哲学基础*

十八届五中全会提出创新、协调、绿色、开放和共享五大发展理念，强调坚持创新发展、协调发展、绿色发展、开放发展、共享发展，是关系我国发展全局的一场深刻变革。五大发展理念是以习近平为总书记的党中央治国理政思想的重要组成部分，是马克思主义关于发展的世界观、方法论在当前中国的最新运用和集中体现。牢固树立和自觉贯彻五大发展理念，必须深入理解和把握其所具有的深厚哲学基础。

一、五大发展理念是实事求是思想路线的结晶

五大发展理念是坚持唯物主义的实事求是思想路线，根据我国的基本国情和发展的阶段性新特点提出的，具有牢固的现实基础和鲜明的问题导向。这可以通过两个层面来分析。

从第一个层面看，五大发展理念聚焦中国的发展问题，是坚持实事求是思想路线，从我国的基本国情和最大实际出发提出的。实事求是的思想路线是我们党坚持辩证唯物主义和历史唯物主义制定的认识路线，它是世界物质统一性原理和物质与意识辩证关系的生动体现，是我们党开展一切实践活动的根本思想方法和指导原则。坚持实事求是的思想路线，最关键的是弄清中国的基本国情，并在此基础上决定我们的主要任务。习近平指出："要学习掌握世界统一于物质、物质决定意识的原理，坚持从客观实际出发制定政策、推动工作。当代中国最大的客观实际，就是我国仍处于并将长期处于社会主义初

* 本文作者：庞元正，中共中央党校哲学教研部。

级阶段,这是我们认识当下、规划未来、制定政策、推进事业的客观基点,不能脱离这个基点。”①这一论断,是坚持唯物主义的实事求是思想路线,对当前我国基本国情做出的科学判断。改革开放以来,我国发展取得了巨大成就,但是我国处在社会主义初级阶段的基本国情没有根本改变,人民群众日益增长的物质文化需要与落后的社会生产力之间的矛盾仍然是我国社会的主要矛盾没有根本改变,我国是世界上最大的发展中国家的国际地位没有根本改变。这三个“没有根本改变”表明,我国仍然是发展中国家,发展仍然是当今中国的主题。我国必须把实现社会主义现代化作为奋斗目标,把发展生产力作为根本任务,把发展作为解决一切问题的关键。习近平提出五大发展理念,与邓小平关于发展是硬道理、江泽民关于发展是执政兴国的第一要务、胡锦涛关于坚持科学发展的思想一脉相承,是从中国的最大实际出发,聚焦发展这一当代中国的主题,做出的实事求是、与时俱进的科学论断。

从第二个层面看,五大发展理念是坚持实事求是的思想路线的产物,还在于这些发展新理念又是从中国发展新的阶段性特征出发有针对性地提出的,具有鲜明的问题意识和问题导向。坚持实事求是的思想路线,一切从实际出发,必须看到实际发生的新变化,出现的新问题。如马克思所说,问题是时代的口号,问题是实际的呼声。增强问题意识,坚持问题导向,就是坚持实事求是思想路线的必然要求和具体体现。我国处在社会主义初级阶段,但发展中出现了新问题,或者老问题进一步激化,使发展出现新的阶段性特征。这就要求我们,要有强烈的问题意识,以重大问题为导向,抓住关键问题进一步研究思考,着力推动解决我国发展面临的一系列突出矛盾和问题。正如习近平指出:“五大发展理念不是凭空得来的,是我们在深刻总结国内外发展经验教训的基础上形成的,也是在深刻分析国内外发展大势的基础上形成的,集中反映了我们党对经济社会发展规律认识的深化,也是针对我国发展中的突出矛盾和问题提出来的。”②下面让我们根据习近平的有关讲话精神,对五大发展理念所凸显的问题意识和问题导向做简要分析。

第一,提出创新发展注重的是解决我国发展动力不足的问题。改革开放

---

① 习近平:《坚持运用辩证唯物主义世界观方法论提高解决我国改革发展基本问题的本领》,《人民日报》2015 年 1 月 25 日。

② 习近平:《在党的十八届五中全会第二次全体会议上的讲话》,《求是》2016 年第 1 期。

以来,虽然我国发展取得了举世瞩目的成就,但我国创新能力不强,科技发展水平总体不高,科技对经济社会发展的支撑能力不足,科技对经济增长的贡献率远低于发达国家水平,这是我国这个经济大个头的"阿喀琉斯之踵"。在我国发展由较长时期的两位数增长进入个位数增长的新常态阶段,如果科技创新搞不上去,发展动力不能实现转换,我国发展面临的一系列难题就无从破解,不仅我国在全球经济竞争中将会处于下风,而且我国全面建成小康社会和建成社会主义现代化国家的奋斗目标就难以实现。这是我们必须正视的问题,必须解决的问题。而要突破自身发展的瓶颈、解决深层次矛盾和问题,根本出路就在于创新,关键要靠科技力量。提出创新发展,就是要把创新作为引领发展的第一动力,把创新摆在国家发展全局的核心位置,推进以科技创新为核心的全面创新,解决好这个关系到中华民族前途命运的问题。

第二,提出协调发展注重的是解决发展中的不平衡问题。我国是个发展中的大国,国土广袤,人口众多,具有典型的二元经济的特征,不同地区和城乡之间发展差异本身就很大。改革开放以来,我国实行梯度经济发展战略和城市化战略,由于在统筹区域之间、城乡之间、经济社会发展之间等方面的措施和手段有限,发展不协调成为一个长期存在的问题。当前发展不协调突出表现在区域、城乡、经济和社会、物质文明和精神文明、经济建设和国防建设等关系上。此外,在社会事业发展、生态环境保护、民生保障等方面也存在着一些明显的短板。正是针对这一现实问题,习近平强调,下好"十三五"时期发展的全国一盘棋,协调发展是制胜要诀,必须全力做好补齐短板这篇大文章,着力提高发展的协调性和平衡性。

第三,提出绿色发展注重的是解决人与自然和谐的问题。由于我国是世界第一人口大国,资源总量不足,人均资源占有量相对较低,加之长期以来的粗放型的、资源依赖型的发展方式,人与自然、经济发展与生态环境之间的矛盾相当突出。当前我国资源约束趋紧、环境污染严重、生态系统退化的问题十分严峻,已经严重影响到广大群众正常的生产和生活,人民群众对清新空气、干净饮水、安全食品、优美环境的要求越来越强烈。如果说改革开放初期人们最迫切的需求是解决温饱问题,那么现在人们最迫切的需求则越来越转向解决环保问题。坚持绿色发展就是为破解我国面临的严峻的人与自然、经济发展与生态保护的矛盾而提出的。

第四,提出开放发展注重的是解决发展内外联动问题。改革开放以来,中国成功实现了从封闭半封闭经济向全方位开放型经济的历史转变,但是我国对外开放水平总体上还不够高,用好国际国内两个市场、两种资源的能力还不够强。当前,我国在国际经贸中遭遇越来越多的贸易摩擦,已经连续多发成为全球反倾销措施的最大涉案国;特别是我国石油、铁矿石、铝土矿、铜、钾盐等大宗矿产对外依存度均超过50%的警戒线,资源短缺的约束不断强化,积极开展国际资源能源的互利合作,已经成为维护我国经济安全和经济持续发展迫切需要解决的重大问题。解决这些问题迫切需要我国坚持开放发展,发展更高层次的开放型经济,以扩大开放带动国内发展,惠及各国人民。

第五,提出共享发展注重的是解决社会公平正义问题。改革开放以来,我国经济社会发展取得巨大成就,为促进共享发展提供了有利条件,但同时社会上还存在大量有违公平正义的现象,不同社会群体在共享发展成果上存在较大差距。这个问题不能很好解决,不仅会影响社会的和谐稳定,而且会拖累全面建设小康社会的进程。当前,随着广大群众主体性的觉醒和公平意识的不断增强,人们对社会不公问题越来越不满,对共享发展成果的要求越来越强烈。提出共享发展,就是为了促进社会公平正义,发展成果由人民共享,不断朝着全体人民共同富裕的目标前进。

二、五大发展理念是唯物辩证法的生动体现与出色运用

五大发展理念所说的发展与唯物辩证法所说的发展,论域不同,是不同领域中的概念。但唯物辩证法作为关于发展的哲学理论,对于作为具体社会领域中的五大发展理念又是完全适用和具有指导意义的。唯物辩证法所特有的辩证思维又是树立和贯彻五大发展理念的理论支撑和必然要求。

坚持创新发展,就要把创新作为引领发展的第一动力,把人才作为支撑发展的第一资源,把创新摆在国家发展全局的核心位置,不断推进理论创新、制度创新、科技创新、文化创新等各方面创新,让创新贯穿党和国家的一切工作,让创新在全社会蔚然成风。这里所说的创新,不是局限于某一社会领域的特有性概念,而是适用于所有社会领域的普适性范畴。创新从形式上看是一种推陈出新、破旧立新的人类活动,本质上则是一种通过对事物规律、属性、关系的新发现新运用,更为有效地认识世界、改造世界的实践活动。就此而言,创

新发展的要求无一不是唯物辩证法发展原则的具体运用和体现。唯物辩证法认为,发展是质变与量变的统一,仅有单纯的量的增长而没有质的变化不能构成发展,质变是发展更为根本的标志;创新发展理念强调,经济发展不能片面追求增长的规模和速度,要以提高质量和效益为中心,推进技术创新,实现社会生产力质的提升。唯物辩证法认为,发展是事物旧结构的解体和新结构的产生;创新发展理念强调,要推进经济结构的战略性调整,实现产业结构的优化升级。唯物辩证法认为,发展是事物从低级形态向高级形态的跃迁,创新发展理念强调,要实现发展方式的转变,从资源依赖型发展方式转变为创新驱动型发展方式。唯物辩证法认为,发展是旧事物的灭亡和新事物的产生;创新发展理念强调,要推陈出新、破旧立新、革故鼎新,让新产品、新技术、新思想、新理论、新体制、新机制、新文化、新观念取代相应的已有和低效的东西而显示出新生事物的强大生命力。

坚持协调发展,就是促进现代化建设各个环节、各个方面相协调,促进生产关系与生产力、上层建筑与经济基础相协调。习近平指出,协调"是发展两点论和重点论的统一,是发展平衡和不平衡的统一,是发展短板和潜力的统一,我们要学会运用辩证法,善于'弹钢琴',处理好局部和全局、当前和长远、重点和非重点的关系,着力推动区域协调发展、城乡协调发展、物质文明和精神文明协调发展,推动经济建设和国防建设融合发展"。① 这里提出了用辩证观点看待协调的要求。我们不能简单地把协调等同于平衡,也不能简单地否定一切不平衡。这里所说的协调,是不同部门、不同地区、不同领域之间在发展规模、发展速度、发展程度等方面比例适当、结构合理、相互促进、良性运行、共同发展的状态。从这样的意义上说,协调是平衡与不平衡的统一。形象地说,人有两只手,两只手一样长,是平衡,是协调;但人有五个手指头,五个手指头有长有短,并且比例适当,那也是协调。协调的关键是比例适当,结构合理。比例适当,允许存在差别,但必须保持在一定的度的范围内。马克思从哲学意义上对协调与平衡和不平衡的关系做了如下一个概括,他说,平衡总是以有什么东西要平衡为前提,就是说,协调始终只是消除现存不协调的那个运动的结

① 习近平:《聚焦发力贯彻五中全会精神确保如期全面建成小康社会》,《人民日报》2016年1月19日。

果。毛泽东也指出,事物的发展总是不平衡的,因此有平衡的要求。平衡和不平衡的矛盾,在各方面、各部门、各个部门的各个环节都存在,不断地产生,不断地解决。可见,只有深入掌握平衡与不平衡的辩证法,才能树立和落实好协调发展的理念。

同样,绿色发展、开放发展、共享发展也是唯物辩证法和辩证思维的运用和体现。坚持绿色发展注重的是解决人与自然和谐问题,必须坚持节约资源和保护环境的基本国策,坚定走生产发展、生活富裕、生态良好的文明发展道路,加快建设资源节约型、环境友好型社会,推进美丽中国建设,为全球生态安全做出新贡献。坚持绿色发展,关键是处理好发展与代价、经济发展与环境保护、"金山银山"与"绿水青山"的辩证关系。按照唯物辩证法和唯物史观的观点,代价是人类为社会发展所做出的付出以及为实现发展所承担的消极后果。在发展过程中,代价的付出有的是不可避免的,有的是可以避免的,而且即使是不可避免的也还有一个付出的限度问题。因此,人们应当对代价采取实事求是的辩证分析态度,不仅要争取避免付出可以避免的代价,也要争取把不可避免的代价降低到最低的程度。在我国的发展中,我们必须努力争取实现经济发展和环境保护的双赢,不能为了"金山银山"牺牲"绿水青山",既要"金山银山"又要"绿水青山",而且要看到处理好了,"绿水青山"就能变成"金山银山"。

坚持开放发展,必须坚持对外开放的基本国策,奉行互利共赢的开放战略,深化人文交流,完善对外开放区域布局、对外贸易布局、投资布局,形成对外开放新体制,发展更高层次的开放型经济,以扩大开放带动创新、推动改革、促进发展。为此必须掌握开放与封闭、引进来与走出去、国际竞争与合作、国内发展与对外开放的辩证关系。唯物辩证法的系统开放性原则表明,开放是发展的必要条件而非充分条件,没有开放就不能发展,有了开放未必就能发展,能否发展还要取决于如何开放。我国发展面临的问题已经不是要不要对外开放的问题,而是如何对外开放的问题。我国在国际经济合作和竞争局面发生深刻变化的条件下,从中国的国情出发、统筹国际国内两个大局,把握国内市场和国际市场、国内资源和国外资源的辩证关系,坚持出口和进口并重,推动对外贸易平衡发展;坚持"引进来"和"走出去"并重,提高国际投资合作水平;坚持竞争与合作并重,发展互利共赢的开放型经济;坚持国内发展与对外开放并重,努力打造以开放促发展的全新局面。

坚持共享发展,必须坚持发展为了人民、发展依靠人民、发展成果由人民共享。坚持共享发展,充分体现了共建与共享、公平与效率、做大蛋糕与分好蛋糕的辩证法。“共建”是“共享”的基础,“共享”是“共建”的目的,没有共建就不能实现共享,离开了共享就失去了共建的动力。公平与效率同样是相互依存、相辅相成的关系。通俗说,效率就是做大蛋糕,公平就是分好蛋糕。共享发展既要不断做大“蛋糕”,同时还要分好“蛋糕”。必须放手让一切劳动、知识、技术、管理和资本的活力竞相迸发,让一切创造社会财富的源泉充分涌流,为人民共享发展成果奠定雄厚的物质基础;同时必须做出更有效的制度安排,努力促进公平正义,使全体人民在学有所教、劳有所得、病有所医、老有所养、住有所居上持续取得新进展,不断朝着全体人民共同富裕的目标前进。

三、作为五大发展理念理论根源的唯物史观

五大发展理念是马克思主义关于发展的世界观方法论的集中体现,马克思、恩格斯在创立唯物史观的过程中,对人类社会的发展特别是资本主义工业社会和未来新社会的发展有着大量研究和论述,这些研究和论述构成了马克思主义关于发展的重要思想,为五大发展理念的提出提供了重要思想理论来源。由于篇幅所限,这里仅就创新发展、协调发展和共享发展做一些简要分析。

谈到创新发展,首先应纠正一种误解。我国理论界一般把熊彼特的创新理论看作是其理论依据和来源,而对马克思绝口不提,前者虽不无道理,后者则是数典忘祖。熊彼特在1912年出版的《经济发展理论》一书中,初步阐发了他的创新思想,在1934年该书的英译本中使用“创新”(innovation)概念,并将发展的本质视为创新,创建了创新理论。改革开放以来,创新理论在我国蓬勃兴起,其对熊彼特创新理论有益成果的吸收是毋庸置疑的,但无视和否认马克思的创新思想及其对熊彼特创新理论形成的重要影响则是不符合实际的。其实,在马克思创立唯物史观之时,就已经对创新活动及其在历史发展中的重要作用做了深刻论述,只不过是没有提出创新这个概念。对此熊彼特本人也指出,他的创新理论来源于马克思,“同马克思的陈述更加接近”,并坦承他的创

新理论研究只包括马克思“研究领域的一小部分”。① 因此，揭示创新发展理念与马克思唯物史观的渊源关系，成为创新发展理念研究中一项不容回避的任务。在标志唯物史观创立的著作《德意志意识形态》一书中，马克思、恩格斯在批判费尔巴哈的直观唯物主义时指出，他周围的感性世界“决不是某种开天辟地以来就直接存在的、始终如一的东西，而是工业和社会状况的产物，是历史的产物，是世世代代活动的结果”。那么，是什么活动使人类世世代代周围的感性世界发生了变化，历史又是如何发展的呢？为了深刻揭示人类社会发展的动因，马克思进一步提出了人类“两种活动”的思想。马克思说：“历史不外是各个世代的依次交替。每一代都利用以前各代遗留下来的材料、资金和生产力；由于这个缘故，每一代一方面在完全改变了的环境下继续从事所继承的活动，另一方面又通过完全改变了的活动来变更旧的环境。”②那么，马克思所说的每一代人“继续从事所继承的活动”，不就是我们今天所说的“重复性的活动”或“重复性的实践”吗？而他所说的每一代人“完全改变了的活动”，不就是我们今天所说的“创新”或“创新实践”吗？在1848年《共产党宣言》中，马克思和恩格斯进一步把创新思想用于分析资本主义的发展。他们指出：“资产阶级除非对生产工具，从而对生产关系，从而对全部社会关系不断地进行革命，否则就不能生存下去。”③现在国际学术界公认，马克思、恩格斯的这一论述，是关于创新思想的一个经典阐发。显然，如果仅仅停留在“继续从事所继承的活动”即重复性实践的水平上，没有那种“完全改变了的活动来变更旧的环境”，没有对生产工具、生产关系和全部社会关系的“不断地进行革命”，即没有任何创新，人类只能停留在茹毛饮血、择穴而居的原始状态，不可能有生产力水平的不断提高和人类社会的不断发展。可见，在马克思、恩格斯的唯物史观中孕育着创新发展的深刻思想渊源。

协调发展是马克思、恩格斯在对资本主义的批判和对未来新社会的设想中的重要思想。马克思和恩格斯对消灭城乡、工农和体力劳动与脑力劳动三大差别做出了很多预见。这些科学预见体现了他们关于未来社会协调发展的思想，为当前我国坚持协调发展提供了重要理论指南。在唯物史观的奠基之

---

① 熊彼特：《经济发展理论》，何畏等译，商务印书馆2000年版，第68页。

② 《马克思恩格斯文集》第1卷，人民出版社2009年版，第540页。

③ 《马克思恩格斯文集》第2卷，人民出版社2009年版，第34页。

作《德意志意识形态》中，马克思、恩格斯批判了资本主义造成的严重城乡对立，认为城乡之间的对立是个人被迫屈从于分工的最鲜明的反映，这种屈从把一部分人变为“受局限的城市动物”，把另一部分人变为“受局限的乡村动物”，并且每天都重新产生二者利益之间的对立。他们认为，“消灭城乡之间的对立，是共同体的首要条件之一，这个条件又取决于许多物质前提，而且任何人一看就知道，这个条件单靠意志是不能实现的。”①即是说，在未来的新社会，随着私有制的消灭和生产力的高度发展，将消灭城乡之间的对立，实现城乡之间的协调发展。他们认为，伴随城乡对立的消失，工农之间的差别也将消失，乡村农业人口的分散和大城市工业人口的集中，仅仅适应于工农业发展水平还不高的阶段，这种状态是一切进一步发展的障碍。他们还提出，要实现工业与农业的结合、城市与乡村的融合，又需要地区经济发展的一定协调。恩格斯认为，“大工业在全国的尽可能均衡的分布是消灭城市和乡村的分离的条件”，“只有按照一个统一的大的计划协调地配置自己的生产力的社会，才能使工业在全国分布得最适合于它自身的发展和其他生产要素的保持或发展。”②恩格斯还认为，城乡之间、地区之间的协调还需要经济与社会公共事业之间的协调。他指出：“城市和乡村的对立的消灭不仅是可能的，而且已经成为工业生产本身的直接需要，同样也已经成为农业生产和公共卫生事业的需要。只有通过城市和乡村的融合，现在的空气、水和土地的污染才能排除，只有通过这种融合，才能使目前城市中病弱群众的粪便不致引起疾病，而被用做植物的肥料。”③马克思、恩格斯对未来社会主义社会协调发展的这些论述极富有预见性，为我国坚持城乡协调发展、区域协调发展和经济社会协调发展提供了重要理论资源。

共享发展在马克思主义唯物史观中具有最深厚的基础。在《德意志意识形态》一书中，马克思指出，在私有制社会中受有限的生产力所制约，“使得人们的发展只能具有这样的形式：一些人靠另一些人来满足自己的需要，因而一些人（少数）得到了发展的垄断权；而另一些人（多数）经常地为满足最迫切的需要而进行斗争，因而暂时（即在新的革命的生产力产生以前）失去了任何发

① 《马克思恩格斯文集》第1卷，人民出版社2009年版，第557页。

② 《马克思恩格斯文集》第9卷，人民出版社2009年版，第313－314页。

③ 《马克思恩格斯文集》第9卷，人民出版社2009年版，第313页。

展的可能性。”①这种少数人独享发展、多数人无法分享发展的状况，不仅凸显了私有制社会的非人道非正义，而且是造成私有制社会不可调和的阶级对抗。马克思依据对社会基本矛盾的深入分析指出，“人类”的才能的这种发展，虽然在开始时要靠牺牲多数的个人，甚至靠牺牲整个阶级，但最终会克服这种对抗，而同每个个人的发展相一致。“代替那存在着阶级和阶级对立的资产阶级旧社会的，将是这样一个联合体，在那里，每个人的自由发展是一切人的自由发展的条件。”②而之所以未来的新社会能够成为自由人的联合体，则是因为随着生产力的发展和私有制的消灭，“在人人都必须劳动的条件下，生活资料、享受资料、发展和表现一切体力和智力所需的资料，都将同等地、愈益充分地交归社会全体成员支配。”③可见，在马克思、恩格斯那里，一个共享发展的社会，将是作为自由人联合体的新社会的必然要求和前提条件。这也就是习近平强调“让广大人民群众共享改革发展成果，是社会主义的本质要求，是社会主义制度优越性的集中体现，是我们党坚持全心全意为人民服务根本宗旨的重要体现”的理论根据所在。

（原载于《哲学研究》2016 年第 6 期）

---

① 《马克思恩格斯全集》第 3 卷，人民出版社 1960 年版，第 507 页。

② 《马克思恩格斯文集》第 2 卷，人民出版社 2009 年版，第 53 页。

③ 《马克思恩格斯全集》第 22 卷，人民出版社 1965 年版，第 243 页。

开放发展具有丰富深刻的内涵*

党的十一届三中全会以来，中国共产党人以开放作笔，在中国大地上书写了以开放促改革、促发展的新篇章。以习近平同志为总书记的党中央，接力我国开放战略，坚持"改革不停顿、开放不止步"，把推进改革开放作为决定当代中国命运的关键一招，进一步开创了我国对外开放的新局面。党的十八届五中全会在深入总结我国对外开放实践的基础上，提出了开放发展理念，并对坚持开放发展做了全面安排。五中全会提出的开放发展理念具有丰富深刻的内涵。

1. 着力实现合作共赢是开放发展的新思维

在经济全球化深入发展的今天，世界上国与国之间依存度不断提高，相互联系越来越紧密。但经济全球化在促进各国优势互补、共同发展的同时，也带来了国家之间收益失衡的问题。发达国家往往凭借资本、技术等优势处于支配地位，而大多数发展中国家付出较高成本却只能获取较低收益。如何解决全球化带来的经济失衡问题考验着人类的智慧。习近平总书记准确把握经济全球化的时代特征，提出了人类命运共同体的思想，并强调，"世界各国联系紧密、利益交融，要互通有无、优势互补，在追求本国利益时兼顾他国合理关切，在谋求自身发展中促进各国共同发展，不断扩大共同利益汇合点。""十三五"规划建议进一步提出，"开创对外开放新局面，必须丰富对外开放内涵，提高对外开放水平，协同推进战略互信、经贸合作、人文交流，努力形成深度融合的互利合作格局。"这一系列部署体现了以习近平同志为总书记的党中央打造人类

* 本文作者：刘万华，内蒙古自治区中国特色社会主义理论体系研究中心。

命运共同体的思想，是我国开创对外开放新局面的新思维。要打造人类命运共同体、形成互利合作格局，就必须打破“冷战”思维，加强对话沟通，增强战略互信；就必须在经贸合作的基础上，扩大人文交流，增强相互理解；就必须既要引进来，也要走出去，实现你中有我、我中有你的深度融合。“十三五”规划建议提出的扩大开放领域、放宽投资准入限制、实行负面清单管理制度、扩大金融业双向开放、逐步取消境内外投资额度限制等系列政策，既显示了中国进一步扩大对外开放的决心和信心，也体现了中国与世界各国互利合作、共谋发展的诚意，必将为我国的开放发展营造更好的国际环境。

2. 发展更高层次的开放型经济是开放发展的新目标

党的十一届三中全会开启了我国对外开放的新征程。从建立经济特区到沿海沿江沿边及内陆的全方位开放，从发展“三资企业”到建立友好城市及扩大民间往来，再到国家乃至区域合作的多层次开放，从商品市场到资本市场、技术市场、劳务市场的宽领域开放，对外开放为我国的发展注入了强大的生机与活力。但我国的开放型经济发展到今天，也积累了许多矛盾和问题。一些地区的发展过度依赖出口拉动，出口商品总体较低端，引进技术智力不够的问题突出，利用国际资源不够，等等。国际经济环境和国内发展条件的深刻变化，迫切要求我们必须把对外开放推向新的阶段，从而为中国经济的持续繁荣提供新动力。五中全会提出的“坚持内外需协调、进出口平衡、引进来和走出去并重、引资和引技引智并举，发展更高层次的开放型经济”，为新时期新阶段的开放发展确立了新的目标。围绕这一目标，“十三五”规划建议对完善对外开放战略布局、形成对外开放新体制等方面作出了部署，进一步明确了内陆、沿海的开放定位，对投资准入、完善贸易投资规则、健全贸易促进体系、自贸区推广复制、金融业双向开放、双边协定的签署等提出了政策性意见。这些对外开放重大举措，力求转变过去主要依靠吸引外资和产品出口的对外开放方式，更加强调双向开放，以及开放布局和体制机制建设，必将为我国打造高层次的开放型经济提供重要保障。

3. 推进“一带一路”建设是开放发展的新格局

改革开放以来，我国形成了从沿海到沿江沿边、从东部到中西部区域梯次开放的格局。但这一格局总体上存在着东快西慢、海强陆弱的不足，并由此带来了地区间发展不够协调的问题。以习近平同志为总书记的党中央，深入把握国际区域经济一体化蓬勃发展大势，统筹国内国际两个大局，提出了“丝绸之路经济带”和“21世纪海上丝绸之路”建设，谋求我国与沿线国家联动发展。五中全会进一步对推进“一带一路”建设做出了具体部署，提出了“推进同有关国家和地区多领域互利共赢的务实合作，打造陆海内外联动、东西双向开放的全面开放新格局”。这是新时期新阶段我国开放发展的重大谋划和部署。这一开放发展的新格局把中国与众多国家紧密联系在一起，既扩大了中国的发展空间，也为众多国家提供了新的发展机遇，是沿线国家合作共赢的重要平台。同时，这一开放发展的新格局统筹海陆东西，在进一步提升沿海开放、向东开放水平的基础上，将加快内陆开放、向西开放的步伐，助推内陆沿边地区由对外开放边缘转为前沿，有利于解决国内地区间发展不平衡的问题。“十三五”规划建议中提出的基础设施互联互通和国际大通道建设，以及加强同国际金融机构合作，发挥“亚投行”“金砖银行”“丝路基金”作用，是推进“一带一路”建设的重要举措。随着这一系列重要举措的实施，“一带一路”的综合运输通道、经贸合作平台、人文交流纽带等功能和作用必将得到进一步发挥，通过共商共建共享的“同频共振”，中国将在这一新的开放格局中获得发展，沿线国家也将在这一新的开放格局中获益。

4. 造福港澳和台湾地区人民是开放发展的新定位

香港和澳门在我国对外开放进程中起到了非常重要的作用。大陆与台湾地区的合作发展也经历了许多风风雨雨。随着我国经济崛起和国力的增强，内地与港澳、大陆与台湾地区的合作发展也必然要求赋予新的形式和内容。五中全会对深化内地与港澳、大陆和台湾地区之间的合作发展做出了部署，提出了要发挥港澳独特优势，提升港澳在国家经济发展和对外开放中的地位和功能；深化大陆与台湾地区经济合作，推动两岸产业、金融、贸易等双向开放。并强调要在对外开放中进一步密切内地与港澳的经济联系，加大对港澳发展的支持，加大对港澳改善民生的支持；强调在对外开放中要增强大陆与台湾的共识，增进“两岸一家亲”，让更多台湾普通民众、青少年和中小企业受益。这是开放发展新的定位。“十三五”规划建议中提出的各项加强内地与港澳、大陆与台湾地区合作发展的务实举措，必将进一步促进港澳和台湾地区的繁荣发展，必将促进各方面的关系更加融洽，人民更加满意，中华民族伟大复兴的“中国梦”更早实现。

5. 提高我国在全球经济治理中的话语权是开放发展的新作为

中国作为全球第二大经济体,对世界发展的影响越来越大。中国的和平发展需要得到国际社会的理解和尊重,发展后的中国也需要承担与之相适应的责任和义务。同时,随着全球化、市场化的不断加深,旧的体制不断被打破,新的规则需要重新建立。特别是在全球经济增长乏力,贸易保护主义抬头,地缘政治多变的新形势下,国际经济秩序具有更多的复杂性和不确定性。因而,积极参与全球经济治理,积极承担国际责任和义务,是我国深度融入世界经济的必答题。五中全会在坚持开放发展中,对如何参与全球经济治理、怎样承担国际责任和义务做出了明确回答,提出了要提高我国在全球经济治理中的制度性话语权。其中推动国际经济治理体系完善、引导全球经济议程、加强经济政策国际协调以及落实减排承诺、扩大对外援助规模、维护国际公共安全等举措,是我国开放发展应有的新作为,既是积极的,也是符合我国现实能力的。努力实现这一开放发展的新作为,有利于进一步树立中国良好的国际形象,有利于维护国际经济秩序的平等公正,有利于我国和世界各国的和平发展。

(原载于《红旗文摘》2016 年第 1 期)

开放发展的政治经济学分析*

马克思主义政治经济学始终强调开放对发展的重要作用。马克思、恩格斯在分析资本主义生产方式时指出："世界贸易是大工业的必备条件"①，"由于机器和蒸气的作用，分工的规模已使大工业脱离了本国的基地，完全依赖于世界市场、国际交换和国际分工"②，"资产阶级，由于开拓了世界市场，使一切国家的生产和消费都成为世界性的了。"③马克思、恩格斯的这些洞见奠定了我们认识当代全球化和中国对外开放的理论基础。当前经济全球化深入发展，国际经济格局和国家间竞争态势发生重大变化，我国对外开放面临新的国际国内形势。开放发展理念的提出，是对我国改革开放实践的理论总结，是有中国特色的社会主义政治经济学的开放理论的新发展，开拓了马克思主义政治经济学的新境界。

一、开放发展理念是中国对外开放成功经验的历史总结

主动顺应经济全球化潮流、坚持对外开放是中国社会主义建设的成功经验，开放发展理念是这一经验的历史总结，是马克思主义政治经济学中国化的重要理论成果。30 多年来中国的成就根植于全球化、发展于全球化、得益于全

---

* 本文作者：方勇，南京大学经济学院。
基金项目：教育部人文社会科学重点研究基地重大项目(16JJD790025)。

① 马克思、恩格斯：《马克思恩格斯文集》第 4 卷，人民出版社 2009 年版，第 169 页。

② 马克思、恩格斯：《哲学的贫困》，《马克思恩格斯选集》第 1 卷，人民出版社 2012 年版，第 110 页。

③ 马克思、恩格斯：《共产党宣言》，《马克思恩格斯选集》第 1 卷，人民出版社 2012 年版，第 254 页。

球化。

当代经济全球化是以市场为主导,以国家合作、经济竞争和企业竞争为特征,要素的国际流动和价值链、供应链、生产链全球整合是当代全球化的主要表现,客观上为发展中国家创造了和平稳定的发展环境。发达国家和跨国公司通过输出资本、技术、管理、高级劳动力等流动能力较强的高级要素,整合发展中国家一般劳动力、自然资源等流动能力较差的一般要素,获取全球范围内的要素整合收益、资源优化配置收益。同样,发展中国家也通过这种形式的要素合作,参与发达国家的全球生产分工,激发了潜在的生产能力,推动了经济发展。

当代经济全球化给发展中国家带来了发展机遇,也对其政治稳定提出了挑战。高度传统或高度现代化的社会具有稳定的利益分配格局,社会对既有利益分配机制的接受程度也较高,往往能够保持惯性发展轨道。但处于现代化过程中的社会却最不稳定,这是因为现代性孕育着稳定,而现代化过程却滋生着动乱,在现代化过程中传统的利益分配机制不断被重塑,传统的利益分配格局不断被改变,而新的、广泛接受的利益分配机制还在磨合调整之中,稳定的利益分配格局尚未出现。只有那些在抢抓机遇中保持稳定的国家才能真正抓得住全球化机遇。只有能够在发展中继续保持稳定的政治环境的当代中国,才创造了举世瞩目的中国奇迹。

改革开放前三十年的社会主义建设也为中国抢抓全球化发展机遇创造了基本的产业条件和要素条件。现代经济是以迂回生产和大规模生产为特征的高度专业化分工经济,生产过程就是各种专门化要素相互结合的过程。全球化发展到当代,国际分工不断深化,要素分工成为本质特征,发达国家和跨国公司主导的国际协同生产和全球要素整合为其外在表现。发展中国家利用经济全球化机遇的核心问题也就表现为以何种方式整合进入国际生产体系,以及进入哪个层次、哪个环节的国际生产过程①。只有人口和自然资源,没有工业基础和专门化要素的国家,只能参与最基本的国际分工环节,只能获得最微薄的劳动力报酬,并面临随时被机器替代或者被其他更低工资国家替代的风

① 张二震、方勇:《经济全球化与中国对外开放的基本经验》,《南京大学学报》2008 年第 5 期。

险。只有那些建立了高度专业化分工经济，建立了社会化大生产体系，拥有大量专门化生产要素的国家，才有可能吸引发达国家高级要素流入，实现复杂的专业化国际生产。中国拥有这种能力。新中国成立以后，重工业优先发展的工业化战略为改革开放初期的中国搭建起完整的工业体系，实现了工业部门之间、行业之间和企业之间的专业化分工协作，产品专业化成为基本的分工形式，在某些领域甚至达到了零部件专业化的层次，在企业内部实现了生产环节专业化和生产工序专业化，具备了承接国际产业资本转移的基本能力。

当然，“一个国家能不能富强，一个民族能不能振兴，最重要的就是看这个国家、这个民族能不能顺应时代潮流，掌握历史前进的主动权。”①中国在对外开放的每一个阶段都采取主动开放、渐进开放的办法，以切合比较优势的方式参与国际分工。决定总体开放度的关键变量是我们的禀赋发展状况和承受全球化冲击的能力，决定开放次序和开放重点的是各部门承受国际竞争的能力和开放发展的迫切程度。这种渐进性的开放发展蕴含着渐进性分工调整的战略思路，蕴含着以渐进性开放来缓解外部冲击的政策意图，实践证明能够使我们的经济系统抵御突发性的外部冲击，能够使我们的经济系统在结构调整、分配方式调整的冲击下稳定运行，避免了发展中国家开放过程中常见的系统崩溃危机。

二、开放发展理念是对当代全球化运动规律的深刻把握

马克思主义政治经济学要求我们深入研究经济运动过程，把握社会经济发展规律，揭示经济活动的新特点，以更好地指导经济发展实践。开放发展理念就是在深入研究世界经济新情况新问题的基础上，对当代全球化运动规律的深刻把握。

经济全球化发展到当代，生产国际化程度空前提高，各国经济联系日益紧密，完全意义上的“封闭”经济已不存在，各国或地区在一定程度上都属于开放型经济体，形成了“你中有我、我中有你”“一损俱损，一荣俱荣”的局面。与此同时，由发达国家主导、以贸易自由化和投资自由化为抓手，以全球产业转移

---

① 习近平：《习近平在省部级主要领导干部学习贯彻党的十八届五中全会精神专题研讨班上的讲话》，新华网，http://news.xinhuanet.com/politics/2016-05/10/c_128972667.htm，2016年5月10日。

和生产环节转移为表象、以整合全球要素为目标的全球化外延扩张已触及其刚性边界，经济全球化外延阶段基本结束，开始进入治理体系变革时期。

在经济全球化外延式扩张阶段，全球经济发展始终处于不均衡状态。由于旧的、不公平的国际经济秩序，全球化发展成果并未在国家间公平分配，发达国家总是利用自己在政治上的有利条件和经济上的垄断地位，最大限度地占有贸易利益和投资收益，甚至利用自己的垄断地位谋求更为有利的贸易条件。世界经济长期倚重发达国家消费，南北发展不平衡成为全球经济发展的主要矛盾。其核心是在不公正、不合理的国际经济秩序下南北国家发展机会不平等，根源是以美国为主导的现行全球经济治理体系，全球经济不平衡只是这种发展机会不平等的外在表现，是发达国家固守旧的国际制度结构的必然结果。

在当代，发达国家集团始终占据着国际分工的制高点，主导着全球生产网络。大多数发展中国家被比较优势锁定在资源、劳动密集型产业和低附加值生产环节，其经济稳定状况和增长前景完全受制于发达国家给予的需求份额，从而长期处于经济上的依附地位。当发展中国家试图沿着价值链向中高端生产环节攀升时，发达国家不但利用他们在资金、技术和市场方面的优势极力压制，还利用他们在全球治理和规则制定中的支配地位故意设置障碍。国际金融危机以来，世界经济进入深度调整期，发达国家经济复苏的道路崎岖艰辛，全球化矛盾和冲突不断暴露，南北国家发展机会失衡持续发展。美国等发达国家不再如全球化外延扩张时期那样无条件地提倡经济全球化，世界贸易组织主导的贸易自由化进程严重受阻，西方国家形形色色的保护主义势力不断抬头。更为甚者，国际经济体系中的领导者（如美国）从增强国际政治经济支配能力出发、从实现地缘政治动机出发，不断地推动国内法律法规向国际层面延续应用，甚至希冀以本国的国际经贸规则理念重塑全球经济秩序，为此不惜踢开已有的国际经济治理体系和机构。

然而，战后全球化发展也使得国际力量对比发生了积极变化，新兴市场国家和发展中国家群体性崛起正在改变全球政治经济版图。发展中国家有关建立公平、合理的国际经济新秩序的呼声正在得到更多的倾听和响应，以中国为代表的新兴经济体在全球治理机制中的话语权问题开始受到关注，囊括了主要发达国家和新兴经济体的G20取代G7成为全球经济治理的主要平台，各类代表新兴经济体利益的全球治理平台开始涌现，全球化正在朝着全球治理体系变革的方向演进，治理体系的改革、创新和完善日益成为发展的主旋律。

三、开放发展理念是适应全球治理体系变革的重要战略举措

全球化发展方向的转变既给我国带来重要的发展机遇，也带来严峻挑战。习近平同志提出的开放发展理念，准确把握全球化时代特征，将我国对外开放思想提升到一个新的历史高度，是适应当代中国国情和时代特点的政治经济学。

当前，中国是世界第二大经济体、第一大贸易国和全球制造业基地，是世界经济增长的重要引擎。中国与世界的政治经济关系发生了根本性变化，肩负着更多的国际责任和期待。中国不能是国际规则的被动接受者，需要也必须在国际经济规则和国际竞争规则制定中表明立场，携手发展中国家共同推动建立国际经济新秩序。目前，中国是全球治理体系改革的重要参与者，是20国集团的核心成员，担负着推动全球治理体制向着更加公正合理方向发展的重要责任。但中国参与改革的程度和承担的义务，与我国在世界经济中扮演的角色相比还有很大的差距。如何把我国经济实力顺利转化为国际制度性权力，是参与全球治理体系变革过程中的重大战略问题。

在当代，经济全球化红利的创造模式正在从“常和”博弈向“变和”博弈转变，经济全球化红利不仅来源于国家间“协同生产”，还受制于“互利共赢”的实现程度，利益分配方式对经济全球化红利创造能力的影响益发明显。这是因为，当代国际分工是要素分工、环节分工，每一个国家都依附于全球价值链、生产链和供应链之上，这使得国际分工不仅具有“互利性”特征，利益创造上的相互“依存性”更为显著。在当代，全球经济可持续性依赖于全球价值链、生产链和供应链的稳定和可持续，每一个国家都是链条上的重要参与者，每一个国家经济的可持续性都会影响到链条的稳定和可持续，进而影响到全球经济的可持续性。国际分工利益的长期分配不均必然会导致链条上的某一环节出现不可持续，进而影响最终产品价值实现和链条上每一个参与国分工利益实现，严重时甚至导致链条断裂。因此，全球化发展的核心问题是采取何种分配方式才能维护链条的稳定，并在此基础上提升价值创造能力。严重的利益分配不均不仅会缩小经济全球化整体收益，甚至还会使得经济全球化发展不可持续。

因此,构建“人类命运共同体”“在追求本国利益时兼顾他国合理关切”、实现“互利共赢”成为全球化治理体系变革时代的占优选择①,开放发展理念正是这种占优选择的理论总结。

坚持开放发展就是要创新完善全球治理结构,实现全球治理体系国际共建共享,为我国发展再造新一轮开放红利期。全球化是以规则为基础,全球治理体系依托于规则而运转,国际规则的形成方式、涵盖范围和约束程度决定了其规范国际竞争秩序、协调国际利益分配的能力,决定了全球治理体系的有效性。应该承认,尽管现有国际规则和全球治理体系是以维护发达国家垄断资本利益为出发点,但是还是存在有利于发展中国家的一面,为发展中国家参与国际分工创造了条件。中国过去的发展得益于现存的国际经济秩序,我们通过接受现有体系和规则,采取正确的开放战略,获得了最大化的开放红利。中国未来的发展需要一个稳定、公正、合理的国际经济新秩序,但这不意味着我们要放弃与国际接轨,要对现存的经济秩序进行挑战,甚至全盘否定现存的经济秩序。稳定的国际经济秩序、公正的全球治理结构和开放的全球治理体系符合包括中国在内的世界各个国家的共同利益,对现有国际经济秩序需要的是合理“扬弃”,对不公正不合理部分加以改造。因此,我们需要积极引导全球经济议程,推动全球治理理念创新发展;加强宏观经济政策国际协调,增强世界各国之间的战略互信;共同维护多边贸易体制,推动多边贸易谈判进程,提高贸易和投资等领域的互信与合作,促进生产要素在全球范围更加自由便捷地流动。

坚持开放发展就是要在国际经济社会中构建广泛的利益共同体,提高我国在全球经济治理中的制度性话语权,掌握未来国际竞争主动权。全球经济治理规则是由各参与国相互博弈形成的,最终博弈结果基本反映参与国综合国力。治理规则不是一成不变的,而是在参与国动态博弈过程中不断调整修正,以适应国家间实力的变化,这种“丛林法则”使得国际规则呈现出更多反映霸主国家利益诉求的“非中性”特征。然而,在规则的国际动态博弈中,每个国家都会寻找自己的利益同盟军,弱小国家也能够通过抱团取暖获取更公平更

① 习近平:《携手构建合作共赢新伙伴,同心打造人类命运共同体》,人民网,http://politics?. people. com. cn/n/2015/0929/c1024 -27644905. html,2015 年 9 月 29 日。

合理的地位，以求在博弈占据主动获取更大的利益。在当代，尽管国际环境中不稳定不确定因素有所增多，但发展中国家已经成为全球经济系统中的重要成员，和平发展、合作共赢仍是时代潮流。在全球经济治理规则的博弈中，发展中国家能够通过发展提高出价能力，能够通过合作提高谈判能力，能够通过团结争取更加公平有利的国际地位。中国是最大的发展中国家，维护发展中国家的共同利益是中国利益的重要来源。只有积极支持发展中国家平等参与全球经济治理，才能有效应对发达国家再工业化以及 TPP、TTIP 等高标准区域贸易协定谈判带来的挑战。只有团结广大发展中国家，构建广泛的利益共同体，才能在全球经济治理规则博弈占据主动。只有在全球治理体系变革中发挥好建设性作用和领导性作用，才能进一步增强我国在全球经济治理中的话语权，增强我国对国际制度的影响力。

坚持开放发展理念就是要坚持正确义利观，继续奉行互利共赢的开放战略。在全球经济治理过程中，国家的话语权不仅来源于以经济实力为基础的综合国力，也来源于国际社会对其经济社会发展方式的认同，更来源于国家对公平和正义的坚持。中国之所以被广大发展中国家视为朋友，之所以在现存的全球经济治理中拥有一定的话语权，坚持正确义利观是关键原因。当前，中国与世界其他国家的关系是即相互竞争又相互依赖的，竞争是表象，而依赖是核心，在竞争中相互依赖，在相互依赖中激烈竞争。在这种竞合关系中，互利共赢是实现和谐共存的唯一途径，是增强中国话语权的有力保证。在全球化深入发展的新形势下，中国更需要坚持正确义利观，积极发挥负责任大国的作用。要继续奉行互利共赢的开放战略，与发展中国家在发展机遇上共创共享，在全球产业链、供应链、价值链加速整合中实现合作共赢。要积极承担国际责任和义务，积极参与全球公共产品供给。扩大对外援助规模，完善对外援助方式，通过人力资源开发合作、技术合作等方式，帮助发展中国家培养人才，分享中国经验技术，增强其自主发展能力。

四、践行开放发展理念，开创对外开放新局面

当前我国经济发展进入新常态，表现出速度变化、结构优化、动力转换三大特点，改革逐渐进入攻坚期和深水区，长期积累的体制性障碍和结构性矛盾不断显现并成为阻碍我们跨越“中等收入陷阱”的主要矛盾。在新常态下，要

牢牢把握经济发展主动权,必须以开放发展理念作为理论指南,深入实践开放发展,开创对外开放新局面。

开创对外开放新局面,需要坚持统筹国内国际两个大局,这是中国与世界关系发生深刻变化的必然要求。改革开放以来,中国积极加入国际分工体系,世界对中国的影响早已充分显现。与此同时,国力的增强也使中国成为影响世界政治经济版图变化的一个主要因素,接轨中国开始成为许多国家的现实选择。因此,我们要以开放发展理念为指引,牢牢树立国情意识和世界眼光,统筹好国内国际两个大局。一方面要充分认识中国的具体国情,坚定不移地走自己的路,办好自己的事。我们的国情是,30 多年的开放发展取得了极大的成就,但也积累了很多矛盾和问题,大而不强的问题尤为突出。开放型经济发展水平总体上还不够高,层次还比较低,大部分出口产业仍然处于全球价值链的低端环节。开放型经济对外资、出口和劳动密集型商品的依赖明显,建立在人口、资源和环境之上的开放红利充分释放。中国经济进入新常态之后,传统竞争优势明显减弱,发展的硬约束不断强化,经济发展的风险不断累积,存在陷入"中等收入陷阱"的隐忧。必须实施好新一轮高水平对外开放,在扩大开放中动态地谋求更高层次的总体安全。另一方面,国力的增强也使得国际社会对中国的期待达到前所未有的程度,发达国家希望中国在国际经济再平衡中承担更大的责任,发展中国家希望中国增加开发投资、发展援助和开展产能合作。中国也以实际行动彰显了一个负责任大国的担当。然而,中国毕竟还是发展中国家,必须把满足自身发展需要和适应国际社会期待更好地结合起来,积极承担与中国发展水平相适应的国际责任。

开创对外开放新局面,核心是解决发展内外联动问题。如今,中国开放型经济发展到较高阶段,发展内外关联度日益增强,必须把国内发展与对外开放统一起来,推进全面开放、双向开放。要坚持打开国门搞建设,利用好国际国内两个市场、两种资源,在全球经济联系中谋划发展,引进来走出去并重,提高在全球范围配置资源的能力。要站在国内国际两个大局相互联系的高度,把外部环境变化当作谋划国内发展不可忽视的重要变量。要加快实施自由贸易试验区建设,把自贸区作为体制机制探索的试验田,实现国际国内要素有序流动。要打造全面开放新格局,更加注重对内开放,更好地打破地区分割、行业分割,充分发挥市场在资源配置中的主导作用。

开创对外开放新局面，重点是建设更高层次的开放型经济。当前国际环境错综复杂，机遇前所未有，风险挑战也是深层次的，中国的发展面临着巨大的外部不确定性。只有实施更加主动的开放战略，建设更高层次的开放型经济，才能把握未来发展主动权。要更加主动地参与全球经济治理，在全球规则制定中代表发展中国家发声，促进国际经济秩序朝着公平公正、合作共赢的方向发展；要更加主动地利用多边和双边平台进行建设性对话，特别是要利用好中美战略对话、中欧经贸高层对话，为我国经济社会发展创造有利的国际环境；要更加有力地推动多边贸易谈判进程，努力激活多哈回合谈判进程，主动担当起多边贸易体制坚定支持者和重要建设者；要大力推进"一带一路"建设，构建全方位、多层次、复合型的互联互通网络，打造陆海内外联动、东西双向开放的全面开放新格局。

开创对外开放新局面，更需要着力于培育国际竞争新优势。国际金融危机之后，世界经济分化调整严重，发达国家结构性改革意愿匮乏，发展中国家继续崛起但势头有所减弱，印度对中国的复制与追赶势头仍然强劲。中国正遭遇发达国家和发展中国家的两头夹击，现有的价值链低端环节面临着发展中国家的赶超侵蚀，在向价值链高端环节攀升过程中又受制于创新能力和创新资源不足而成效不彰，在全球价值链分工中存在被边缘化的危险。中国要在国际竞争中赢得主动，必须推动传统竞争优势升级提档，着力于培育国际竞争新优势。坚持引进来和走出去并重，从国际市场获取本国经济发展动力，借力发展借势发展。引进来方面，如果说过去注重的是充分发挥人口、资源和环境优势融入全球价值链，现在则要适应我国经济发展方式转变和比较优势变化的新特征，注重发挥我国工业门类齐全、专门化要素丰富、加工创造能力突出的新优势，引资与引智相结合，加快从全球加工装配基地向全球先进制造和服务基地转变，提升中国制造在全球价值链中的位置。要注重国内消费升级的新特点，发挥国内需求强劲的新优势，推进服务业开放和服务贸易发展，吸引国际服务业要素集聚。在走出去方面，如果说过去注重的是获取大宗商品的稳定供给，转移那些已经或者正在丧失比较优势的产业，现在则要积极参与全球经济治理、共同搭建国际合作舞台，树立走出去也是吸收国际技术创新能力、先进管理经验以及高素质人才的新观念，推动剩余产能走出去，通过国际产能合作推动装备、技术、标准、服务走出去，在新兴产业的发展中主动走出去。对接先进国家的技术创新资源，通过设立研发中心，雇佣高素质人才，让先进国家的技术创新资源为我所用。

开创对外开放新局面，更需要协调好国际国内两类规则，构建公平竞争的内外资发展环境。在当代国际竞争中，规则竞争日趋激烈。国际金融危机后，多边贸易谈判陷入僵局，发达国家转向双边和区域贸易安排，并将劳工标准、环境保护、知识产权、政府采购、竞争中立等纳入谈判，制定远高于发展中国家现状和能力的标准，意欲强化国际规则主导权。我们不仅要看到发达国家目的在于抬高发展中国家参与经济全球化的门槛，也要看到这些规则在一定程度反映了全球化未来的方向。我们要健全同国际贸易投资规则相适应的体制机制，在开展对外经济合作中按国际规则办事，在制定、调整国内政策和法规制度时落实高标准，适应国际规则新变化。这不仅是对外开放的需要，也是对内开放的需要，更是在国际竞争中体制机制竞争的需要。

（原载于《南京大学学报》哲学·人文科学·社会科学版 2017 年第 3 期）

关于开放发展的进一步思考*

开放发展，是以习近平总书记为核心的党中央提出的五大新发展理念之一，也是习近平总书记治国理政新思想新理念新战略的重要内容。和改革一起，对外开放是1978年以来我国的基本国策，已经实施快40年了。现阶段，把它当作新发展理念提出来，“新”在何处？针对的是什么？有什么重大意义？回答这些问题，是深入落实开放发展新理念、推动中国现代化和民族复兴大业不可或缺的认识论前提。

一、充分理解开放发展的重要性

从日常生活角度来看，对外开放对中国近40年来发展进步的重要性，是几乎每个中国人都能体会到的。从资本、商品等有形物质的引进输出，到大规模的学术交往、观光旅游等人文交流，莫不如此。然而，仅仅在感性观察和体验层次上看待对外开放是不够的。党的十八大以来，习近平总书记从国家前途命运的战略高度，对对外开放做出了一系列重要论述和评价。

1. 改革开放是新的伟大革命和伟大觉醒

2012年11月，习近平总书记指出，“改革开放是党在新的历史条件下领导人民进行的新的伟大革命，是决定当代中国命运的关键抉择。中国特色社会主义之所以具有蓬勃生命力，就在于是实行改革开放的社会主义”①。2012年12月，他在广东考察时强调，“改革开放是我们党的历史上一次伟大觉醒，正是

* 本文作者：王中汝，男，中共中央党校马克思主义学院教授，博士生导师。

① 《习近平关于全面深化改革论述摘编》，中央文献出版社2014年版，第1页。

这个伟大觉醒孕育了新时期从理论到实践的伟大创造”①。“伟大革命”“伟大觉醒”和“伟大创造”,充分凸显出改革开放的历史地位与现实意义。就对外开放而言,需要人们认真回顾、重温和牢记的是,“革”的是什么的“命”,是从什么状态下“觉醒”过来。这个问题不清楚,就无法准确评估对外开放的价值,也无法进一步从各个层面深化对外开放。对外开放,“革”的是自我封闭、夜郎自大、在经济上与世隔绝的“命”,是从盲目的自我感觉良好、实际上与西方发达国家差距很大的“空想”中“醒悟”过来。这种封闭、自大、与世界隔离的状态,是落后于时代发展要求的。正如邓小平在20世纪80年代所说,“关门可不行啊,中国不可能再回到过去那种封闭时代。那种封闭的方式也造成了灾难啊,例如‘文化大革命’。在那种状态下,经济不可能发展,人民生活不可能改善,国家力量也不可能增强。现在世界的发展一日千里,每天都在变化,特别是科学技术,追都难追上”②。

2. 对外开放顺应了经济全球化这个时代潮流

那么,当今时代是什么时代?是不是像有人断言的那样,我们仍然处于马克思主义经典作家所判定的历史时代,即社会主义与资本主义两个前途、两条道路、两种命运、两大力量生死博弈的时代?否。20世纪80年代,我们已经改变了战争不可避免而且迫在眉睫的过时判断,确立了和平与发展的时代主题。2016年1月,习近平总书记指出,“经济全球化是我们谋划发展所要面对的时代潮流”。他在引用马克思恩格斯在《德意志意识形态》《共产党宣言》《一八五七——一八五八年经济学手稿》《资本论》等著作中的相关论述后指出,“马克思恩格斯的这些洞见和论述,深刻揭示了经济全球化的本质、逻辑、过程,奠定了我们今天认识经济全球化的理论基础”③。和平与发展的时代主题,经济全球化的时代潮流,就是中国当今所处的时代。经济全球化的实质,是生产的国际分工,资源的全球配置,生产力的全球布局。国家之间由于生产力发展水平差异大,融入全球化进程,并不是所有国家都能受益。但自我孤立于全球化进程之外,肯定要受损。习近平总书记强调,“要发展壮大,必须主动顺应经济

① 《习近平关于全面深化改革论述摘编》,中央文献出版社2014年版,第2页。

② 《邓小平文选》第三卷,人民出版社1993年版,第299页。

③ 习近平:《在省部级主要领导干部学习贯彻党的十八届五中全会精神专题研讨班上的讲话》,《人民日报》2016年05月10日。

全球化潮流,坚持对外开放,充分运用人类社会创造的先进科学技术成果和有益管理经验。改革开放初期,在我们力量不强、经验不足的时候,不少同志也曾满怀疑问,面对占据优势地位的西方国家,我们能不能做到既利用对外开放机遇而又不被腐蚀或吃掉?当年,我们推动复关谈判、入世谈判,都承受着很大压力。今天看来,我们大胆开放、走向世界,无疑是选择了正确方向"①。

3. 对外开放是推动中国发展的重要动力

对外开放,融入世界发展大潮,充分利用全球各种资源发展自己,是推动中国近40年来发展进步的主要动力之一。与改革一起,对外开放"使中国赶上了时代,实现了中国人民从站起来到富起来、强起来的伟大飞跃"②。习近平总书记更是直接指出,"我国三十多年来的发展成就得益于对外开放"。这些成就,包括GDP总量(世界第二)、制造业规模(世界第一)、最大外汇储备国、最大旅游市场等。这些成就,大大提升了中国在国际交往特别是经济交往中话语权:"二十年前甚至十五年前,经济全球化的主要推手是美国等西方国家,今天反而是我们被认为是世界上推动贸易和投资自由化便利化的最大旗手,积极主动同西方国家形形色色的保护主义作斗争。这说明,只要主动顺应世界发展潮流,不但能发展壮大自己,而且可以引领世界发展潮流。"③对于这个"被认为",习近平总书记不但没有否认,而且赋予中国以更大的使命:不仅要顺应世界发展潮流,更要引领这个潮流。"一带一路"与亚投行,正是中国针对经济全球化新特点、中国发展新阶段而提出的推动中国发展、引领世界进步的新战略、新举措。

总之,在经济全球化条件下,没有对外开放,就没有今天的中国。任何反全球化或逆全球化思潮,或者否定对外开放的片面言行,对于今天的中国来说,都是不足取的,都是要极力反对的。

---

① 习近平:在省部级主要领导干部学习贯彻党的十八届五中全会精神专题研讨班上的讲话》,《人民日报》2016年05月10日。

② 习近平:《在庆祝中国共产党成立95周年大会上的讲话》,《人民日报》2016年07月02日。

③ 习近平:《在省部级主要领导干部学习贯彻党的十八届五中全会精神专题研讨班上的讲话》,《人民日报》2016年05月10日。

二、充分认识开放发展的新起点与新阶段

世界与中国发展过程中的“变”与“不变”,近些年表现得越发清晰。“不变”,是指和平与发展的时代主题没有变,中国还处在社会主义初级阶段的基本国情没有变化,中国社会的主要矛盾没有变,中国还是最大的发展中国家的国际地位没有变。“变”,是指国际格局中国家实力对比发生了比较大的新变化,中国经济社会发展面临的阶段性任务发生了新变化。“变”与“不变”交互作用,把中国的开放发展置于新的起点上,推进了新的阶段。

1. 开放发展的新起点

一方面,中国成为经济全球化、贸易和投资自由化便利化的最大旗手,GDP跃居全球第二,如果不出意外,在不远的将来,有望成为第一。另一方面,从2007年起,世界经济陷入动荡。至今,发达国家的经济复苏,总体上比大部分发展中国家好。这种情况,使中国的对外发展,面临前所未有的新变局。一个国家,如果本来就相对富强,譬如长期排在世界第五、六名,经过三四十年的努力,上升到第二位,并不会太让人侧目。问题是,中国从一穷二白、温饱问题都未根本解决、长期被人瞧不起的绝对贫困状态,快速发展起来,对世界格局以及发达国家的心理影响,就相当大了。在这种状况下,基于国家利益的竞争,原先的“旗手”即发达国家,主要是美国,“冷战”思维在经过20世纪80、90年代的弱化之后,因防范中国而重新强化,开始“砍旗”,采取各种保护主义举措。原先曾做过许诺的,如欧盟关于中国市场经济地位问题的承诺,现在开始食言。当然,在世界主要经济体之间,如中国和美国、中国和欧盟之间,经济上的相互依赖已经非常深,全球性的贸易战很难打响。然而,这种守成者与挑战者的关系,非敌非友,亦敌亦友,却是极为复杂的。按照马克思的有关理论,生产力在全球范围内配置,是世界经济发展规律的内在要求,从长远来看难以抗拒。在新的历史起点上,中国要成为经济全球化的新“旗手”,反击发达国家的保护主义,引领中国和世界发展。这是中国开放发展进入新阶段的重要目标。

2. 经济社会转型的新阶段

社会各个领域内的转型,始终伴随着改革开放以来的中国。从20世纪80年代开始,中国经济在以增长为核心的粗放式发展道路上狂奔了30多年。在这期间,尽管不同时期不断强调增长的质量、效益问题,强调发展的全面、协

调、可持续性问题,但受限于各方面的复杂因素,以增长为核心的粗放式发展并无质的改变。2007年以后,伴随着世界范围内的经济低迷和中国自身的问题,建立在低成本劳动力和西方国家大量有效需求基础上的出口优势不复存在,粗放式发展模式走到了头,中国经济迎来了"速度换挡节点""结构调整节点"与"动力转换节点",需要向高科技含量、低资源消耗、注重生态、注重内部消费的发展方式转型。在政治社会层面,中国由传统的政经不分、政社不分、政事不分,向社会各领域分化加速转型。党的十八大以来,不少过去所没有的深化改革新举措,如建立和完善公民有序参与机制、社会主义协商民主制度、党和政府主导的群众维权机制,以及以激发社会活力为主要目的的社会管理体制和组织体制改革,就是在这种背景下提出的。

3. 国际国内联动发展

实现国际国内联动,是开放发展的主要途径。一定要看到,国际国内联动,不只体现在经济层面,也包括政治社会层面的联动,后者主要体现在对群众心理影响和行为示范上。这也是开放发展进入新阶段的重要特征。政治社会层面的内外联动,因互联网社会和信息传递的即时化、便利化,而被有形无形地放大。国际国内联动,对党和政府的学习能力,对体制机制的创新,既是压力也是动力。这几年常说的以开放倒逼改革,就是化压力为动力的鲜明体现。

在新起点、新阶段,中国开放发展的风险和挑战大增。防范风险是必须的,但是,千万不能忘记自己的位置,即正在从经济总量世界第二迈向第一的艰苦爬坡过程中,既要警惕自卑心态即缺乏信心,又要警惕自大心态而盲目排外。特别是后者,往往将国内发生的问题归于经济全球化,自觉不自觉地产生排外情绪。在接近目标(现代化与民族复兴,引领世界发展)而又困难重重之时,中央将开放发展确立为发展新理念,意义更显得重大。

三、开放发展需要更高理念的支撑

作为一种发展理念,开放发展主要是一种政策导向型理念。欲使开放发展新理念更深得人心,并真正落实在实践中,还需要更高层次的理念来支撑。所谓的更高层次的理念,即从世界历史和人类命运的高度,向世界各国展示中国人的世界观,为中国在世界上的行动和角色,提供更具说服力的道义依据。

1. 人类命运共同体理念

大规模的世界贸易与国际分工,持续不断的教育、旅游等人文交往,推动着你中有我、我中有你的"地球村"的形成。气候、环境、疾病与恐怖极端势力等世界各国面临的共同问题,需要携手合作才能解决。这是党十八大以来习近平总书记反复强调人类是一荣俱荣、一损俱损的命运或利益共同体的根本原因。

在庆祝中国共产党成立95周年大会上的讲话中,习近平总书记所强调的第七个"不忘初心"即和平发展,全面而深刻地阐述了中国积极参与构建人类命运共同体的主张。第一,强调要建立合作共赢的新型国际关系,建立人类命运共同体和利益共同体。"中国主张各国人民同心协力,变压力为动力,化危机为生机,以合作取代对抗,以共赢取代独占","推动构建以合作共赢为核心的新型国际关系,推动形成人类命运共同体和利益共同体"。第二,强调中国是合作共赢国际秩序的维护者,而不是破坏者。"中国始终是世界和平的建设者、全球发展的贡献者、国际秩序的维护者,愿扩大同各国的利益交汇点。"第三,强调中国要通过自己的实际行动构建人类命运共同体和利益共同体,一方面,"中国对外开放,不是要一家唱独角戏,而是要欢迎各方共同参与;不是要谋求势力范围,而是要支持各国共同发展;不是要营造自己的后花园,而是要建设各国共享的百花园"。另一方面,"中国倡导人类命运共同体意识,反对冷战思维和零和博弈"。①

倡导人类命运共同体意识,反对冷战思维和零和博弈,抓住了保证对外发展顺利推进的关键。须知,冷战思维和零和博弈,仍在世界上存在,特别是作为守成大国的美国在处理与扮演着挑战者的中国的关系之间。但是,这绝不是中国国内某些社会思潮坚持冷战思维的理由。这些思潮的可怕之处,是将其冷战思维出口转内销,动不动就煽动民族主义或民粹情绪,进而对执政党和政府决策施加压力,而枉顾复杂的国际局势与国家之间的利益竞争与合作。执政党明确宣布中国不搞冷战思维,既是对国内坚持冷战思维者的当头棒喝,也在世界上树立了良好的道义形象,为关系人类前途命运的"中国方案"奠定

① 习近平:《在庆祝中国共产党成立95周年大会上的讲话》,《人民日报》2016年07月02日。

了更为坚实的道义基础。

2. 人类文明交流互鉴的理念

党的十八大以来,习近平总书记站在人类长远发展的历史和现实高度,提出了一系列内容丰富、道理深刻的关于不同文明交流互鉴的论述。

从理论上讲,人类文明有着多样、平等、包容等特点。首先,“文明是多彩的,人类文明因多样才有交流互鉴的价值”,“文明交流互鉴不应该以独尊某一种文明或者贬损某一种文明为前提”。其次,“文明是平等的,人类文明因平等才有交流互鉴的前提”,“文明没有高低、优劣之分”,“傲慢和偏见是文明交流互鉴的最大障碍”。第三,“文明是包容的,人类文明因包容才有交流互鉴的动力”。既然如此,“在文明问题上,生搬硬套、削足适履不仅是不可能的,而且是十分有害的”①。从具体的文明形态来讲,习近平总书记指出,“中国是东方文明的重要代表,欧洲则是西方文明的发祥地。正如中国人喜欢茶而比利时人喜爱啤酒一样,茶的含蓄内敛和酒的热烈奔放代表了品味生命、解读世界的两种不同方式。但是,茶和酒并不是不可兼容的,既可以酒逢知己千杯少,也可以品茶品味品人生。中国主张‘和而不同’,而欧盟强调‘多元一体’。中欧要共同努力,促进人类各种文明之花竞相绽放”。具体到每一种文明的探索、发展道路上,习近平总书记比较、肯定了中法以及中欧各自的探索。他指出,“进入近现代,两国(中国和法国——引者注)都经历了民族苦难、战火洗礼和对发展模式的艰辛探索,走出了符合本国国情的发展道路”②。也就是说,无论是中国特色社会主义道路,还是法国的资本主义道路,都是符合各自国情的道路选择。他还指出,“中国和欧盟都在经历人类历史上前所未有的改革进程,都在走前人没有走过的路。……尊重双方的改革道路,借鉴双方的改革经验,以自身改革带动世界发展进步”③。此外,习近平总书记还有很多关于人类命运共同体或利益共同体的论述。在这里,有“发展模式”“发展道路”和“改革道路”的差异,有以“茶”和“酒”隐喻的“解读世界的两种不同方式”,但差异并不

---

① 《习近平谈治国理政》,外文出版社 2014 年版,第 258 - 259 页。

② 《在中法建交 50 周年纪念大会上的讲话》,新华网,http://news.xinhuanet.com/politics/2014 - 03/28/c_119982956.htm,2014 年 03 月 27 日。

③ 《在布鲁日欧洲学院的演讲》,新华网,http://news.xinhuanet.com/politics/2014 - 04/01/c_1110054309.htm,2014 年 04 月 01 日。

必然意味着对立,在大多数情况下也不应该导致对立。

中华文明本身,就是文明交流互鉴的最具说服力的典型。“中华文明是在中国大地上产生的文明,也是同其他文明不断交流互鉴而形成的文明。”在中外文明交流史上,“有冲突、矛盾、疑惑、拒绝,但更多是学习、消化、融合、创新”①。习近平总书记这一胸怀宽广、视野恢宏的文明交流借鉴思想,是中国进一步开放发展的思想和行动指南。中华文明要想在世界上复兴光大,除了内造即根据时代要求推进创造性转换外,还需要以开放的胸怀吸纳人类其他文明特别是西方工业文明的积极成果。

3. 社会主义与资本主义关系的正确理念

中国坚持社会主义道路。与此同时,世界上的主要强国,实行的是资本主义制度。这就是说,人类命运或利益共同体中的“人类”,不是抽象概念,而是生活在不同国度与社会制度下的“人类”。在社会主义与资本主义两种社会制度共存的条件下,人类命运或利益共同体,可以理解为在实行不同社会制度的国家和人们之间形成的共同体。在这种共同体中,两种制度相处的主要方面,不是你死我活的对立关系,而是取长补短、和平竞争的关系。中国是具有世界影响力的社会主义国家,对资本主义与社会主义关系的正确理解,是事关中国开放发展的重大理论和实践问题。

中国的社会主义,经历了冷战时期的苏联模式社会主义阶段,改革开放以来逐步形成了中国特色社会主义。“中国特色”可以有多重理解。就创立这个概念的初衷来说,是为了区别苏联模式社会主义而言的。众所周知,在 20 世纪 80 年代初及之前,苏联模式社会主义是社会主义的代名词。在苏联的教科书里,资本主义与社会主义完全是敌对、对立的。这也是 20 世纪东西方“冷战”的意识形态根源。但在马克思恩格斯那里,社会主义和资本主义既有对立的一面,又有继承、发展的一面。当今时代各种形式的生产资料社会化、各种水平的社会保障与社会福利,既是对资本主义弊端的不断克服,也是社会主义得以生成、发展壮大的基因。

由于受苏联模式社会主义影响过深,中国国内的一些人,面对日益复杂的国际国内局势,顽守僵化、过时的意识形态教条不放,片面地鼓吹社会主义与

---

① 《习近平谈治国理政》,外文出版社 2014 年版,第 260 页。

资本主义的对立。这些主张,与鼓吹新的冷战并无本质区别。在一个全球化的世界,在中国正在实现民族复兴、迈向具有全球影响力大国的关键时刻,新的冷战肯定不是中国所希望的,必须要正确认识和处理好社会主义与资本主义之间的关系。

当然,主张命运和利益共同体,讲文明交融,讲社会主义与资本主义的扬弃关系,并不是忽略国家之间因国家利益分歧、冲突而存在的竞争和斗争,也不是说社会主义与资本主义作为意识形态就没有对立的一面。这里的关键,是对内对外都要反对"冷战思维和零和博弈",反对将不同发展阶段的社会制度之间的扬弃关系片面对立起来,积极推动对外开放、学习借鉴,更好地维护好国家利益。可以预见的是,中国特色社会主义发展道路,将通过人类命运共同体、人类文明交流互鉴的进步理念,通过中国进一步开放发展共赢的国策,在世界范围内牢固确立,并成为中华民族对世界发展的新贡献。

(原载于《中共福建省党校学报》2017 年第 8 期)

新形势下坚持开放发展的内在逻辑与实践路径*

一、坚持对外开放是中国经济发展和社会进步的基本经验

党的十一届三中全会以来，中国共产党人紧随国际国内时局变化，带领中华民族开创伟大的改革开放之路。中国经济持续中高速增长，经济体制不断完善发展。对外开放，是关系中国前途命运的根本政策，是中国特色社会主义建设的重要理念，是中国经济发展和社会进步的基本经验。

（一）对外开放促进中国经济持续中高速增长

对外开放30多年来，中国主动适应世界经济的发展趋势，有效整合国内国际资源，有力促进中国经济持续中高速增长。以对外贸易与投资领域为例，实行对外开放战略以来，中国国际竞争力与影响力日益增强：一是货物贸易规模增长迅猛，结构不断优化。1978年到2015年间，中国货物进出口总额从206亿美元上升至3.96万亿美元。2015年，中国货物贸易进出口额均居世界第一位。货物出口从以初级产品为主，到以工业制成品为主、轻纺等劳动密集型产品为主，再到以机电和高新技术产品等资本技术密集型产品为主不断演进升级。二是服务贸易规模逐步增大。服务贸易总额由1982年的43亿美元增加到2014年的6043亿美元。服务出口额全球占比4.6%，居世界第五；服务进口额全球占比8.1%，居世界第二。2014年，旅游、运输服务和建筑服务进出口额占服务贸易总额的62.6%，金融、通信服务进出口额比上年分别增长

---

* 本文作者：何丽君，中国浦东干部学院教学研究部。

59.5%、24.6%。① 三是利用外资规模持续增长。实际利用世界外商直接投资额从1983年9.2亿美元增加到2014年1285亿美元。2014年,中国实际利用外商直接投资中,前四大行业制造业、房地产业、租赁和商务服务业、批发零售业的投资比重分别为33.40%、28.96%、10.44%、7.92%。② 四是对外直接投资增势强劲。2002—2014年间,中国对外直接投资持续增长,年均增长速度达37.5%。2014年,中国对外直接投资额1231.20亿美元,双向直接投资首次接近平衡。2014年末,中国对外直接投资存量达8826.42亿美元,占全球对外直接投资存量的3.4%。③ 对前三大行业租赁和商务服务业、批发零售业、采矿业的投资比重分别为29.9%,14.9%,13.4%。④ 30多年的对外开放,中国对外贸易与投资规模持续攀升,结构不断优化,对于我国经济增长、就业、产业升级等方面都发挥着显著的积极作用。

(二)对外开放推动中国经济体制改革

行政体制内部具有天然的惰性和阻力,对外开放是中国经济体制改革的原动力。以开放促改革,把外部竞争压力转变为内部改革动力,在开放与改革的良性互动中促进经济体制不断完善与发展,是中国持续发展的重要经验。通过对外开放,找寻中国特色社会主义市场经济体制改革的参照系,我们将国外经验与教训转变为中国改革的借鉴,探索中国特色社会主义市场经济的发展道路。明确市场化改革取向,先放权后改制,先"双轨"后"并轨",通过渐进性改革政府逐步简政放权,促进政企分开,改变行政主导的资源配置方式,促发从微观制度到所有制结构变革、政府职能转变,从外贸到价格、财税、金融、分配等领域的改革,建设统一开放、竞争有序的市场体系,实现由传统计划经济向社会主义市场经济体制的逐步转轨。引入市场经济基本规范与国际通行规则,推动中国经贸体制与国际经贸规则的接轨,解决与世界多边贸易体制的

---

① 《中国服务贸易统计2015》,中国服务贸易指南网,http://tradeinservices.mofcom.gov.cn/c/2016-01-26/284930.shtml,2016年11月26日,第7—8页。

② 笔者根据国家统计局发布的相关资料计算得出,中华人民共和国国家统计局网,http://data.stats.gov.cn/easyquery.htm?cn=C01。

③ 中华人民共和国商务部、中华人民共和国国家统计局、国家外汇管理局:《2014年度中国对外直接投资统计公报》,中国统计出版社2015年版,第6页。

④ 中华人民共和国商务部、中华人民共和国国家统计局、国家外汇管理局:《2014年度中国对外直接投资统计公报》,中国统计出版社2015年版,第11页。

适应性问题,市场在资源配置中发挥的基础性作用日益显现,不断完善社会主义市场经济体制。以2001年为例,中国按照世贸组织的规则修改了2300个中央层面的法规和19000个地方层面的法规。如果没有对外开放,没有入世的压力,断难进行如此广泛而深刻的改革。

中国通过构建从沿海到沿江沿边,从东部到中西部区域梯次开放的格局,避免了全面突然开放的强大冲击,弥补了制度性内生能力的缺陷,综合国力得以不断增强,经济体制得以不断完善,实现了从封闭半封闭到全方位开放的伟大历史转折。坚持对外开放,是中国经济发展和社会进步的基本经验,也是实现中华民族伟大复兴中国梦的必由之路。

二、国家持续繁荣发展需要中国进一步对外开放

新形势下坚持进一步对外开放的重要动因,是中国发展的内外部环境发生了深刻变化。中国发展面临许多新挑战与机遇,譬如世界经济增长疲软、全球经济治理变革、经济发展方式粗放、区域发展不平衡、全面深化改革遭遇瓶颈等,急需通过拓展对外开放的广度与深度加以缓解,助推中国持续繁荣发展。

(一)顺应世界经济发展新格局需要进一步扩大对外开放

2008年国际金融危机爆发后,发达国家经济一直呈现疲软低迷态势,复苏之路艰难而曲折。与此形成鲜明对比的是,发展中国家的经济表现引人瞩目。2010—2013年,新兴十一国对全球经济增长的贡献率平均达到59%,成为全球经济可持续增长的主要推动力。在《2010年全球发展展望:财富转移》报告中,经济合作与发展组织(OECD)提出,以中国为代表的新兴经济体的快速发展正在改变未来全球经济发展和财富创造的格局,世界经济的重心已经向东和向南转移。"东升西降"的世界经济发展新格局客观要求中国进一步扩大对外开放的广度。

(二)参与全球经济治理变革需要进一步扩大对外开放

发达经济体与新兴经济体的竞争不仅体现在产品竞争上,更体现在规则竞争上。国际经贸规则是全球化进程中国家与地区维护经贸秩序、协调经贸关系、推动经贸发展的重要工具。为了巩固自身利益与竞争优势,发达国家和发展中国家在国际经贸规则的制定、修改和完善上展开激烈博弈,博弈话语权

大小则取决于国家的综合国力。伴随综合国力不断上升,和平发展进程加快,中国所面临的疑虑、期盼及挑战也在逐渐增多。近年来,美国力推跨太平洋伙伴关系协定(TPP)、欧美跨大西洋贸易与投资伙伴协议(TTIP)、国际服务贸易协定(TISA)三大谈判,意欲构筑涵盖货物贸易、服务贸易、投资的全方位贸易战略。这些贸易规则从发达国家的发展水平及利益需求出发,要求限制政府干预,全面实行高水平贸易投资自由化,设定严格的环境保护、知识产权、社会责任标准。越来越多国家加入三大谈判,世界经济格局或受国际贸易新规则的巨大冲击,暂未参加谈判的中国面临外部环境和区域合作的潜在压力与挑战日趋增大。与此同时,受世界经济增长放缓的影响,各国贸易保护主义势头加剧,贸易摩擦频发而多样。中国产品遭遇反倾销、反补贴、保障措施及特保调查越发频繁,其数量和金额均呈上升态势。中国企业亟待政府更积极主动地参与全球经济治理变革,营造有利于经济发展的国际规则体系与环境。

(三)加快产业结构转型升级需要进一步对外开放

在全球经济疲软的背景下,中国对外贸易面临来自发展中国家与发达国家的双重挤压,进入中低速增长甚至负增长发展阶段。2012—2014 年,中国对外货物贸易同比增长率分别为 6.2%、7.6% 和 3.4%,增速连续三年低于 10%。① 缺乏高附加值的核心技术是制约中国对外贸易发展的重要因素。一方面,中国对外贸易以加工贸易为主,具有技术门槛低、出口顺畅、劳动投入量大的特点。伴随人口红利转折期的到来,劳动力、土地等各类要素成本比较优势逐步弱化,加上环境约束趋紧,传统优势产品贸易与一些新兴市场国家的主体产业、发达国家的落后经济部门竞争日趋激烈。另一方面,随着创新驱动发展战略的实施,中国在高技术产品贸易领域与发达国家的出口竞争逐步加强。但是,发达国家在“再工业化”政策的牵引下,一些中高端制造业逐渐回流,受限于科技水平,对外高端产业仍难以追赶上欧美等发达国家。对外开放与产业结构转型升级相辅相成、相互促进。以提高经济增长质量和效率为立足点,进一步拓展对外开放的深度,加快产业结构转型升级成为中国经济发展的重中之重。

---

① 笔者根据国家统计局发布的相关资料计算得出,参见中华人民共和国国家统计局网。

(四)缓和地区发展不均衡需要进一步对外开放

中国人口众多,地域辽阔,地区发展不均衡难以避免。对外开放进程中,中国经济社会快速持续发展,而对外开放的不均衡客观上也加剧了地区发展不均衡的问题。相对而言,实际利用直接外资更多聚集于东部省市。2014 年,中国最具有外资吸引力的县市区中东部占 6 席,西部占 2 席,东北占 2 席。最具外资吸引力县市区 500 强中,东部、东北、西部、中部地区前 10 强平均利用外资分别为 28.83 亿、11.9 亿、10.8 亿、3.9 亿美元。外资流入的不均衡一定程度上引致资本、技术、人才及基础设施建设的不平衡,加剧了城乡、区域之间的经济发展差距,城乡居民间收入分配差距不断扩大,滋生不同地区、不同群体之间的不和谐因素。这些问题都需要在进一步扩大对外开放中加以缓和。

(五)推进全面深化改革需要进一步对外开放

历经 30 多年,全面深化改革已从浅水区向深水区逐步演进,其复杂性、艰巨性、敏感性明显增大。某种意义上,全面深化改革是一种多方面、多层面的组织变革,其重点在于正确处理政府与市场之间的关系,在不断解冻、改革、再冻结重建均衡的过程中完善和发展中国特色社会主义制度,释放各领域的市场活力和社会创造力。全面深化改革借助架构重组、流程再造和制度创新等途径,打破原有利益平衡。通过进一步拓展对外开放的广度与深度,引入全面深化改革的外部动力,突破利益固化的藩篱,加快政府职能转变,简化行政审批手续,推进贸易投资便利化,发挥市场在资源配置中的基础性作用,能够为中国经济社会发展创设良好环境。

三、新形势下中国开放发展的实践路径

以习近平为总书记的党中央深刻总结国内外发展经验教训,抓住世情国情深刻变化的关键,创造性地提出了“开放发展”理念。开放发展是深度融入世界经济发展潮流的战略抉择,是对世界经济社会发展规律认识的深化,也是对中国特色社会主义开放理论的继承与创新。积极主动是开放发展的基本态度,互利共赢是开放发展的核心宗旨,多元平衡是开放发展的重要原则,安全高效是开放发展的根本要求。新常态背景下如何推进开放发展,对于国家持续繁荣发展显得尤为重要。党的十八届五中全会对中国开放发展进行了全面而系统的部署,以下主要从六方面加以重点阐述。

（一）促进内陆沿边地区开放，完善对外开放战略布局

优化对外开放战略布局是高水平开放发展的前提条件。由于政策与区位优势，东部沿海地区享受到开放带来的发展红利，累积了开放型经济建设的基础及经验，发挥着改革开放的引领与示范作用。而内陆沿边地区在政策倾斜、区位优势、基础设施、人文环境等方面相对滞后，在经济总量、市场化程度、人员素质上都难以与沿海地区相较。要实现2020年国内生产总值与城乡居民收入比2010年翻一番的目标，潜力、挑战都在内陆及沿边地区。加大内陆和沿边地区的开放力度和深度，成为开放发展极为重要的新增长点。党的十八届五中全会从全国层面、区域视角进行差异性顶层设计。在支持沿海地区全面参与全球经济合作和竞争的同时，应注重内陆沿边地区的同步开放，加强内陆沿边地区口岸和基础设施建设，培育外向型产业集群，形成各有侧重的对外开放基地，以缓解对外开放中的区域不平衡问题。此外，还要统筹内陆沿边开放与城乡区域协调发展，合理引导外商投资内陆及沿边地区，逐步形成以全面开放促全面发展的良性互动格局。

（二）优化对外贸易投资，助力经济结构转型升级

对外贸易投资优化与产业结构转型相辅相成，相互促进。一是推动外贸向优质优价、优进优出转变。二要积极引进外资和先进技术。中国实际利用外商直接投资主要集中于制造业、房地产业。未来，要根据国内经济社会发展需要，进一步扩大开放领域、放宽准入限制、积极引进外资和先进技术。三要提高对外直接投资效能。中国企业“走出去”的内生动力日益增强，对外投资逐步显现出全球资源配置功能和全球价值链布局态势。2014年，中国对外直接投资存量最多的三大产业分别是租赁和商务服务业（36.5%）、金融业（15.6%）、采矿业（14%）。① 中国对外投资行业主要集中在第三产业，投资流量占比73.4%。② 企业是对外投资的主体，未来还需进一步支持企业扩大对外投资，健全对外投资促进政策和服务体系，完善对外投资风险防控机制，推动装备、技术、标准、服务走出去，深度融入全球产业链、价值链、物流链，建设

① 中华人民共和国商务部、中华人民共和国国家统计局、国家外汇管理局：《2014年度中国对外直接投资统计公报》，中国统计出版社2015年版，第22页。

② 中华人民共和国商务部、中华人民共和国国家统计局、国家外汇管理局：《2014年度中国对外直接投资统计公报》，中国统计出版社2015年版，第11页。

一批大宗商品境外生产基地。培育核心技术,完善投资布局,加速进出口价值链的转型升级,决定着中国能否实现由贸易大国向贸易强国的转变。

(三)扩大服务业开放,审慎推动金融业开放

服务贸易已成为决定全球价值链利益分配的关键要素,从货物贸易逐步转向服务贸易成为各国竞争的重点领域。未来,要有序推进金融、教育、文化、医疗等服务业领域开放,逐步放开育幼养老、建筑设计、会计审计、商贸物流等领域的外资准入限制,提高服务贸易比重,实现外贸集约式增长。金融开放是服务业扩大开放的重要组成部分,也是人们关注的焦点领域。金融开放能否产生积极效应,关键在于什么时候开放、如何开放的战略设计及实施。金融部门开放是自贸区探索试验的亮点之一,试图回答如何坚持审慎、渐进、可控的原则开放金融业的问题。审慎、渐进、可控地开放金融业,有序实现人民币资本项目可兑换,稳步推进人民币国际化,一要完善金融监管信息共享机制。金融监管部门都注重内部综合数据监测系统和数据库的建立,以人民银行为例,其技术水平可对任何一笔资金流动进行可视化的实时检测,以及时发现资金的异常流动。2015 年资本市场的剧烈波动客观展现出金融监管部门亟待建立互通的信息共享机制,在透明度建设的基础上加强协同监管力度,以增加金融系统监管时效性。二要建立金融风险危机处置机制。遵循简约性、科学性和可操作性原则,编制金融风险预警指标体系。结合历史经验,确定风险临界点,运用定性与定量方法分析警情警限,确定金融系统无警、轻警、中警、重警、巨警级别。根据不同警情,采取差异性监测与干预措施。在金融风险即将达到临界点前采取针对性举措,避免个案危机演变为破坏力极强的系统性危机。三要建立金融系统灵活监管机制。譬如,在不同经济发展时期采取不同的监管政策。在市场繁荣时期,对金融机构实施更严格的监管标准。在短期资本大举外流造成市场动荡时期,适当放松对金融机构的资本金要求,缓解危机对金融机构的冲击。四要健全存款保险、金融机构破产等金融机构市场退出机制。鼓励金融机构的混合所有制,放松对民营金融机构的限制,改进金融机构内部治理结构和风险管理制度,加快构建存款保险、金融机构破产等制度建设,提升金融机构及体系的抗风险能力。

(四)深化行政管理体制改革,营造法制化、国际化、便利化的营商环境

高水平的开放发展需要与其相适应、相配套的体制机制。深化行政管理

体制改革，健全同国际贸易投资规则相适应的体制机制，营造法制化、国际化、便利化的营商环境是中国深度融入经济全球化的必经之路。美国双边投资协议的核心要件便是准入前国民待遇与负面清单的开放模式。建设中国上海自由贸易试验区，是顺应全球经贸发展新趋势，更积极主动对外开放的重大举措。深化行政管理体制改革，推出负面清单，由注重事前审批转变为事中、事后监管，形成与国际高标准开放体制接轨的管理体制是自由贸易区战略的关键所在。在准入前国民待遇与负面清单开放模式下，外资项目由核准制改为备案制，企业合同章程由审批改为备案管理，取消对外资的税收及土地等优惠政策，对内外资企业一视同仁、公平竞争，这样才能促进国际国内要素有序自由流动、资源高效配置、市场深度融合。应通过负面清单的精心设计与修订，持续推进简政放权，逐步放开对外资的准入限制，确立企业及个人对外投资的主体地位，放宽对外投资的各种限制，平稳推进对外开放。还要把多部门分头审批管理模式改革为一口受理、综合审批和高效运作的服务模式，完善监管部门间的信息网络平台，整合电子政务和电子商务，形成质量技术、卫生环境、食品药品、知识产权、工商税务等部门协同执法体系，通过风险监控、第三方管理、保证金要求等方式实行有效监管，平衡市场机制与政府干预的关系，以提升监管效率，营造法制化、国际化、便利化的营商环境。

（五）推进“一带一路”建设，构筑对外开放多元化格局

推进“一带一路”建设呈现多元、全面的对外开放理念，有助于缓解对外贸易投资市场过于集中的问题，推进中国经济可持续增长。一是以企业为主体，推进产业对接合作。加强对外投资可行性研究，细化对外投资合作国别指南，鼓励具有自主知识产权且技术水平相对较高的产业，譬如轨道交通、北斗导航等到“一带一路”沿线国家投资。推动部分产能过剩行业，譬如钢铁、电解铝等到资源富裕、市场需求大的国家建立生产基地，引导国内企业从单纯产品输出向输出资本、技术、标准、品牌转变，形成中国与发展中国家合作的“升级版”。同时，鼓励企业通过收购、参股、合资、产业投资基金等方式，投向境外高新技术产业项目。二是推进基础设施互联互通，共建境外产业集聚区。没有基础设施的互通互联，难以推动投资与贸易便利化，提高经济发展水平。应抓住关键通道及重点工程，发挥中国基础设施建设的供给优势，促进中国海外工程承包和机械设备等产品出口，构筑多层次、多渠道的区域基础设施一体化格局。

建设产业集聚区也是中国发展经济的宝贵经验之一，要从政治、经济、文化、地理与能源资源等多角度出发选取一批成长性好、发展前景好的新兴市场国家作为重点对象，依托境外产业集聚区的建设，广泛开展教育、科技、文化等领域合作。三是加强同国际金融机构合作，共建金融合作平台。“一带一路”沿线国家基础设施投资需求巨大，我们要积极参与亚洲基础设施投资银行、金砖国家新开发银行建设，发挥丝路基金作用，弥补现有多边治理机制在基础设施融资方面的短板，推进人民币国际化进程，加强“一带一路”经济带的资金互助，降低“一带一路”建设项目的融资成本，缓解基础设施建设的融资约束，促进区域基础设施一体化和经济一体化。“一带一路”沿线国家多处在工业化、城市化的起步或加速阶段，上述举措可缓解其技术水平落后、发展经验不足、建设资金短缺的困境。值得一提的是，“一带一路”战略推出以来，中国对外开放多元化趋势已初步显现。以离岸服务外包市场为例，2014 年，中国承接美国、欧盟和日本的离岸服务外包执行额比去年同期下降 2.9%，承接“一带一路”沿线国家服务外包合同金额和执行金额同比分别增长 25.2% 和 36.3%。①

（六）积极参与全球经济治理，提高全球经济治理中的制度性话语权

积极参与全球经济治理是我国深度融入世界经济的需要，更是促进全球经济健康可持续增长的需要。一是明晰全球经济治理目标。在全球化与世界经济格局重塑的国际环境下，国家间依赖程度相互加深，博弈早已不再是“零和”博弈，国家间形成“一荣俱荣，一损俱损”相互依存的“命运共同体”。对于经济增长、能源安全、气候变化、粮食和食品安全等全球性问题，需借助国家间的协调共同推进。在此背景下，积极参与全球经济治理的目标在于建立平等公正、合作共赢的国际经济秩序，促进全球经济平衡、金融安全、经济稳定增长。二是推动全球经济治理体系改革。如何通过更为有效的制度安排促进发达经济体与新兴经济体之间的合作，以解决全球经济失衡、经济增长放缓的问题成为全球经济治理的重要挑战。发达经济体力图维护与发展对其有利的国际制度体系，通过制定更高标准的贸易自由化、投资自由化规则，增强自身竞争力。同时，随着新兴经济体对外贸易与投资的持续增长，也需提升在国际经

---

① 《2014 年中国服务贸易发展总体情况分析》，中商情报网，http://www.askci.com/news/finance/2015/05/07/11916dadt.shtml，2015 年 5 月 7 日。

济治理中的话语权和影响力,为进一步发展创造更公平合理的国际环境,并从承担大国责任意义上参与国际事务与国际规则的制订。在发达经济体与新兴经济体既有摩擦又有合作的相互适应中,全球经济治理朝向发达经济体与新兴经济体多元主体平等参与和合作治理的方向迈进。三是加快实施自由贸易区战略,形成以周边为基础、面向全球的高标准自由贸易区网络。自由贸易区对象可选、进程可控,可起到以局部带动整体的开放效果。中国已设立上海、广东、天津、福建4个自贸区,签署14个自贸协定,涉及22个国家和地区。我们应通过自贸区与自贸协定,设计适合中国特点,并能平衡各国利益的国际贸易新规则,切实推动经济一体化进程。四是积极承担国际责任与义务。随着经济全球化的深入发展,中国也在为国际规则载体与平台运行担负更多责任与支持。近年来,中国在国际货币基金组织、世界银行、世界贸易组织所缴纳会费或投票权大幅上调,列居第三。中国还需进一步扩大和深化利益交汇渠道,通过落实减排承诺、增加国际援助和公共产品、维护国际公共安全等举措,在力所能及的范围内实现从经济全球化受益者向全球经济稳定增长贡献者的身份转换。

在中国经济与世界经济深度融合、国际经济格局发生深刻变化、全球经济治理体系面临重大调整的时代背景下,只有坚持开放发展,更好地统筹国内国际两个大局,提升经济增长质量,发展更高层次的开放型经济,才能把握机遇、应对挑战,推动中国经济社会发展实现新的历史跨越。

(原载于《当代世界与社会主义》2016年第2期)

开放发展与人类命运共同体构建*

习近平总书记“五位一体”的新发展理念与人类命运共同体构想是统一的，“五位一体”的新发展理念是构建人类命运共同体的思想基础和现实路径，特别是其中的开放发展理念更是与构建人类命运共同体直接相关。毫无疑问，这是马克思“自由人联合体”思想在当代的创造性运用，是中国共产党人的世界性担当，是中国道路世界历史意义的彰显。因此，科学理解和把握开放发展与人类命运共同体的实质及其价值指向，以开放发展推动人类命运共同体的构建，是把中国道路不断推向前进的重要前提和保障。

一、人类命运共同体构想的价值取向

人类命运共同体是基于马克思共同体思想提出来的一个伟大的战略构想，是马克思“自由人联合体”思想在当代的创造性运用。把握人类命运共同体构想的精神实质及其价值取向，必须以把握马克思共同体思想特别是“自由人联合体”思想为前提。共同体思想是唯物史观的重要内容，甚至是根本或核心内容，“自由人联合体”彰显出唯物史观乃至整个马克思主义的根本价值取向或崇高的历史使命。

马克思共同体思想是与人的发展三个阶段理论紧密联系在一起的。在《资本论》及其首段中，马克思详细地论述了共同体的三种形态和人的发展的三个阶段以及两者的辩证统一关系。按照马克思的理解，“部落共同体”以人的依赖关系为基础和表征，是人类社会早期阶段最基本的共同体形式；“虚幻

---

* 本文作者：张三元，武汉工程大学马克思主义学院教授。

的共同体”以私有制和阶级国家为基础，其基本特征是“以物的依赖为基础的人的独立性”，是一种“虚幻的共同体”。这种共同体之所以是“虚幻的”，是因为“这种共同体是一个阶级反对另一个阶级的联合”，因此，“个人自由只是对那些在统治阶级范围内发展的个人来说是存在的”，而“对于被统治的阶级来说，它不仅是完全虚幻的共同体，而且是新的桎梏”①；“真正的共同体”则是“自由人联合体”，这种共同体之所以是“真正的共同体”，根本原因在于：“在真正的共同体的条件下，各个人在自己的联合中并通过这种联合获得自己的自由。”②很显然，消灭私有制和阶级对立是实现“真正的共同体”的前提条件，而自由的人或人的自由则是“真正的共同体”的根本价值指向。

那么，在唯物史观中，何谓自由的人或人的自由呢？这是理解和把握“真正的共同体”的关键。回答这一问题，需要回到《德法年鉴》时期马克思为创立唯物史观所做的准备中。在这一时期，马克思正在实现从唯心主义向唯物主义、从民主主义向共产主义转变，其重要标志是通过对政治解放和人类解放的区分，明确把“自由人联合体”发展为“人的解放”。在这里，马克思找到了实现人的自由的现实道路，即消灭私有制和阶级对立，实现人的自由。不仅如此，马克思还找到了实现这一历史使命的物质承担者和社会力量，即无产阶级。由于无产阶级是“遭受普遍苦难而具有普遍性质”的阶级，“工业运动”和资本主义制度不仅使他们成为一无所有的无产者，而且剥夺了他们作为人的自由、人权和人格，因此，无产阶级“表明人的完全丧失，并因而只有通过人的完全回复才能回复自己本身”③。这一思想蕴含着“自由人联合体”的所有秘密，奠定了唯物史观的坚实基础并彰显出唯物史观的根本价值向度。

在这一基础之上，马克思在《1844 年经济学哲学手稿》《德意志意识形态》《哲学的贫困》《共产党宣言》《资本论》及其手稿等著作中，科学地构建了“自由人联合体”理想，并描绘出“自由的人”生动而丰满的形象。概括起来，“自由的人”具有三大基本特征：一是在社会交往上，随着生产力的普遍发展，人们的普遍交往即世界性交往逐步建立起来，从而地域性的个人为世界历史性的、经验上普遍的个人所代替；二是在与自然的关系上，人类将合理地调节他们和自

① 《马克思恩格斯文集》第 1 卷，人民出版社 2009 年版，第 570 页。
② 《马克思恩格斯文集》第 1 卷，人民出版社 2009 年版，第 570 页。
③ 《马克思恩格斯文集》第 1 卷，人民出版社 2009 年版，第 17 页。

然之间的物质变换,实现人与自然的共同发展;三是在社会关系中,个人与社会的对抗消失,“个体是社会存在物”,其生命表现是社会生活的表现和确证。总之,正如恩格斯所言,“人终于成为自己的社会结合的主人,从而也就成为自然界的主人,成为自身的主人——自由的人。”①当代英国学者伯尔基把人的自由归结为“三维解放”,即人从自然、社会和精神三个领域获得解放②。这种理解与马克思恩格斯的思想基本一致,领悟到了“自由的人”的真精神——自由而全面的发展。

马克思在论述人的发展三个阶段时明确指出,“第二个阶段为第三个阶段创造条件”③,即“虚幻的共同体”为“真正的共同体”创造条件,只有当其存在的物质条件在“虚幻的共同体”这个旧社会的胎胞里完全成熟以后,“真正的共同体”才会到来。概而言之,这个“条件准备”主要表现在三个方面:一是创造巨大的生产力和物质财富,为建立“真正的共同体”提供物质基础。马克思认为,生产力的巨大发展和物质财富的极大增长是建构“真实的共同体”不可或缺的前提条件,而创造巨大的生产力正是资本主义生产方式“伟大的文明作用”。事实证明,迄今为止,资本及其逻辑仍然是推动生产力发展最有效的动力系统;二是为人的发展创造条件,为实现“真正的共同体”提供现实力量。马克思认为,在资本主义生产方式中存在着人的发展悖论。一方面,剩余价值生产是资本主义生产的绝对规律,而雇佣工人的劳动是剩余价值的唯一源泉。在资本主义生产方式中,“死劳动”拼命地“吮吸”“活劳动”,而雇佣工人则被当作一个个零件固定在机器上,成为资本家疯狂赚取剩余价值的工具,长此以往,必然造成雇佣工人无止境的“贫穷的积累”,从而使其发展能力僵化和潜力枯绝。另一方面,资本主义生产又为人的发展创造了历史性契机。在马克思的生产力理论中,劳动者是生产力中最活跃、起主导作用的因素,因此,“疯狂地发展生产力”就必须以疯狂地榨取“人的生命力”为前提,在这个过程中,人的发展被纳入到资本逻辑之中,成为资本逻辑的题中应有之义。尽管这种发展只是手段,而不是目的,但它确实造成了劳动者某些方面能力的发展。更重要的是,随着大工业的发展,“不仅锻造了置自身于死地的武器;它还产生了将

① 《马克思恩格斯文集》第3卷,人民出版社2009年版,第566页。

② [英]伯尔基:《马克思主义的起源》,华东师范大学出版社2007年版,第180页。

③ 《马克思恩格斯文集》第8卷,人民出版社2009年版,第52页。

要运用这种武器的人——现代的工人,即无产者"①;三是开拓了世界市场,开辟了世界历史,从而使人的世界交往由可能变为现实。马克思认为,共产主义不是某种地域性的东西,而必须"以生产力的普遍发展和与此相联系的世界交往为前提"②。

可以肯定的是,"虚幻的共同体"不会也不可能自然地过渡到"真正的共同体",只有共产主义才是实现人的解放与复原的一个现实的必然的环节。必须承认,就整体而言,当今世界仍然是资本主义占统治地位的世界,"虚幻的共同体"仍然是人们生活其中的现实状况,而且,在它所能容纳的全部生产力发挥出来之前,它是绝不会自动退场的。但这个共同体的内在矛盾经过几百年的演绎和发展正日趋尖锐,表明它并不是"历史的终结",恰恰相反,它正孕育着一个新的生命——人类命运共同体。

人类命运共同体的实质是倡导全球合作,使人类以一个整体的方式应对和克服现代社会发展过程中的各种弊端,从而实现人类文明幸福及其可持续发展。毫无疑问,人类命运共同体是马克思"真正的共同体"在现实条件下的替代方案,是"虚幻的共同体"向"真正的共同体"转化的过渡阶段。正如中国特色社会主义是共产主义初级阶段一样,人类命运共同体是"真正的共同体"的低级阶段,是通向"真正的共同体"的必由之路。

二、通向人类命运共同体的中国道路

人类命运共同体是针对当代世界发展中存在着的另一个"共同体"即资本共同体提出来的。资本共同体也就是人们常说的经济全球化,是"虚幻的共同体"在现实生活中的具体呈现。但人类命运共同体与经济全球化有着本质的区别。这里,体现出两条道路的根本分野。

经济全球化这一概念虽然是冷战结束以后才流行起来的,但这样的发展趋势并不是什么新东西。在《共产党宣言》中,马克思恩格斯深刻地揭示了经济全球化的本质、逻辑、过程:"资产阶级,由于一切生产工具的迅速改进,由于交通的极其便利,把一切民族甚至最野蛮的民族都卷到文明中来了。它的商

---

① 《马克思恩格斯文集》第2卷,人民出版社2009年版,第38页。

② 《马克思恩格斯文集》第1卷,人民出版社2009年版,第539页。

品的低廉价格,是它用来摧毁一切万里长城、征服野蛮人最顽强的仇外心理的重炮。它迫使一切民族——如果它们不想灭亡的话——采用资产阶级的生产方式;它迫使它们在自己那里推行所谓的文明,即变成资产者。一句话,它按照自己的面貌为自己创造出一个世界。"①从马克思恩格斯的洞见和论述中可以看出,经济全球化实质上是资本全球化,即资本全球性扩张。资本全球性扩张并不是纯粹的对全球市场占领,而是随着资本对全球市场的占领,资本主义的价值观念、生活方式以及社会制度向全球扩张。正是在这个意义上,福山提出了"历史终结论",认为资本主义是人类社会发展的最后一种社会形式,是最终的规范制造者,从而构成"历史的终结"。

当然,历史没有终结,也不可能终结。但在另一种意义上,另一种"历史的终结"越来越呈现出现实性。资本全球性扩张在促进全球经济快速融合、快速增长的同时,也使人类面临着日益严重的生存和发展困境。在人与自然关系的层面上,由于资本对"自然界的自然力"的疯狂吮吸,自然资源与环境不断地"贫乏化",当这种相对的"贫乏化"发展为绝对的"贫困化"时,自然界的自我平衡能力以及发展能力就会枯绝,人类的文明发展就有可能中断。而且,正如福斯特所言,如果寄希望于资本主义以牺牲经济增长和资本积累为代价来改造环境,那是幼稚的。在社会层面上,资本扩张总是与文化的"普适化"结伴而行的,而文化"普适化"的本质就在于把全球所有的国家、民族和一切事物都纳入资本扩张的逻辑之中,臣服于资本主义生产过程,而资本的内在逻辑则永远是不变的:让别人忍受痛苦! 因此,在资本文化逻辑之中,"饥饿、贫穷、疾病流行、环境退化、对妇女儿童和少数民族的剥削、全球性冲突,以及穷兵黩武,都不是想象的危险问题,而是现实中存在的实实在在的问题。每天都有无数的人在忍受这些问题所产生的后果"②。总之,疯狂的资本全球性扩张正在逐渐给人们呈现出一幅资本逻辑"历史的终结"的景象。

历史已经证明,资本逻辑不可能引领人类走向"真正的共同体"。在这样的历史背景下,中国道路的世界性意义被充分彰显出来。中国道路就是中国特色社会主义道路,它以马克思主义为指导,以实现共产主义为崇高理想。这

① 《马克思恩格斯文集》第2卷,人民出版社2009年版,第35~36页。

② [美]理查德·罗宾斯:《资本主义文化与全球问题》,姚伟译,中国人民大学出版社2013年版,第530页。

一点,在任何时候都不能动摇。作为以共产主义为崇高理想的中国道路,必须确立人的自由全面发展这个根本坐标。

一方面,中国道路以人为本,以人的全面发展为基本原则。在邓小平的社会主义本质论中,人的发展是核心,是关键。这可以从两个层面上得到理解:一是在邓小平的社会主义本质论中,发展生产力的目的是"共同富裕",而"共同富裕"的主体是人,即每一个人有较丰富的物质生活需要并得到满足;二是在马克思主义生产力理论中,劳动者是生产力的主体方面,发展生产力,首先是发展人,没有人的发展,就没有经济增长,反过来,经济增长的目的是人的发展,是为了人的发展。可以说,马克思主义的这一基本思想已被深深地融入中国道路之中,成为中国道路的"灵魂"。党的十八大以来,习近平总书记提出了实现中国梦的伟大任务,并明确指出,中国梦归根到底是人民的梦。在党的十八届五中全会上,习近平总书记又强调指出,发展中国特色社会主义事业要坚持以人民为中心的发展思想。

另一方面,中国道路为人的自由全面发展创造物质基础。马克思认为,生产力的充分发展是实现人的全面发展的物质基础,只有"通过社会化生产,不仅可能保证一切社会成员有富足的和一天比一天充裕的物质生活,而且还可能保证他们的体力和智力获得充分的自由的发展和运用"①。正是秉承唯物史观这一基本思想,中国道路的根本使命就是以经济建设为中心,以经济发展促进和带动人的发展。中国道路给世界最大的"惊喜"正在于此,它创造了经济持续而快速增长的"世界奇迹",不仅使占世界人口五分之一的中国人民彻底解决了温饱问题并正在向全面小康迈进,而且,中国作为世界经济发展的主要引擎,持续拉动或推动着世界经济的发展,促进人类文明的发展。

中国道路为世界和平发展提供了机遇。中国正在走向现代化,这是中国道路的阶段性目标。但中国走的是一条与西方现代化根本不同的道路,之所以不同,根本在于中国道路坚持和平发展。著名历史学家汤因比断言:"恐怕可以说正是中国肩负着不止给半个世界而是整个世界带来政治统一与和平的

---

① 《马克思恩格斯文集》第3卷,人民出版社2009年版,第563~564页。

命运。"①当然,中国道路给整个世界"带来政治统一"只是个预言,中国道路并不以此为目标,但中国道路为世界和平发展提供了历史性的机遇却是实实在在的、毋庸置疑的。同时,中国道路是实现中国梦的唯一选择。中国梦与美国梦的最大区别在于,美国梦是以战争为开路先锋的,而中国梦则以平等互利为基础,以和平发展为基本路径。对此,习近平总书记明确指出,我们都应该努力避免陷入"修昔底德陷阱",强国只能追求霸权的主张不适用于中国,中国没有实施这种行动的基因。②

中国道路为人与自然的和解提供了可能。在资本逻辑中,人与自然从统一走向对抗是必然的趋势。人与自然的对抗不仅使自然界所遭受的破坏越来越大,也使人类的生存和发展面临着前所未有的困境,因此,人与自然的和解就成为一个现实而迫切的任务。人与自然和解的实质,用马克思的话说,是人同自然界的完成了的本质的统一,是自然界的真正复活,是人的实现了的自然主义和自然界的实现了的人道主义,用习近平总书记的话说,就是人与自然的和谐共生。只有中国道路才使人与自然的和解有了可能。之所以说"可能",是因为资本逻辑仍然是世界上占统治地位的逻辑。但这种可能是现实的可能,主要原因有三:一是中国道路倡导绿色发展。绿色发展要求人类发展活动必须尊重自然、顺应自然、保护自然,实现人与自然的和谐共生;二是中国道路坚持"人本",反对"物本"或"资本"。以人为本,就是要把人的生存和发展当作目的,经济发展只是手段。人的生存、发展以及幸福都以人与自然的和谐为重要前提和基础。当然,我们并不是一味地反对"资本",而是要在认识资本的基础上驾驭资本、利用资本;三是中国道路是物质发展和精神发展的和谐统一,在重视人的物质生活需要得到满足的同时,把人的精神需求及其满足放在一个十分重要的位置上。而人的精神生活的丰富,则意味着重塑健康的生活方式特别是健康的消费方式有了可能。

---

① [英]汤因比、[日]池田大作:《展望21世纪——汤因比与池田大作对话录》,荀春生、朱继征等译,国际文化出版公司1985年版,第282~296页。

② 《港媒:习主席"避免陷入修昔底德陷阱"意义重大》,搜狐新闻网,http://news.sohu.com/20140124/n394120837.shtml,2014年1月24日。

三、开放发展，构建人类命运共同体

习近平总书记指出，经济全球化已经成为我们谋划发展所要面对的时代潮流。这个时代潮流既是中国道路开辟的历史背景，也是中国道路世界性意义彰显的现实基础。中国道路是主动顺应经济全球化潮流而开辟的一条具有中国特色的新路。在这个意义上，开放发展是中国道路的题中应有之义。没有开放发展，就没有中国道路。

开放发展的动力源于道路自信。道路自信，说到底是文化自信。中国道路是历史和人民的选择，具有无比深厚的历史底蕴，具有无比强大的前进动力，这就是道路自信。道路自信是开放发展的精神动力。没有道路自信，就没有开放发展。之所以如此，是因为面对复杂的国际国内环境，开放发展既是机遇，也有风险。尽管经济全球化这个概念提出的时间不长，但资本全球性扩张由来已久，经济全球化是资本苦心经营了几百年的结果。经济全球化使“西方中心论”得以充分膨胀甚至狂妄。在“西方中心论”的话语体系中，人类文明只有一种即西方文明，人类文明发展道路也只有一条即西方发展道路。因此，“西方中心论”绝不愿看到一条游离于其体系之外，并正以恢宏之势向前推进的中国道路取得成功，因而必然以各种方法力图把中国纳入由其主导的国际政治体系之中。在这样的环境下，也有不少人对开放发展满怀疑问：面对西方发展道路，中国道路有没有优越性，中国道路能否开辟一条人类文明发展的新路，或者说，面对占据优势地位的西方国家，中国道路能不能做到既利用对外开放机遇而又不被腐蚀或吃掉？这些怀疑和担忧不无道理，因为中国道路毕竟是一条从来没有人走过的新路，不可能一帆风顺。但中国共产党人基于高度的文化自信和道路自信，大胆开放，走向世界。事实证明，这是一个正确的方向。

开放发展是不断开拓中国道路的重要保障。一个民族的发展离不开两个因素，一是内部变革，二是对外交往，即改革和开放，两者相辅相成、相互促进、相得益彰。可以把改革和开放看作是推动中国道路不断前进的两个轮子。没有开放，只靠改革一个轮子是无法推动中国道路向前发展的，况且，没有开放，也不可能有真正意义上的改革。因此，只有坚持开放发展，“主动顺应世界发

展潮流,不但能发展壮大自己,而且可以引领世界发展潮流。”①这是一个非常重要的结论,既是历史经验的总结,也是对中国道路未来发展方向的引领,亦是构建人类命运共同体的“关键一招”。

中国道路首先是“中国的”,是中国人民实现国家富强、民族振兴、人民幸福的“总开关”。实现中国梦必须走中国道路,这是历史经验的总结。一方面,只有开放发展,才能不断发展壮大自己,实现中华民族伟大复兴。实际上,中国道路是从1840年鸦片战争以来的170年间,落后的中国通过各种方式谋求现代化,屡遭挫折、失败和屈辱,最终选择中国特色社会主义来实现中华民族伟大复兴的过程。在这个意义上,中国道路就是中国走向现代化的道路。虽然中国现代化与西方现代化走的不是同一条道路,但西方现代化构成中国现代化的历史背景,西方现代化道路可以为中国现代化道路提供有益借鉴。甚至可以认为,中国现代化道路不可能完全脱离西方现代化道路,而是要在借鉴的基础上实现超越。另一方面,中华民族要屹立于世界民族之林,甚至成为一个风向标,引领世界发展潮流,必须以自己的发展为前提。习近平总书记多次强调“打铁还需自身硬”,就是这个道理。没有实力,一切都是空想;自己发展得不好,中国道路的优越性就体现不出来,就不能起到引领或标杆的作用。这就需要有一种开放发展思维。只有开放发展,才能在竞争中练就一身“硬功夫”。

同时,中国道路也是世界的。开放发展的一个重要向度,是把中国发展放在世界发展的整体格局中进行统筹,促进整个人类的发展。这是由中国道路的本质所决定的。“过去的一切运动都是少数人的,或者为少数人谋利益的运动。无产阶级的运动是绝大多数人的,为绝大多数人谋利益的独立的运动。”②这是马克思主义的基本立场,也是中国共产党人的基本立场。构建人类命运共同体的核心问题是解决特殊利益和普遍利益的关系问题。中国共产党没有自己的特殊利益,而一直以解放全人类为己任。因此,随着中国的不断发展,中国离不开世界,世界也不能没有中国,中国有责任推动和

① 习近平:《在省部级主要领导干部学习贯彻党的十八届五中全会精神专题研讨班上的讲话》,《人民日报》2016年5月10日。

② 习近平:《在省部级主要领导干部学习贯彻党的十八届五中全会精神专题研讨班上的讲话》,《人民日报》2016年5月10日。

引领世界发展。

首先,构建人类命运共同体,要主动顺应世界发展潮流。中国道路从来没有离开人类文明发展的大道,而是对人类文明发展的新贡献。因此,开放发展,最重要的,就是要顺应世界发展潮流,面对经济全球化这个历史性的客观存在。构建人类命运共同体不是以与资本全球化相对抗为前提,恰恰相反,前者必须主动适应后者的发展趋势并以其为发展基础。这是尊重人类社会发展规律的重要体现。人类社会的发展不可能只有一个社会、一种社会制度、一种发展模式、一种价值观。不同的文明之间虽然存在着差异,但彼此之间可以共存互补、相互借鉴、共同发展。在这个意义上,开放发展,就是要把自己融入世界发展潮流之中,学习和借鉴,不断发展自己。

其次,构建人类命运共同体,必须坚持独立自主的原则。中国道路不是西方道路的"山寨版",两者有着本质的不同。有人只谈融合,不谈冲突,似乎冲突已是过眼烟云,整个世界已经是一个"和谐世界"。这是需要警惕的。不承认一定范围内或一定程度上冲突的存在,只能迷失自我,失去前进的方向和动力。因此,必须坚持独立自主的原则。坚持独立自主原则,最重要的也是最根本的,就是要坚定不移地走自己的路。

再次,构建人类命运共同体,要善于引领世界发展潮流。主动顺应世界发展潮流,"顺应"只是暂时的,是手段,目的是在不断发展壮大自己的基础上引领世界发展潮流。正如习近平总书记所指出的,20 年前甚至 15 年前,经济全球化的主要推手是美国等西方国家,今天反而是我们被认为是世界上推动贸易和投资自由化便利化的最大旗手,这个转变具有重大的现实意义和历史意义。在现实层面,它昭示出中国道路的优越性和中国方案的可行性。在历史层面,它体现出中国道路之于人类命运共同体的意义。在经济全球化的进程中,要敢于并善于利用资本以及其他一些手段来发展壮大自己,使中国特色社会主义的道路、理论以及制度对经济全球化产生影响,进而引领世界发展方向,推动人类命运共同体建设。

最后,构建人类命运共同体,要构建合作共赢的新平台。合作共赢是构建人类命运共同体的一个关键或核心,也是中国道路与西方道路的根本分野。尽管在多极性世界格局中,特别是在西方霸权主义的淫威下,实现这些目标是一个长期的过程,但路总是一步一步地走出来的。因此,我们应该根据自己的力量,量力而行,有选择性地搭建促进世界和平发展的平台,为构建人类命运共同体创造条件。“一带一路”、亚投行等就是落实中国方案的具体举措,是构建人类命运共同体的新平台,是中国从一个国际体系的参与者转向公共产品提供者的重要标志,为世界各国加快发展提供了一个包容性巨大的发展契机。

(原载于《广东社会科学》2017年第4期)

开放发展新理念及其实现途径初探*

开放是一个国家繁荣发展的必由之路，开放发展是一个国家或地区融入全球经济的必然选择。作为经济总量世界第二、拥有4万亿美元外汇储备的国家，中国的对外经济活动影响着世界各国经济，中国的国内市场能够满足世界各国企业的投资需求。中国是否秉持开放理念、深化开放政策，成为全球聚焦的热点话题。当前，我国正处在一个全球经济深度融合的开放时代，国际政治经济环境发生着深刻变化。面对错综复杂的国际环境和艰巨繁重的国内改革任务，"十三五"规划建议将"开放"列为"五大发展理念"之一，为形成中国与世界深度融合、同频共振的互利合作格局提供科学的理念指导。

一、开放发展新理念的科学内涵

改革开放以来，从建立经济特区，发展对外贸易、引进外资，到加入世贸组织，再到如今的实施自由贸易试验区战略与"一带一路"建设，中国发展的历程也是对外开放不断扩大和深化的历程。面对国内国外两个大局的新变化、新特点、新趋势，习近平提出了开放发展新理念，丰富了对外开放新思想。习近平指出："人类的历史就是在开放中发展的。任何一个民族的发展都不能只靠本民族的力量。只有处于开放交流之中，经常与外界保持经济文化的吐纳关系，才能得到发展，这是历史的规律。"①从字面意思上来看，开放是指解除封锁、禁令、限制等，但被赋予了中国实践的开放发展新理念却呈现出了更加主

* 本文作者：谭吉华，湖南师范大学公共管理学院教授，博士；龙转，湖南师范大学公共管理学院硕士研究生。

① 《2015年习近平传播五大发展理念的足迹》，人民网2015年12月21日。

动、更高水平的双向开放以及共赢开放的新内涵。

(一)主动开放

主动开放,就是把开放作为发展的内在要求,更加主动地扩大对外开放、积极地参与全球治理。改革开放初始,我国将对外开放列为一项基本国策,但是迫于当时中国的综合国力较弱,中国的开放面临着重重阻碍,中国在国际舞台上更多的是担当参与"游戏"的角色,是规则的被动承担者。尽管中国先后恢复了在国际货币基金组织、世界银行、世界贸易组织等国际经济平台中的合法席位,但无论是加入 WTO 还是国际货币基金组织,包括要获得世界银行、亚洲开发银行的无息、低息贷款,都要遵守已经早就被美国人制定好了的规则,如果不遵守可能就没有机会融入世界经济。随着经济全球化和世界多极化的趋势,国际力量向着更加均衡公平的方向发展,中国作为新兴国家崛起于世界之林,在国际舞台上扮演的角色越来越举足轻重。美国前国务卿基辛格博士在《世界秩序》一书中直截了当地称"美国和中国都是世界秩序不可或缺的支柱","现在的问题是:中国在探寻新的世界秩序的努力中如何定位自己。"①目前,作为经济总量世界第二、拥有 4 万亿美元外汇储备的国家,我国对外开放的基础和条件发生了根本性变化,我国已经有足够的实力去主动融入世界经济,因此,十八届五中全会公报在阐述开放的发展理念时提出要"顺应我国经济深度融入世界经济的趋势,奉行互利共赢的开放战略,发展更高层次的开放型经济,积极参与全球经济治理和公共产品供给,提高我国在全球经济治理中的制度性话语权,构建广泛的利益共同体"。②

具体来说,"制度性话语权"是主动开放的突破口。金砖国家开发银行、上海合作组织开发银行是我国迈出"制度性话语权"的第一步,但是亚投行是"制度性话语权"最具影响力的施展平台。亚投行是中国主导下的国际多边发展融资体系,旨在帮助亚洲地区和其他国家的基础设施建设,加强中国及其他亚洲国家和地区的合作。目前,参与到亚投行中的国家已达 57 个,其创始成员遍及亚洲、欧洲、非洲、南美洲和大洋洲,中国作为创始国和发起方,首任行长

① 亨利·基辛格(Henry Kissinger):《世界秩序》,胡利平等译,中信出版集团股份有限公司 2015 年版。

② 《中共十八届五中全会在京举行中国共产党第十八届中央委员会第五次全体会议公报》,《人民日报》2015 年 10 月 30 日。

由中方委派任命,并享有制订规则的权力。而在各国话语权的分配方面,秉承国际惯例,出资多的国家就会拥有更多的话语权。中国占30.34%的股份,无疑是亚投行的最大股东,享有26.06%的投票权,自然就享有最大的话语权。可见,亚投行的建立正在改变以美国为首的世界政治经济秩序,中国的主动作为为自己乃至第三世界国家争取到了更多的话语权,为开放发展创造了互利共赢的国际环境。

(二)双向开放

双向开放,即坚持"引进来"与"走出去"并重,是开放型经济发展到较高阶段的重要特征,也是更好地统筹国际国内两个市场、两种资源、两类规则的有效途径。过去开放的重点是"引进来",也就是引进外来资金、技术和管理经验,再将劳动密集型的"中国制造"产品出口到海外,着重强调吸引外资,鼓励产品出口,是一种单向的开放,之前提出要坚持"引进来"与"走出去"相结合的战略,但是"走出去"战略刚刚起步,对外投资的经验欠缺,发展极为不成熟,因此两者处于不平衡的状态。如今,中国的经济已经进入了新常态,开放发展已经从单向的"引进来"转变为"引进来"与"走出去"相结合的双向资本流动发展,既引进来又走出去,既引资也引技引智,坚持内外需协调、进出口平衡,积极参与全球经济合作与治理,构建广泛的利益共同体。这是一种更高水平的双向开放,具体来说是对内、对外同步开放,市场和资源双向开放,要以自贸区和"一带一路"的建设为抓手。一方面,自贸区的成立使得外国企业更便捷地与中国市场对接,实现了国际国内两个市场的要素更高效地交换和交流,在此基础上加强外引内联,大力引进信息、资金、技术和人才,进行优势互补。另一方面,大力推进"一带一路"建设有利于我国积极参与国际市场的竞争和交换,促进外向型经济的发展,以高铁、核能等优势产业为名片,更广泛地参与国际产能合作,推动中国资本"走出去",与世界市场更深层次地融合互动,形成全面深度拓展海外业务的局面。另外,双向开放不仅仅是对外,更重要的是对内开放。反对和抑制各种垄断,打破地区、行业之间的割据状态,充分发挥市场在资源配置中的主导作用,这也是双向开放的内在要求。

十八届五中全会提出:"完善对外开放战略布局。推进双向开放,促进国际国内要素有序流动、资源高效配置、市场深度融合。"①习近平也强调:"要坚持引进来和走出去相结合,完善对外投资体制和政策,激发企业对外投资潜力,勇于并善于在全球范围内配置资源、开拓市场。"②2015 年 1 月至 10 月,"中国境内投资者累计实现对外投资 5892 亿元人民币,同比增长 16.3%。"③北京时间 2015 年 12 月 1 日凌晨 1 时,"国际货币基金组织(IMF)正式宣布将人民币纳入特别提款权(SDR)货币篮子,新的 SDR 篮子将于 2016 年 10 月 1 日生效。"④在不久的将来,人民币将与美元、欧元、日元、英镑这四种货币一起共同成为 IMF 的国际储备货币,即人民币将成为可兑换、可自由使用的国际货币。通过转变外汇管理方式,推动正面清单向负面清单转变,使得资本市场朝着国内和国外两个市场双向开放。这些都表明中国的对外开放进入了"引进来"和"走出去"更加均衡的发展阶段。

(三)共赢开放

共赢开放,就是把互利共赢作为开放发展的最终目的,加强国际交流合作,推动经济全球化朝着普惠共赢的方向发展。改革开放初期,我国以"让利"的方式吸引国外资本与先进技术,如在税收、土地、利率等方面给予国外投资者优惠。但在对外开放初始探索成功后,中国的经济状况明显改善,国内企业的发展也从幼稚走向了成熟,因此,中国开始谋求"互利"的开放目标,期望利用对外开放为国内企业寻求海外市场,在继续保持国外企业享受中国开放带来收益的同时,追求中国经济利益的实现。加入 WTO 到现在,我国的开放发展逐步由互利走向了合作共赢。当前,全球产业链、供应链、价值链加速整合,各国发展联动、机遇共享、命运与共的利益交融关系日益凸显。开放发展新理念所体现出的"共赢"内涵主张反对保护主义,维护和加强多边贸易体制,发展全方位、多层次的国际合作,扩大同各国各地区的利益汇合,为世界各国的发展创造广阔的市场和发展空间,以形成相互促进、相得益彰的合作共赢新格局。

---

① 《中共十八届五中全会在京举行中国共产党第十八届中央委员会第五次全体会议公报》,《人民日报》2015 年 10 月 30 日。

② 习近平:《加快实施自由贸易区战略加快构建开放型经济新体制》,新华网 2014 年 12 月 6 日。

③ 罗兰:《中国企业"走出去"步伐强劲》,《人民日报》海外版 2015 年 11 月 18 日

④ 王俊岭:《世界迎来"中国货币"》,《人民日报》海外版 2015 年 12 月 02 日。

在2016年首访中东期间，习近平主席在当地媒体发表署名文章指出，"'一带一路'追求的是百花齐放的大利，不是一枝独秀的小利"。① 实践证明，"一带一路"提供了一个具有广泛包容性的合作平台，开创了互利共赢、非零和博弈的新模式。其次，在联合国安理会举行的以"维护国际和平与安全"为主题的公开辩论会上，习近平承诺中国将继续致力于消除贫困，增加对最不发达国家的投资，免除最不发达国家、内陆发展中国家、小国、岛国2015年到期未还的政府间无息贷款债务等，设立"南南合作援助基金"，首期提供20亿美元。就气候变化问题，习近平在巴黎大会上再次承诺了"国家自主贡献"，体现出了中国在治理气候变化问题上的担当。对于恐怖主义及地区冲突和热点问题，我国呼吁国际社会应该携起手来，进一步加强反恐合作，并宣布"中国将加入新的联合国维和能力待命机制，率先组建常备成建制维和警队，建设8000人规模的维和待命部队，向非盟提供总额1亿美元的军事援助用于维护地区安全稳定。"②这表明，中国一直在对外援助、参与全球经济治理、应对全球性问题等方面，努力推进国与国之间互帮互助、互惠互利、合作共赢，致力于实现人类命运共同体的世界梦，共同营造人人获得发展的光明前景。

二、实现开放发展新理念面临的问题与挑战

任何事物都具有两面性，开放发展新理念的提出既是目标也是愿景，在真正贯彻与实施的过程中难免会遇到重重阻碍与困境。

（一）开放发展面临严峻的外部经济环境问题

开放发展作为"五大发展理念"之一，既有开放之意，在贯彻实施的过程中就不得不考虑其面临的外部经济环境问题。从国际经济形势来看，世界经济正在平缓复苏，但是基础并不牢固，依然存在许多的不稳定性和不确定性。

首先，美国货币政策的调整对中国的开放发展造成影响。尽管受到经济全球化的影响，各国的经济地位都在提升，但是美元依然占据主导地位，2015年底美联储完成了自2006年6月以来的首次加息，新兴市场将再起波澜，中国与新兴经济体的经济合作风险也将上升。国际清算银行表示，20世纪90年代

① 魏哲哲：《开放拥抱世界谋共赢（聚焦新发展理念）》，《人民日报》海外版2016年03月03日。

② 李贞：《习近平"旋风外交"展现大国风采》，《人民日报》海外版2015年12月07日。

末的新兴市场危机有重演的风险,相关数据显示,2014 年底,其成员国跨境贷款对新兴市场借款者的敞口达 6 万亿美元,比 1999 年高出约 1 倍。① 货币的持续贬值,资本的加速外流,使得许多新兴经济体的经济增长速度也逐步放缓。而"一带一路"的沿线国家大多为新兴经济体,他们国内的市场波动将增加中国企业在这些国家投资经营的风险,还有与许多亚非拉等新兴国家的经济合作也会受到冲击,导致中国的经济市场反而因开放而经受诸多挑战。

其次,在未来全球治理规则的制定方面,竞争非常激烈。当前,中国已经跃居为世界第二经济大国,但是与美国综合实力的差距依然较大,就贸易和投资而言,2015 年中国服务贸易额仅为美国的 1/2,对外直接投资存量仅为美国的 1/9,②且美国在国际经济规则制定中仍占有主导地位。目前,以美国为首的如跨太平洋伙伴关系协议(TPP)、跨大西洋贸易与投资伙伴关系协定(TTIP)等的成立大有取代世界贸易组织(WTO)成为全球主导贸易、投资规则的制定主体之势,而中国也在积极推进亚洲基础设施投资银行、金砖国家新开发银行等的建设,在未来全球治理经济规则的制定方面,竞争非常激烈。

(二)开放发展面临着传统安全问题和非传统安全问题的双重挑战

世界多极化趋势增添了国际格局变动的不确定性,使得贯彻开放发展新理念的路径面临多重选择。从宏观来看,目前的多级化趋势是美国等西方国家作为世界中心的主导地位相对下降,而亚非拉等新兴国家的影响力相对上升。但旧有的国际政治秩序不会轻易地发生颠覆与改变,从一定程度上来说,国际关系的矛盾与冲突还可能表现得十分尖锐。美国的实力只是相对来说落败,其综合国力在世界上仍具有数一数二的超强地位,因此他会为了维护并强化其超级大国的地位而与迅速崛起的多极化力量进行博弈,如美国为了支撑其全球领导地位,在中东(西南亚和西亚)和亚太地区之间进行"再平衡"战略,加剧了世界政治格局的紧张形势。且如今国际关系的形式是复杂多变的,敌友阵营不像两极格局那样泾渭分明、势均力敌,地区矛盾冲突问题此起彼伏,一些区域问题的出现也可能会影响全球战略格局,例如乌克兰危机引发美俄

① 甄炳禧,李晓玉:《未来五年外部经济环境与中国对外开放新思路》,《国际问题研究》2015 年第 4 期。

② 甄炳禧,李晓玉:《未来五年外部经济环境与中国对外开放新思路》,《国际问题研究》2015 年第 4 期。

关系紧张，这对俄欧、日俄甚至中俄关系都会产生直接或间接影响。

非传统安全问题对中国的开放发展也提出了挑战。首先是恐怖主义越发猖獗，影响"一带一路"的建设和中国的周边安全。"丝绸之路经济带"与"21世纪海上丝绸之路"的沿线国家非常多，甚至有一些会途径恐怖主义势力的根据地，这就使得恐怖主义力量侵扰这些地区的概率特别大，沿线国家的政治变局和社会动荡也将使中国在该地区承受巨大的政治和社会风险。当前，借助国际恐怖主义和国外反华势力的支持，游走于中亚和中国新疆的"东突"势力频繁引起中国边疆地区的动荡，给当地造成了极大的恐慌。① 极端组织"伊斯兰国"(ISIS)的发展势头也令世人震惊与畏惧。其次，随着新科技革命的兴起，计算机、手机等网络技术的发展应用和普及，使得建立网络命运共同体以规避网络风险成为国际社会共同面临的重大课题。此外，气候变化、粮食安全、疾病防治、灾害治理等全球性问题对我国贯彻开放发展新理念既存在机遇也存在挑战。

(三)开放发展面临着内部发展不平衡的问题

我国的开放发展不仅面临着严峻的外部政治经济环境等问题，国内发展的不平衡问题也对开放发展新理念的贯彻提出了挑战。不平衡主要有以下三种：一是国内的开放发展存在区域之间的不平衡。中国幅员辽阔，地区之间的自然资源、气候人文、政策扶植等差异明显，且中国的开放政策最先哺育东部沿海地区，而西部的自然环境相对恶劣，改革开放的政策也较晚覆盖，因此，东、中、西部地区开放型经济发展水平不均，在客观上造成了我国区域经济发展的严重不平衡；二是对外开放的利益分配不平衡。邓小平时期提出，让一部分人先富起来，先富带后富，最后实现共同富裕。然而"让一部分人先富起来"的目标已经达到，但开放带来的经济利益却没有形成良好的机制来协调，不同地区、产业和社会阶层从开放发展中的受益程度不同，造成了贫富差距的拉大；三是对外开放和对内开放的不平衡。国内的垄断产业开放程度严重滞后，地方保护主义仍然存在，使得地区、行业之间处于割据状态，且农业和服务业的开放程度也不够，这必然会对对外开放形成障碍或藩篱，使得对内开放和对

---

① 刘青建，方锦程：《恐怖主义的新发展及对中国的影响》，《国际问题研究》2015 年第 4 期。

外开放不能均衡发展。除此之外,从国内发展来看,我们不仅面临经济结构调整和转型升级的困难,还将面临结构性失业和跨越中等收入陷阱的挑战。

其次,中国的开放发展还面临着新兴产业升级压力大与传统优势产业竞争力弱化的困境。一方面,美国等西方国家实施"再工业化"等改善引资环境的政策,吸引高端制造业回流,使得中国产业向产业链高端环节攀升步履维艰;另一方面,一些中低收入的发展中国家大力发展劳动密集型、资源密集型产业等中低端制造业,使中国在长时期保持的传统优势产业面临竞争力弱化的挑战。随着新科技革命的兴起,抢占科技制高点和新兴产业制高点的竞争将更加激烈,中国在开放经济的过程中需要不断进行产业创新升级,以弥补传统优势产业竞争力下降的弱点。中国经济正在进入新常态,发展速度从高速转向中高速发展,维持经济持续发展的难度在加大,创新、转型和改革的任务更加艰巨。

三、中国贯彻开放发展新理念的路径选择

2016 年是中国全面建成小康社会决胜阶段的开局之年,面对错综复杂的国际环境和艰巨繁重的国内改革任务,我们应该如何践行"开放发展新理念",也就是开放发展新理念的路径选择成为我们需要思考的一个重大问题。

(一)共同完善全球治理规则,塑造有利的外部发展环境

当今世界,国际力量的对比发生着深刻的变化。风云激荡中,中国走上了世界舞台的中央,还有一大批发展中国家和新兴市场国家也在迅速崛起,且国际影响力不断增强。据统计,新兴市场国家对世界经济增长的贡献已经超过了 50%,他们是世界经济增长的重要引擎,全球经济的复苏也需要新兴市场国家提供动力和后劲。而且,现如今建立国际机制、遵守国际规则、追求国际正义已然成为多数国家的共识。因此,我国应联合广大的发展中国家和新兴市场国家,加强在国际货币基金组织、世界银行、世界贸易组织等机制内的协调和配合,着力提升我们在全球治理体系中的发言权和代表性。面对全球经济的不稳定以及短期的金融风险,作为金砖国家中的一员,同时也要在二十国集团的框架内加强合作,使各国加大宏观经济政策的协调力度,共同维护国际金融的稳定,加快建设金砖国家新开发银行和应急储备安排的机制,以推进全球治理规则的民主化、法治化,努力使全球治理体制更加公平地反映大多数国家

的意愿和利益。

我国要坚定地维护以联合国宪章宗旨和原则为核心的国际秩序和国际体系，如今已经形成了开放型的世界经济体制，我国不仅要积极维护，更要与贸易和投资保护主义做斗争，保证世界经济体制的公平、合理。作为世界上最大的发展中国家和第二经济大国，我们要积极参与并推动国际金融领域、新兴领域、周边区域合作等方面的新机制和新规则的制定，完善国际经济治理体系的改革发展，积极引导全球经济治理议程，推动多边贸易谈判的进程，促进多边贸易体制均衡、共赢、包容发展，形成公正、合理、透明的国际经贸规则体系，为中国等新兴国家乃至世界各国创造一个有利的开放发展环境。

（二）推进“一带一路”建设和企业“走出去”战略

由于“一带一路”沿线国家的数量较多，且这些国家的经济发展水平、对外开放程度以及与我国的经贸合作基础也不尽相同，因此我国在具体实施“一带一路”建设时也应区别对待。在对待“陆上丝绸之路经济带”的沿线国家时，我国应更加注重“以政促经”，即利用地缘政治关系的优势去促进与这些国家的务实经贸合作，共同打造互利共赢的利益共同体；在对待“21 世纪海上丝绸之路”的沿线国家时，我国应更加注重“以经促政”，即利用地缘经济关系优势去促进与这些国家政治互信的不断深化、战略合作的持续升级，不断深化与沿线国家在海关等方面的合作，消除关税和非关税的壁垒，更好地促进与这些国家之间的货物畅通和贸易往来，共同推动区域经济、政治、安全的有机融合和良性互动。

我们应该秉持亲诚惠容、开放包容的心态，坚持“共商、共建、共享”的原则，不断推进基础设施的互联互通以及国际大通道和国际经济合作走廊的建设。我国应不断深化与沿线国家的合作，共同建设境外产业集聚区，推动当地产业体系的建立，广泛开展教育、科技、文化、旅游、环保等领域的合作，造福当地的民众。与此同时，我国也要加强与国际金融机构的合作，积极参与亚洲基础设施投资银行、金砖国家新开发银行的建设，发挥“丝路基金”的作用，以便吸引更多的国外资金，共同开创一个开放、多元、共赢的金融合作新局面。

我国还要以企业为主体，推动企业“走出去”，引导传统优势产业和装备制造业“走出去”，建立高水平、高质量的跨国公司，实行市场化运作，以带动沿线国家的产业升级和工业化水平的提升，改善当地的就业形势，解决民生问题，促进其社会更加稳定与和谐。企业不论大小,不论实力,作为中国实施“走出去”战略的重要载体,就应该不断创新贸易方式,积极发展服务贸易,推动服务贸易和货物贸易的协调并进。还要大力发展跨境电子商务,完善相关区域的营销网络,坚持进口与出口并重,保证与沿线国家的贸易平衡。在开放发展理念的正确指引下,扩大企业的投资贸易合作将给沿线国家带来更大的市场空间、创造更多的就业机会以及更广的合作领域。因此,我国还要不断推进与沿线国家和地区多领域、互利共赢的务实合作,打造陆海内外联动、东西双向开放的全面开放新格局。

(三)积极承担国际责任和义务,推动中国与世界的合作共赢

作为一个开放并且负责任的大国,中国应继续保持真诚务实的态度、合作共赢开放的理念,以更加积极主动的姿态承担国际责任和义务,助力中国在塑造新型国际关系上发挥更大的引领作用。首先,应继续为发展中国家提供更多免费的人力资源、经济政策、发展规划等方面的支持与帮助;其次,我国还应呼吁国际社会必须携起手来,按照联合国宪章宗旨和原则以及其他公认的国际关系基本准则,进一步加强反恐合作,坚定地反对一切形式的恐怖主义,积极支持并参与联合国的维和行动,以维护国际公共安全;再次,我国还要加强多边和双边的协调,积极参与全球网络安全的维护,推动反腐败的国际合作,加强国际社会应对资源能源安全、粮食安全、网络信息安全以及气候变化的能力和凝聚力,打击恐怖主义,不断加强防范重大传染性疾病等全球性挑战的能力,展现开放负责的大国担当,推动中国与世界的合作共赢。

与此同时,我们也要做一个“负有限责任”的大国,坚持权利与义务的平衡,既要进一步扩大开放,又要兼顾开放带来的压力,保护国家开放发展的利益不受威胁和侵害。而且要实现中国与世界的合作共赢,第一,必须反对保护主义,推动区域自由贸易对形成多边贸易体制进行有益的补充,并在此基础上维护和加强多边贸易体制,为世界各国的发展提供充足的空间;第二,积极构建开放型世界经济,以开放发展为世界各国创造更广阔的市场和发展空间;第三,继续加强国际交流与合作,用我国的开放发展去推动世界各国朝着普惠共赢的方向发展,实现互利共赢。

(四)对内开放,营造公平均衡开放的内部环境

首先,对内开放就是要反对和抑制各种垄断,打破地区、行业之间的割据

状态。习近平指出:“坚持权利平等、机会平等、规则平等,实行统一的市场准入制度;鼓励非公有制企业参与国有企业改革,鼓励发展非公有资本控股的混合所有制企业,鼓励有条件的私营企业建立现代企业制度。”①另外,还要充分发挥市场在资源配置中的主导作用,促进产业之间、地区之间以及各所有制企业之间的资源合理流动与优化配置,使得竞争机制充分发挥作用,保持有序合理的国内市场竞争秩序。其次,要构建公平开放的内外资发展环境。习近平强调:“中国市场环境是公平的。所有在中国内地注册企业,都是中国经济重要组成部分。”②公平开放要求改变过去依靠土地、税收等优惠政策招商引资的做法,通过加强法治建设,为外资企业提供公平、可预期的市场环境,实现各类企业依法平等使用生产要素、公平参与市场竞争、同等受到法律保护。最后,对内要建立适度的开放利益共享机制。第一,要构建开放利益区域间的协调均衡发展与分配体系,切实做到东、中、西部地区间的协调均衡发展;第二,不仅要实现制造业的对外开放,还要推动农业和服务业的逐步开放,实现产业间的协调均衡发展;第三,要进一步消除个体、民营经济的资金瓶颈和进入门槛,促进不同经济成分间的协调均衡发展。

此外,对内开放还离不开深化内地和港澳、大陆和台湾地区的合作发展。首先,我们应该支持香港参与国家的双向开放和“一带一路”建设,巩固其国际金融、航运、贸易的三大中心地位,提升香港和澳门在国家经济发展和对外开放中的地位和功能。其次,也要加大我国内地对香港和澳门的开放力度,加深内地与港澳在社会、科技、文化、教育、环保等领域的交流与合作。再次,我们应该推动两岸产业合作、金融业合作以及贸易投资等的双向开放与合作。最后,我们更要扩大两岸人员的往来,深化两岸在农业、文化、教育、科技、社会等领域的交流与合作,增进两岸同胞的感情和福祉,让更多台湾普通民众和中小型企业受益。

---

① 《全面深化改革若干重大问题决定的重点问题》,新华网,http://news.xinhuanet.com/politics/2013-11/15/c_118165252.htm,2013年11月15日。

② 习近平:《中国市场环境是公平的》,人民网,http://politics.people.com.cn/n/2013/0408/c1024-21055946.html,2013年4月8日。

四、结语

开放发展新理念是新一轮对外开放的思想成果。当前,中国的经济总量位居世界第二位,进出口贸易总量从世界第二位上升到了第一位,中国通过开放型经济正在逐步走向全球经济的中心,同时也通过“旋风外交”,将中国的开放之花遍及了世界的每一个角落。当然中国不仅仅只有经济开放,还包括方方面面都与“开放”紧密相连,全球资源都会被“请进来”到中国参与配置,而中国也将“走出去”参与全球资源的配置。这表明,无论中国还是世界都是在谋求一个开放创新、包容互惠的发展前景,中国正在更大范围、更高水平、更深层次地推进新一轮的对外开放,我国的开放发展拥有着前所未有的机遇和平台,中国的开放发展将奏响与世界经济政治深度融合、互利共赢的新乐章!

(原载于《党政研究》2016 年第 5 期)

开放发展理念的社会主义意蕴*

党的十八届五中全会从实现“两个一百年”奋斗目标和中华民族伟大复兴中国梦的战略和全局高度，提出了“创新”“协调”“绿色”“开放”“共享”的五大发展理念，这是马克思主义发展观理论逻辑与中国社会发展历史逻辑相结合的产物。开放发展理念是发展的内在要求和必然趋势，无论是“创新”“协调”“绿色”还是“共享”，都需要在开放的视野下加以推进。“他山之石，可以攻玉”，开放可以知己知彼，更加坚定我们对正在走的中国特色社会主义道路的信心。要确保开放发展理念，就必须坚持马克思主义的立场、观点、方法，分析开放发展理念的社会主义科学意蕴和精神实质，也只有给开放发展套上社会主义的笼头，才能科学地批判资本主义开放发展的弊端和不足，时刻保持头脑清醒和政治定力，发现社会主义开放发展的新世界。

一、开放发展是社会主义从空想到科学的重要条件

唯物史观和剩余价值学说是社会主义从空想到科学的理论基石，这两大理论基石的发现本身便是马克思恩格斯在开放吸收前人成果基础上进行理论创造、理论加工和理论提炼的结果。科学社会主义之前的理论学说不可谓不深刻，但很多成为昙花一现，走马观花，主要在于其理论学说存在理论缺陷、理论死角和理论硬伤，要么是空想社会主义、唯心主义，要么是机械唯物主义和庸俗唯物主义，最终摆脱不了自我否定和自我枯萎的宿命。科学社会主义却依然熠熠生辉，不断壮大，就在于它具有一般理论学说所不具备的开放性张

* 本作作乾：马凯，华北水利水电大学土木与交通学院。

力,具有立场、观点和方法的开放性。

（一）理论立场的开放性

空想社会主义者由于找不到改造现存社会的依靠力量,因此他们的理论立场没有根基,处于自我设定的空想之中。以英国古典政治经济学和德国古典哲学为主要代表的资产阶级学者的理论立场则是站在占人口少数的资产阶级立场上。由于当时资本主义正处于上升发展期,英国古典政治经济学从经济视角为资本主义进行辩护,强调经济人假设是人类的永恒人性,认为自私自利的市民社会是人类人性的永恒体现。德国古典哲学家一方面对资本主义充满期待,另一方面迫于封建专制的压迫而缺乏革命勇气,因此就以哲学理论的方式来遮蔽对封建专制的批判和对资本主义的支持,并在头脑中进行头脑风暴,创造出“唯一者”“类”“自我意识”“绝对精神”等抽象概念,以此作为自己的理论根基,在语言风格上充满了思辨、抽象和晦涩。这些资产阶级学者用抽象的人来维护资产阶级的利益,由于政治立场的狭隘性和封闭性,进而不断地用一个谎言去论证另一个谎言,不断地和他们自己制造的各种唯心主义观念在作战,始终逃不出自己编织的唯心主义迷宫,无法对自己的立场进行清算,顽固地陷入唯心主义泥潭中而无法自拔。即使有像费尔巴哈这样的哲学家从唯心主义哲学中向前迈了几步跨入唯物主义,但由于找不到具有普遍意义的实践,没有解决人的活动的目的客观性,找不到建立人类社会类生活共同体的现实道路,因而陷入了自我困惑和衰落,其理论往往昙花一现。

马克思主义则具有理论立场的开放发展性。马克思在吸收借鉴前人成果基础上,在理论立场上以现实的人而非抽象的人为理论起点,以占人口绝大多数的无产阶级而非占人口少数的资产阶级作为理论立足点,以人的自由全面发展作为理论的归宿点。马克思认为随着历史活动的深入,必将是群众队伍的扩大。马克思的理论立场始终不曾离开不断扩大的无产阶级队伍。无产阶级是不断进步、发展和充满开放视野的,这也决定了马克思的政治立场也是开放发展的,不是局限在狭隘的资产阶级立场,没有像资产阶级学者那样把自己的理论定格在资本主义永恒的“千年王国”之中,而是以更为开放的、发展的视野着眼于人的自由全面发展。马克思承认在一定的历史条件下,资产阶级经济学者鼓吹的利己的市民社会的确是当时主流人性的体现,但马克思认为自私自利的人性不是永恒的人性,而是历史的产物,是伴随着资本主义生产方式产生的。人类的人性不能永远停留在利己主义的个人里，不能永远追求自利最大化，永远都是自私利己的市民，随着生产力极大发展，总要超越市民，走向个人的联合，走向社会化的个人，实现个性和社会性统一，走向自由全面发展，成为自由人的联合体。

（二）科学观点的开放性

一方面，马克思强调唯物史观，运用历史唯物主义和辩证唯物主义，把唯心史观遮蔽下的颠倒倒置的世界给反转了过来：按照世界的本来面目来改造世界。就是按照客观规律，尊重人类社会发展客观规律去改造世界，按照世界的本来发展趋势去改变世界，实现了哲学史上的拨乱反正，解决了人类社会面临的种种困惑和乱象。唯物史观揭示了人类社会发展规律的总趋势和总原理，剩余价值学说揭示了资本主义内部的经济运转规律。唯物史观和剩余价值学说的科学观点和基本原理具有十分广阔的历史跨度，理论涵盖的历史跨度从原始社会到共产主义社会一个漫长的历史过程，范围不仅包括西方社会，还涉及东方社会，不仅包括资本主义社会，还包括前资本主义社会和未来共产主义社会，所以在这个历史过程没有结束之前，科学社会主义科学观点就不会终结，就不会封闭，历史也更不会终结，而是伴随着无产阶级革命运动的发展不断开放发展下去。

另一方面，马克思、恩格斯创立的科学社会主义不是纯书斋的学问和学科，不仅仅是马克思、恩格斯的个人的学说，而是工人阶级的世界观和方法论。科学社会主义从诞生那一刻起就和工人阶级的利益以及和全人类的解放事业不分彼此的紧密契合在一起。马克思、恩格斯都亲自参加工人运动，指导工人运动，尽管马克思、恩格斯作为科学社会主义的创始人，他们的知识、生命周期是有限的，但人民群众在历史中是生生不息、开放发展和永恒存在的，人民群众是科学社会主义开放性生命力的依托，经典作家们创立的科学社会主义基本观点和科学原理一直和工人阶级、人民群众同在，并且随着时代发展而不断丰富完善，科学观点、基本原理不仅仅贯穿在闪烁着经典作家智慧和心血的鸿篇巨著之中，而且还凝结在国际共产主义运动的经验和教训的总结中，流淌在工人运动实践中。因此，从这个意义来看，科学社会主义是不断开放发展和丰富的。

(三)研究方法的开放性

空想社会主义者由于历史局限性,看不到资本主义生产方式产生的历史动因和内在机理,找不到改变现存社会的依靠力量,只是在资本主义外围,对资本主义进行无情的批判、谴责和鞭挞,尽管让人看后酣畅淋漓,甚至道德批判已经触摸到了私有制这一资本主义内核,但这种道德战对资本主义本身毫发未损。这些社会主义的先驱们便逐渐陷入了一种乌托邦式的幻想之中,他们把未来社会描述得美轮美奂,尽可能地对未来社会主义社会做出精确的描述和先验论的假设,把社会主义描绘成未来可能是什么,应该是什么这样一个封闭性预设之中。空想社会主义者由于对未来预测的过于详细,而陷入了自我封闭。正如马克思所说:"靠幻想来对共产主义所做的预见,在实际上只能成为对现代资产阶级社会的预见。"①

马克思没有从空想社会主义者设想的未来社会主义应该是什么这种封闭性描述出发,而是立足现存世界,通过历史唯物主义和辩证唯物主义来科学批判现存资本主义世界,在科学批判资本主义旧世界过程中发现了社会主义新世界。马克思认为要推翻资产阶级,不能纯粹打道德战,尽管马克思也从道德上谴责资本主义带来的剥削、贫困和不平等,但这并非是马克思主要关注的,马克思认为要推翻资本主义,为革命获得正当性,就要占领历史制高点。只有站在超越资本主义的历史制高点上,才有可能从道义层面上和规律层面摧毁资本主义。为此,马克思从更宽广的历史视野出发,分析了前资本主义生产方式,认为资本主义与之相比,确实极大地促进了生产力的发展和财富的创造,具有历史必然性,并充分肯定了资本主义的历史进步性。在这个基础上,通过对资本主义生产方式内在运行机理的深入解剖来寻求资本主义的内在否定因素,发现资本主义历史必然性的边界,认为资本主义只是具有历史的合理性,一旦超越这个历史边界,资本主义就成为了生产力发展的阻碍,社会化大生产的生产力发展要求超越资本主义生产关系,肯定性因素就会被否定性因素所代替。正如马克思所说:"社会的物质生产力发展到一定阶段,便同它们一直在其中运动的现存生产关系或财产关系发生矛盾。于是这些关系便由生产力

① 《马克思恩格斯全集》第7卷,人民出版社1995年版,第405页。

的发展形势变为生产力的桎梏。那时社会革命的时代就到来了。"①这里的社会革命时代便是社会主义革命时代。社会主义就存在于现存的资本主义世界中,社会主义就是为了解决资本主义那些否定性因素解决不了的问题。因此,在马克思看来,社会主义不是遥远的未来彼岸世界,而是在不断否定资本主义无法克服的问题中出现的现实世界,社会主义不仅仅是社会理想,更重要的是社会制度和现实运动。社会主义不是未来应该是什么这个封闭性命题,而是不是什么这一开放性命题,是对现存资本主义社会中否定因素的否定,即社会主义不是两极分化,不是私有制,不是人的异化等,至于是什么,则充满着开放视野,需要在社会实践中,现实运动中,不断否定资本主义,是在解决资本主义自身无法摆脱和克服的难题中被不断发现的,存在于不断积累超越资本主义的因素之中,正是马克思这种开放性方法论,才使社会主义实现了从空想变到科学。

二、开放发展是生产力和生产关系矛盾运动的必然趋势

马克思通过对生产力和生产关系、交往、跨越卡夫丁峡谷、世界市场、世界历史等理论观点和理论设想的论证,把人类社会开放发展的动力、载体、形态、趋势进行了展现。马克思在批判继承前人成果基础上,深邃地发现了人类社会普遍意义的实践运动,即生产力和生产关系的矛盾运动这种深层的实践活动,这是各个国家和民族都必须要经历的一个实践过程,尽管实践的方式、方法、路径、形式各有不同,时间上有先后,但这是个无法抗拒的普遍性的规律,在这个基础上,马克思看到了推动新旧社会更替的那种革命运动:生产力和生产关系的矛盾运动规律,正是这种矛盾运动让人类社会从封闭走向开放。

(一)从生产力维度来看,开放发展是生产力发展的必然趋势

马克思通过对生产力的深入研究,发现生产力作为一种关系范畴,表明人和自然的关系,人的发展和生产力的发展密不可分,生产力发展水平表明了人在自然界中的自由和自主程度。人类社会就是一个生产力由不发达到发达的不断发展进程,经历了从孤立的、封闭的地方史、民族史发展到普遍交往的、紧密联系的世界史的历史进程,是一个不断突破狭隘的、封闭的地域界限,逐渐

① 《马克思恩格斯选集》第2卷,人民出版社1995年版,第32页。

走向世界历史的开放发展的历史过程,是一个由必然王国到自由王国的发展历程。资本主义之所以能够促进生产力,商品交换、人员交往是重要条件,交往产生开放,使人们能够冲破基于地理、历史造成的封闭界限,人类社会不断从封闭走向开放,使人与人的关系不断地冲破行业、视野、地域和国别的局限性,不断走向开放的历史进程。封建社会是小农经济,是一个地区范围内的地域经济,这种生产力必然形成导致封建割据势力和封建社会人的依赖关系,资产阶级革命打破了这个封建割据状态,逐渐形成了民族市场。

随着资本的逐渐发展,各种生产资料和资源的配置逐渐越出一国范围,在全世界范围内进行配置和流动,形成了世界市场,使各个国家的经济相互依赖的程度不断提高,呈现出你中有我,我中有你的相互联系、相互依赖的开放发展状况。正如马克思在《共产党宣言》中描述的:“资产阶级,由于开拓了世界市场,使一切国家的生产和消费都成为世界性了。过去那种地方的和民族的自给自足和闭关自守状态,被各民族的各方面的互相往来和各方面的互相依赖所代替了”。① 因此,开放发展是生产力发展的必然结果,是客观规律,违背或者抗拒这个客观规律必然导致封闭和落后,被历史淘汰。正是因为资产阶级开辟了世界市场和世界体系,使得各国家和地区孤立性的存在和发展越来越成为历史。资本家为追求剩余价值,奔走于世界各地,资本主义的全球化也使得无产阶级逐渐成为一种世界历史性的存在,这也为社会主义的发展奠定了基石。社会主义的实现就是建立在生产力高度发达的基础上,正如马克思所说:“无产阶级只有在世界历史意义上才能存在,就像共产主义——它的事业——只有作为‘世界历史性的’存在才有可能实现一样。”②随着生产力的高度发展,无产阶级日益成为世界性存在,不断地摆脱地域性,而社会主义革命和建设也是无产阶级在不断地走向更加开放的过程中联合起来实现的。

(二)从生产关系维度来看,开放发展在阶级社会具有明显的阶级偏向

开放发展是生产力发展的必然结果,但资本主义的生产方式从一开始便是为了无限制的追求剩余价值,反映的是资产阶级的利益,资本家为追求剩余价值,奔走于世界各地。由于目前这种世界市场、世界体系是建立在生产资料

① 《马克思恩格斯选集》第1卷,人民出版社1995年版,第276页。

② 《马克思恩格斯文集》第1卷,人民出版社2009年版,第539页。

资本主义私有制基础上的开放,资本主义不仅仅在开辟着世界市场,而且还在不断地生产着不平等的雇佣关系。马克思认为资本主义开放发展的世界是一个历史性的存在,是在不断打破封建局限性的过程中产生并发展壮大的,但这种开放也是一个不断制造两极分化和普遍贫困的开放:一极是财富和奢侈的积累,另一极则是"贫困、劳动折磨、受奴役、无知、粗野和道德坠落的积累。"①

生产资料的资本主义私有制无法继续适应生产力的发展,随着生产力的社会化大生产高度发展,这种建立在生产资料资本主义私有制基础上的资本主义社会形态已经越来越成为生产力发展的障碍和桎梏,从未来社会主义在全球全面实现的历史规律来看,资本主义的开放是虚幻的开放,不是真正的开放发展。资本主义的开放是建立在资产阶级排他性、高门槛、独占性基础上的"连锁店",是全世界垄断资产阶级的利益联合体,并伴随着周期性的生产过剩和经济、政治等各种危机,一次次的洗劫大众财富为资本家所有,不断的制造两极分化和人的异化。私有制是两极分化的根源,两极分化的后果是世界市场萎缩,资本的无限扩张受阻,开放发展的后劲不足。随着中国特色社会主义的蓬勃发展,给资本主义的发展带来了前所未有的战略压力,随着中国不断崛起,资本主义的开放发展越来越表现的战略焦虑,贸易保护,关税壁垒此起彼伏,民粹主义,保守势力风起云涌,产业不断空心化,偏向于金融业,经济脱实向虚,金融危机频发。资本主义开放发展的道义性、正当性正在不断丧失,资本主义这种曾经不断炸毁一个个封建堡垒的强大力量正在成为新的堡垒,这个新的堡垒极力阻止生产力的社会化大生产,资本主义的开放空间、载体变得越来越封闭,而社会主义的开放则是建立在互利共赢基础上的"朋友圈",是全世界无产阶级的大联合,是更能适应社会化大生产的生产资料的社会主义公有制,也只有社会主义的开放才能从根本上解决两极分化。

三、开放发展是社会主义建设的重要遵循

社会主义是前无古人的光明而曲折的伟大事业,从社会主义国家的建立

---

① 马克思:《资本论》第1卷,人民出版社2004年版,第744页。

历程来看,尽管在英、法、德等资本主义发达国家有过风起云涌的工人运动,但后来的社会主义革命高潮却没有按照马克思、恩格斯早期预测的那样,在这些发达资本主义国家集中爆发并成功。后来的革命却在俄国、中国等资本主义相对薄弱的外围边缘地带爆发并成功,尽管俄国十月革命和中国新民主主义革命的胜利给处在资本主义核心地带的发达国家带来极大震撼,但并没有对资本主义的发达地区和强大中心地带产生根本动摇,这就意味着社会主义还不能一下子在全球实现。正如马克思所说:“无论哪一个社会形态,在它所能容纳的全部生产力发挥出来以前,是绝不会灭亡的;而新的更高的生产关系,在它的物质存在条件在旧社会的胎胞里成熟以前,是绝不会出现的。”①因此,这些在资本主义薄弱环节上取得社会主义革命成功的国家都面临“三个无法绕开”。

(一)和资本主义的并行存在无法绕开,这是社会主义国家对外开放的客观现实

在两大制度的共存时代,两种制度将长期竞争与合作,社会主义与资本主义并行存在是一个漫长历史过程。因此建设社会主义,就绕不开资本主义,不能脱离世界而孤立存在,需要和资本主义开展交往,来积累力量发展生产力,让社会主义的物质存在条件在资本主义旧社会的胎胞里尽可能快地成熟起来,进而逐渐超越资本主义。马克思在晚年论证落后国家有可能通过跨越资本主义的卡夫丁峡谷而走上社会主义道路这一伟大理论设想的时候,一个重要的逻辑起点便是像俄国这样的生产力比较落后的国家应该避免孤立于世界而封闭存在。相反,它可以与资本主义世界并存,可以而且必须“吸收资本主义的一切肯定成就”“吸收资本主义制度所取得的一切肯定成果。”②这实际上表明了马克思借助于俄国这样的典型国家,来表征经济落后国家在取得无产阶级革命胜利之后,无产阶级在利用自己的政治统治,一步步地夺取资产阶级的全部资本,把一切生产工具集中在国家即组织成为统治阶级的无产阶级手里,并且尽可能快地增加生产力的总量,进行社会主义建设时,一个重要的政策便是实行对外开放,和资本主义和平共处,与资本主义合作竞争,因为不实

① 《马克思恩格斯文集》第2卷,人民出版社2009年版,第592页。
② 《马克思恩格斯全集》第19卷,人民出版社1963年版,第431页。

行对外开放，不与资本主义和平共处，就无法吸收包括资本主义在内的人类优秀文明成果来建设社会主义。因此，马克思跨越卡夫丁峡谷理论构想的逻辑结论便是对外开放。

（二）落后的生产力现实无法绕开，这是社会主义国家对外开放的逻辑必然

一个国家的生产力是历史积淀的产物。无法一夜之间出现一座飞来峰，一个国家也无法把其他国家的生产力简单移植到本国。人们不能随意地、自由地选择生产力。正如马克思所指出的："人们不能自由选择自己的生产力——这是他们全部历史的基础，因为任何生产力都是一种既得的力量，以往的活动的产物。"①这实际上指出一个国家的生产力是世代积累的结果，是一个国家全部活动的前提，每一代人只能在世代积累的生产力基础上开展自己活动，不能自由选择。马克思从唯物史观视角让我们看到人类社会的发展规律是客观物质制约性第一，人的主观能动性第二。在谈到历史发展时，马克思强调："人们自己创造自己的历史，但是他们并不是随心所欲地创造，并不是在他们自己选定的条件下创造，而是在直接碰到的、既定的、从过去继承下来的条件下创造。"②因此，由于社会主义国家落后的生产力无法绕开，又不能从其他国家简单复制，只有在独立自主基础上走对外开放之路，在符合国情基础上吸收借鉴生产力发达国家在促进生产力发展方面的经验做法。列宁在"十月革命"后，也主张借鉴资本主义来建设社会主义，并且给苏联社会主义建设勾画了一个形象的公式："苏维埃政权 + 普鲁士的铁路管理秩序 + 美国的技术和托拉斯组织 + 美国的国民教育…… = 社会主义。"③这一公式中除了苏维埃政权其余很多都是资本主义社会里产生的成果。列宁认为社会主义建设的好坏取决于苏维埃政权与资本主义一切肯定性成果能否有效结合，这种结合必然是在开放发展的条件下才能实现。

（三）和平演变的客观形势无法绕开，这是社会主义国家对外开放的战略难点

当前的世界体系、世界格局是由资本主义国家主导的，资本主义国家必然

① 《马克思恩格斯选集》第4卷，人民出版社1995年版，第321页。

② 《马克思恩格斯选集》第1卷，人民出版社1995年版，第585页。

③ 《列宁全集》第34卷，人民出版社1985年版，第520页。

会利用社会主义国家需要对外开放这样一个机会来千方百计地对社会主义国家进行颠覆和渗透,进行和平演变、精神殖民。特别是东欧剧变、苏联解体后,和平演变的矛头已经主要对准了中国。

对于资本主义国家来说,资本主义私有制的秉性不会改变,和平演变社会主义国家的图谋不会放弃,遏制社会主义国家的战略不会动摇。对社会主义国家往往采用两手:第一手是遏制发展,搞和平演变,改变社会主义国家社会制度,搞多党制,这是根本一手,这个本性不会因为资本主义国家领导人的改变而改变,不是个人问题,无论谁上台对社会主义遏制的策略都不会改变,这是资本主义制度的问题,必然对外侵略,必然和社会主义对立;第二手是出于垄断资产阶级经济利益的需要,会利用社会主义国家的市场来获得经济利益,与社会主义国家合作,发展经贸和人员交流。第一手是主要的,起决定性作用的一手;第二手是从属于第一手的,为第一手服务的。

对于社会主义国家来说,既要开放,又要防止无产阶级政党不变质,社会主义国家不变色,这是一个时代性难题,也是开放发展必须要高度重视的战略问题。对外开放对社会主义国家并不是天然有利,要看到机遇和挑战,工作做得好的话利大于弊,如何既能够大胆吸收、借鉴好资本主义发展的优秀成果,如科技、技术等,又能不被资本主义消融,看到资本主义国家政治制度和意识形态的阶级本质,始终确保社会主义国家初心依旧,保持社会主义国家理论、制度、道路和文化的战略自信,这就需要用马克思主义的立场、观点和方法来指导对外开放,必须要坚持在独立自主前提下对等开放,不是盲目开放,特别是在意识形态,政治领域,社会制度中不能盲目接轨和开放,要有战略定力和自信,以革命的两手对付资本主义国家反革命的两手:一方面是在战略问题,涉及政权、国家制度、道路等核心利益问题、根本原则问题上坚持原则,寸步不让,必要时必须进行斗争,战略上必须看清社会主义和资本主义是根本对立的,是取代关系;另一方面,在具体策略问题上,看到"一球两制"的现实存在,在坚持原则这个前提下,在日常来往中,建立经贸联系,在一些国际问题上合作,不能关起门来,不打交道,在策略上要合作和交流,同时不能因为满足于眼前利益而忘记长远战略,绝不能对资本主义国家抱有不切实际的幻想,幻想会帮助社会主义发展经济,必须看清资本主义国家的两面和两手,在马克思主义的指导下开放发展。

综上所述，开放发展理念要落地生根，必须坚持马克思主义的立场、观点和方法，把马克思主义发展观和中国实际相结合，在独立自主基础上敢于开放，善于开放，在开放发展中实现“两个一百年”奋斗目标和中华民族伟大复兴的中国梦。

（原载于《重庆社会科学》2017 年第 7 期）

开放发展与国际法：风险及应对*

一、问题的提出

开放发展是当今中国发展理念的重要部分。① 中国正在深度参与全球化、日益开放发展，承担起世界振兴的大国责任。② 在此过程中，必然面临着多领域、多层次的压力和挑战，也就是各种各样的风险。以发生领域区分，有政治风险、经济风险、文化风险等；以地理范围区分，有全球级别的风险、区域级别

---

* 本文作者：何志鹏，吉林大学法学院教授。
基金项目：本文系教育部人文社科重点研究基地项目“提升中国话语权与国际法律制度变革”（16JJD820010）的阶段性成果。

① 在新的历史时期，中国提出了“创新、协调、绿色、开放、共享”五个方面的发展理念，其中开放发展主要强调中国将继续深入参与全球化，促进内外联动，推进互利共赢。相关分析，参见王水平：《以开放发展新理念引领开放发展新时代》，《理论视野》2016 年第 6 期；杨玉成：《开放发展理念与对外开放转型升级》，《湖南社会科学》2016 年第 2 期；刘万华：《开放发展具有丰富深刻的内涵》，《红旗文稿》2016 年第 1 期。

② 在 2017 年年初的达沃斯论坛上，中国国家领导人习近平特别明确地表达了这一观点。“我们要主动作为、适度管理，让经济全球化的正面效应更多释放出来，实现经济全球化进程再平衡；我们要顺应大势、结合国情，正确选择融入经济全球化的路径和节奏；我们要讲求效率、注重公平，让不同国家、不同阶层、不同人群共享经济全球化的好处。这是我们这个时代的领导者应有的担当，更是各国人民对我们的期待。……中国坚持对外开放基本国策，奉行互利共赢的开放战略，不断提升发展的内外联动性，在实现自身发展的同时更多惠及其他国家和人民。……中国人民张开双臂欢迎各国人民搭乘中国发展的“快车”“便车”。……中国将大力建设共同发展的对外开放格局，推进亚太自由贸易区建设和区域全面经济伙伴关系协定谈判，构建面向全球的自由贸易区网络。”参见习近平：《共担时代责任共促全球发展——在世界经济论坛 2017 年年会开幕式上的主旨演讲》（2017 年 1 月 17 日，达沃斯），《人民日报》2017 年 1 月 18 日。

的风险、国家级别的风险、国内级别的风险等等;以发生的事务类型划分,有外交风险、内政风险、健康风险、食品风险等等。这些都是国家在发展之路上所面临的风险的具体化①当国家着眼于国际关系领域,聚焦于参与国际法的制定与发展、采用法律程序去处理相关外交事务的时候,其策略选择不外乎有两种:第一,积极借助国际法的方式,将国家的主张通过国际法的术语来表达,将国家的利益利用国际法的机制来维护;正如很多学者分析的,中华民族的复兴需要国际法,②和平发展的观念也为国际法带来了新的论题和启发。③ 第二,疏离国际法的方式,而更倾向于用政治交涉或者经济利益交换的手段来解决问题。尽管从总体的认识上看,中国并不存在对于国际法忽视、甚至贬低的状况,但是并不否认在国际关系和国际法的理论界和实践界存在着一些有可能引人误解的方向,或者使人误入歧途的主张。所以,借助国际法机制来界定中国的利益、利用国际法的方式维护中国的利益,通过国际法体系解决问题;抑或采用国际法之外的政治、经济手段,甚至军事手段来界定和维护中国的利益,各自面临何种风险,应当如何规避这些风险,如何预测、应对和解决此类风险所可能出现的后果,是一个在中国发展的关键时期需要认真思考并且着力解决的宏观战略性问题。

因而,本文拟分别从疏离国际法和借助国际法这两个决策思路入手,进而探寻在不同的决策选择道路上可能遇到的风险,分析各种风险的属性以及应对的可能,特别是非系统风险的应对方式,以期对于中国外交策略的规划设计起到一定的参考作用。

---

① [英]安娜贝拉·穆尼、[美]贝琪·埃文斯:《全球化关键词》,刘德斌等译,北京大学出版社 2014 年版,第 244 - 245 页。

② 周忠海:《中国的和平崛起需要加强对国际法的研究》,《法学研究》2004 年第 2 期(或周忠海:《中国的和平崛起需要加强研究的国际法问题》,《河南师范大学学报(哲学社会科学版)》2004 年第 4 期;潘抱存、徐聪敏:《中国'和平崛起'与当代国际法》,《法学杂志》2004 年第 3 期;王孔祥:《从国际法视角看和平崛起》,《河北法学》2005 年第 5 期;李伯军:《中国"和平崛起"战略与国际法的对接》,《湖南工程学院学报(社会科学版)》2008 年第 1 期;李英芬:《关于中国和平崛起的国际法思考》,《当代法学》2007 年第 3 期;杨慧娟:《从国际政治与国际法联姻看中国的和平崛起》,《黑龙江史志》2008 年第 14 期。

③ 罗国强:《"和平崛起"与新世纪国际法的理论构建》,《国际观察》2004 年第 5 期;罗国强:《从〈战争与和平法〉看"和平崛起"的国际法基础》,《比较法研究》2005 年第 6 期;李娟:《"和平崛起论"对国际法发展的影响》,《浙江万里学院学报》2006 年第 1 期。

二、疏离国际法开放发展的风险与评估

如果中国的发展采用总体上疏离于国际法的方式,也就是不关注国际法、不遵从国际法,甚至明显地违背国际法,着眼于采取政治协商、经济往来、文化交流的手段来解决问题,最大的优点和优势在于一直处于心理舒适区。中国在相当长的历史时期内都比较习惯于采取以军事、经济力量为基础的政治谈判和外交磋商的方式来解决问题,在此方面积累了较为丰富的经验,奠定了良好的能力基础,因而可以采用较为熟悉的路径、在国际关系中相对自如地进行发展。但是,此种做法也存在着诸多的问题和风险。

(一)疏离国际法开放发展的风险表现

一国以疏离国际法的方式推进自身的开放发展,遇到的风险总体上可归结为认同风险和声誉风险。

1. 偏离国际法发展导致身份认同的风险

身份认同风险是国家自身和其他国际行为体对于本国在国际社会中的行为方式和身份的认同。偏离了作为国际交往基础设施的国际法,也就脱离了大多数国家人认可的轨道,国家同时遇到了一系列的此类风险。

首先,难于自我身份认同的风险。如果一个国家在开放世界中寻求发展,而不倚重于国际法,那么这个国家首先面对的问题是自身的认同。当国际法已经被国际社会的绝大多数行为体视为一个基本的行为准则、视为一个本来就应当遵守的规范体系的时候,当这个国家未能按照该规范体系采取行动时,其对自身的行为也存在怀疑。历史的诸多例子证明,很多国家在违背了国际法之后采取的行动都是遮掩和伪饰,而不敢直接面对其违背国际法的事实。例如,日本在甲午战争中击沉高升号之后要通过贿赂国际法专家的方式掩盖其违背国际法的事实;①在卡廷惨案被发现之后,苏联也掩盖事实,试图把责任推给纳粹德国;②1950 年从朝鲜半岛扔出的炸弹炸到了中国一方的民事目标、1999 年导弹击中中国驻南斯拉夫大使馆、2016 年轰炸叙利亚政府军,美国政府

① 杜志明:《晚清驻英公使罗丰禄与"高升号赔偿案"》,《黑龙江史志》2014 年第 1 期;李娟芳、钟林:《甲午"高升"号事件经过情形考辨》,《学术论坛》2001 年第 2 期。

② 刘彦顺:《卡廷惨案密档解密始末》,《源流》2011 年第 1 期;刘彦顺:《"卡廷事件"的真相》,《历史教学》2004 年第 5 期。

都将其归于“误炸”。① 这些史实可以说明，国家自身在没有遵循国际法的时候，存在着负面的自我认知，它愿意将自己打扮成遵守国际法的样子，而不愿看到或者认识到自己违背了国际法。在这种情况下，如果中国一方面利用着现有的国际法律设施与其他国家产生联系进行交往，另一方面又对于现有的国际法体系采取一种疏离和反对的态度，那么就存在着自我身份认同的错位，由此产生话语不能够自洽、立场不能够融合、言行之间出现矛盾等问题。

其次，不能被他国身份认同的风险。如果一个国家的开放发展不能够有效地与国际法相结合，在很大程度上面临着其他国家对这一国家的认同困境。国际法已成为国际社会的基本规范，每一个国家在进行活动的时候，都会在国际法上寻求依据，甚至从国际法的角度出发去表达自身的立场。一个国家在加速发展、成为世界顶级大国的过程中，可能会提出一些以前未曾出现的、甚至与先前相对立的主张。在这种时候，能够用国际法的话语来表达自身的观点，就会占据身份认同的优势，容易得到其他国家的支持。例如，17 世纪荷兰兴起之时，在海洋问题上与葡萄牙和西班牙之间存在对立，格劳秀斯提出的“海洋自由论”就为荷兰的主张提供了人们认可的国际法论证②。因而，采用国际法的语言就会被视为是这个社会的有效参与者，否则，就有可能被这个社会所疏离和边缘化。③ 而一个社会的主体在社会中具有被他人所认同的社会性，是其心理健康和行为适当的重要方面。

再次，全球化引领者身份无法被认同的风险。对于一个走向全球治理中心的大国而言，身份认同缺失进一步意味着在国际社会中引领资格的旁落。如果放弃作为国际格局构建及时的国际法，就可能在全球治理格局的建构过程中被他国所赶超和替代。国际法作为当代国际社会结构性体系的规范基

---

① 军事科学院军事历史研究所：《抗美援朝战争史》，军事科学出版社 2011 年版，第 93 - 96 页；裴坚章主编：《中华人民共和国外交史（第一卷 1949 - 1956）》，世界知识出版社 1994 年版，第 186 - 187 页；谢益显主编：《中国外交史·中华人民共和国时期（1949 - 1979）》，河南人民出版社 1988 年版，第 72 页；王泰平主编：《新中国外交 50 年》，北京出版社 1999 年版，第 1484 - 1487 页；潘占林：“中国驻南使馆被炸之谜”，载《领导文萃》2008 年第 3 期；宦翔、曲颂、高石：《美军“误炸”事件危及叙利亚停火》，《人民日报》2016 年 9 月 19 日。

② Stephen C. Neff, Justice among Nations: a History of International Law, Harvard University Press, 2014, p. 133.

③ 何志鹏：《大国崛起与国际法》，《吉林大学社会科学学报》2017 年第 1 期。

础,对于任何一个国家而言都不可能完全摆脱。而作为一个在国际结构体系中占据重要地位的国家而言,更不可能不在这一体系中求取优势和主导地位。在第一次世界大战结束之后,美国已经具备了引领国际制度发展的能力,但它却没有很好设计、建构和遵从国际法体系,而是偏离了其一度主导的国际联盟。这不仅使国际社会进入 1919 到 1939 年之间的"二十年危机",而且对美国来说也是一种损失。① 相对而言,瑞士虽然仅仅是一个欧洲内陆的小国,却在 19 世纪 60 年代勇敢地承担起了召集世界各国确立战争与武装冲突的人道规则的重任,瑞士政府为世界各国提供国际法公共物品的行为,为其赢得了良好而广泛的认同,这使得到现在为止,瑞士还被视为国际舞台上的重要行为体。② 因而,意图成为国际社会中具有领导力的顶级强国,意图在国际社会中受到广泛的支持,就必须充分利用国际法律体系,而不能对其弃之不顾、置之不理。

2. 偏离国际法发展导致声誉降低的风险

对于国家而言,发展是一条长期而缓慢的路程,可能并不仅仅在于其一时一刻、一事一处的成败。正如一国可以赢得很多战斗、战役,却会输掉整个的战争。所以,不能仅仅考虑眼前的利益获得,而更应当考虑能否长期的保证和认可它的利益。而这种长期的利益实际上是基于该国的国际形象③,此种形象往往与文化紧密相关,文化的构成、形象的确立,更多是来自于该国的法律表达,也就是文化外交、公共外交的具体策略。在这一策略中,作为国家立场表达方式的国际法占据着重要的地位,对于国家的存在国家的发展具有非常重要的意义。例如,19 世纪以后,采用法律的方式解决国际争端成为世界进步的标志,英美两国就大量采用仲裁的模式解决其间的争议,获得了世界各国的认

---

① Edward Hallett Carr, The Twenty Years' Crisis, 1919 – 1939, Macmillan & Co. Ltd, pp. 12 – 16(1946).

② Max Habicht, The Special Position of Switzerland in International Affairs, 29 International Affairs (1953)457 – 463; Detlev F. Vagts, Switzerland, International Law and World War II, 91 The American Journal of International Law (1997)466 – 475.

③ 李正国:《国家形象构建》,中国传媒大学出版社 2006 年版,第 37 – 54 页。

同。其中特别是作为标志的阿拉巴马号仲裁案①,在世界历史上留下了光辉的印记。此时,坚持用武力征服的方式解决国际争端,就可能被视为开历史的倒车。尽管中国在历史上曾经为国际法的发展做出了不少重要的贡献,②但是总体上看,我们对于国际法的认同度不高,在实践中,我们确实会在是否利用国际法机制解决问题上非常谨慎。③ 作为一套本身不成体系、同时又很软弱的规范体系,国际法在更大程度上意味着相关国家如何表达自身的立场、利益和愿望,这对于塑成国家形象的一部分具有重要的价值,对于大国而言,也是最为重要的功能。如果不善于以法律的方式固定格局、确立权利义务与行为方式、解决纠纷,则即使能够在实体领域获得利益,仍然可能丢掉良好的声誉和合作机会。

绕开作为权利义务界分尺度的国际法,导致声誉降低,在纠纷解决方面也会成本增加。国际法是当前国际关系中界定权利义务、分清是非、界定你我最为便捷有效和低成本的工具,已经被所有的国家所充分认可。在此种情况下,即使在国际法律体系中确实存在着对某些国家不利的方面和领域,最注重要的方式也不是对于此种情况进行无限放大,甚至表达为对于国际法体系的背离,而是应当在充分尊重和应用法律机制去表达自身观点、维护自身利益的基础上,利用法律的解释空间和未定型特色,尤其是通过规范创制和法律解释的方式推动变革。在这种情况下,法律就会变成一个国家有效维护自身利益的重要手段,与政治经济文化等手段有效配合,成为国家走向强国之路的重要工具。反之,如果不善于应用法律的手段,而坚持利用政治、经济、军事等手段来解决纠纷,就有可能给本国带来非常高的交易成本,不仅使得纠纷难于有效解决,而且这些解决途径也会造成极为明显的后遗症。就此而言,采用法律的方式解决纠纷是最为合适的;而绕开法律的路径则是对国家相当不利的。由此可见,国际法对于国家长远发展的意义是非常重大、不可忽视的,失去了这种

---

① Cornelis G. Roelofsen, International Arbitration and Courts, in Bardo Fassbender and Anne Peters (eds.), The Oxford Handbook of the History of International Law, Oxford University Press, 2012, p. 164 - 165.

② 何志鹏、孙璐:《大国之路的国际法奠基——和平共处五项原则的意义探究》,《法商研究》2014 年第 4 期。

③ 姜世波:《大国情结与国际法研究的学术心态——从中国对国际司法的消极心态切入》,《山东社会科学》2009 年第 2 期。

长远的考量,而仅仅注重一个事件的处理,很可能会导致国家的短视,导致国家长远发展机会的丧失。

(二)认同风险与声誉风险的不可克服性

在已经发现习惯于疏离国际法而进行开放发展的思路中潜在的问题、了解此种路径依赖所可能带来的国家发展路途上的风险,就有必要进一步对于此种风险的严重性及其后果进行评估。

1. 国际法的制度弹性与观念力量

分析此种后果,必然先从国际法在国际关系中的存在开始。国际法虽然在形式上主要体现为条约、习惯,但是背后还有一种观念的力量。这种力量在学理上被称为自然法,①在国际法的具体表现形式(渊源)上被称为"一般法律原则",在一般生活中被称为公理和正义。关于自然法或者自然正义,虽然在人类存续的时空之内并没有显示出明晰的模式和范本,但并不等于完全没有尺度,甚至落入完全的怀疑或者虚无论;至少在比较的维度上,人们能够观察和感受到哪种更正当、哪种更有问题,而这种正确与错误、适当与不适当之间的差异,就可能决定一种行为或主张的支持率。在国际法的发展史上,长期经历着国际法在本质上究竟是自然法还是实证法的争论。早期的国际法学者鉴于国家之间的国际法实践较为有限,故而主要从自然法的角度考虑问题;而在此后的发展中,国家之间形成的法律规范越来越多,实证法逐渐占到了上风。然而,这种表面的趋势之下,其实还涌动着一种潜流,那就是在人们心中有一种关于正义的观念和关于社会发展方向的论断,符合这一观念和论断的国际法主张、国际关系行动就容易受到支持,反之就可能受到反对,直至彻底失败。从葡萄牙、西班牙的衰落,直到日本和德国在第二次世界大战中的陷落,莫非

① 自然法的观念无论在东方还是西方都存在过。其核心是植根于人们头脑中的是非理念。在西方,这一观念流传的比较久远,从古希腊索福克勒斯的《安提戈涅》开始,一直有序传承至今。有关研讨,参见[英]洛克:《自然法论文集》,刘时工译,上海三联书店2012年版;[德]海因里希·罗门:《自然法的观念史和哲学》,姚中秋译,上海三联书店2007年版;[澳]斯蒂芬·巴克勒:《自然法与财产权理论:从格劳秀斯到休谟》,周清林译,法律出版社2014年版;[美]理查德·塔克:《自然权利诸理论:起源与发展》,杨利敏、朱胜刚译,吉林出版集团有限责任公司2014年版;卢茂华:《自然法观念的变迁》,法律出版社2010年版;吴经熊:《正义之源泉:自然法研究》,张薇薇译,法律出版社2015年版。

如此。①

法律虽然基于社会、面对社会、被社会所决定和变更，然而它在自身组织化的进程中，也形成了一种“自创生系统”，具有自治性，能够进行正当性的自我证成，从而也就为社会生活、社会行为提供了一个判断正误的标准体系②。法律是一种正当性的象征符号。由于长期的熏陶，人们会形成对于法律的信念和依赖，甚至“即使我认为法律的规定是错误的，也会遵守法律”③。从国际关系和国际法的角度分析，在法治文化受到广泛认可和普遍推崇的当代世界，用法律的术语表达国家立场，用法律的逻辑陈述国家的意图，用法律的尺度衡量国家的行为，用法律的武器维护国家的利益，显然有利于树立这个国家的良好形象，提升这个国家的声望。因而，一个国家是否依据公认的国际法准则行事，是否在国际法的体系内表达自身的主张和利益，就决定了这个国家所可能获取的国际合作机会和支持度，影响着这个国家究竟能够顺利而有效地开放发展。

2. 认同风险和声誉风险具有系统性

国家采取疏离国际法的方式去寻求开放发展的道路，其面临的风险主要是外部的身份认同④和声誉评价。进而言之，当一个国家遇到争端、其他国家在采取法律的手段解决问题之时，这一国家采取了疏离甚至拒斥的态度，更倾向于采用硬实力的手段，也就是经济和政治实力的对比、甚至是军事力量的显示来试图解决问题，或者，将问题诉诸外交斡旋来解决，那么，就很难认为这个国家对国际法存在亲和性。在法律程序结束后，该国进一步争端解决的结果不予理睬，甚至表示了敌意，进而在存在争议国家的双边关系中或者多边关系中，反复表达了对协商方式的青睐，始终坚持采用经济或政治的手段解决问题，那么，人们就很难认可这一国家对于国际法的规范体系、对于法律的模式、法律的格局带有一种积极的、正面互动的态度。也就更容易相信，这一国家对

① 何志鹏：《国际关系中自然法的形成与功能》，《国际法研究》2017 年第 1 期。

② ［德］贡塔・托依布纳：《法律：一个自创生系统》，张琪译，北京大学出版社 2004 年版，第 11－12 页。

③ ［美］汤姆・R. 泰勒：《人们为什么遵守法律》，黄永译，中国法制出版社 2015 年版，第 76－83 页。

④ 如前所述，身份认同当然也包括其内部的形象认可或行为方式认同，但经过转换之后，国家发展的主要压力仍然来自于外部。

于国际法的疏远立场,不喜欢国际法,不愿意利用国际法,而更愿意采用法律之外的尺度来看待问题,愿用法律之外的手段来解决问题。如果一个国家总是试图用经济的政治的语言来表达自身的利益,通过外交协商的方式来塑造本身的行为模式,则该国在国际社会所塑造的形象就很有可能是人治和强权政治,该国在国际社会所受到的评价就很有可能是消极和负面的,这就能够解释为什么在很多时候某些国家在国际社会所获得的支持和认可率比较低。这种风险广泛而深远地涉及国家存在与发展的外在环境,全面影响国家的合作和可能和发展机会,故而具有系统性。

正由于国家对国际法的态度决定了其形象和外部评价,故影响重大。如果一国采用疏离国际法的方式去寻求国家的发展方略,其风险是较为长期而广泛的,可以视为一种系统风险,①是一个国家所难以承受的。他国对一国的认同缺失、声誉上的负面评价带有深刻而长远的影响,在很大程度上决定着这个国家的整体交往环境的顺畅程度和未来的合作机会。而对于国家来讲,外部环境与合作机会是国家自身很难迅速构建和获取的,故而这种风险是一种外部的整体的、系统性的风险,对于国家的发展而言,影响重大。

3. 认同风险和声誉风险后果的严重性与不可逆性

延续前述的推理,如果一国选择采用国际法之外的方式来确立它的外交政策框架、表达其在国际事务中的意志与要求,解决与其有关的利益问题,则其所面临的名誉、认同等风险都可能转换为发展道路上的阻碍。简单地说,这种风险就会使得一国成为世界各国难于接受的国家,从而各国关上与其合作的门径。显然,如果各国已将一国视为不遵守各国已经确立的规则和体制的国家,完全按照自己的意志行事而不顾他国意愿的国家,仅仅靠着强大的实力而追求自己的利益而不考虑国际社会基本共识的国家,那么各国在确立国际体系的时候会避开这个国家,在选择合作伙伴的时候会避开这个国家,在谋求发展道路的时候也会避开这个国家。疏离国际法方式开放发展的策略选择,

① 系统风险(systematic risk)是金融领域常用的一个概念,也称市场风险、不可分散风险,是指那些基于多种因素影响而导致投资者损失风险增大的情况。系统风险的诱因发生在经济实体外部,作为市场参与者的经济实体虽然能发挥一定作用,但本身无法完全控制。系统风险带来的波动面一般都比较大。黄达:《金融学》第 3 版,中国人民大学出版社 2012 年版,第 237 - 241 页。

不仅会造成国家整体发展环境的恶化,而且这种丢失的信任和名誉会长期影响一个国家而难于挽回。例如,日本在历史上进行侵略战争、日本军队在亚洲数个国家大肆屠杀的污点就长期难于洗净,会一直留在人们的记忆中,特别是受到污辱和损害的国家和民众的记忆中。如果在国际交往的过程中稍有影响该国态度的事实,即会被公众所关注,而无论这种情况出现于事件发生后的80年还是100年。在这一期间,即使日本在人权、人道、环境、发展等领域做出了多少努力,也很难见效。① 这就像在逻辑学上的一个反证就可以否证一个全称命题,而无论有多少支持的证据一样。比起能力风险而言,认同风险和声誉风险是软风险,但是也是长期风险,是不可逆的风险,是出现了相关的倾向之后很长时间难以扭转的风险。

总之,疏离国际法会给该国的国际形象带来负面的影响,这种影响从表面和短期看可能不会影响到该国的利益,但是从广泛和长久的效应上看却非常有可能对国家的发展带来灾难性的负面影响。此种负面影响会带来长期的、难以消除的后果,会成为国家开放发展的道路上的严重阻碍,几乎是不可解的,所以国家必须慎之又慎。进而言之,试图规避和防范这种风险,唯一的选择就是改换发展策略,转而采用积极支持国际法的方式去进行本身的发展。这实际上就走到了另一条发展道路上,需要我们进而分析如果采用积极支持国际法的方式进行发展,其遇到的风险何在,以及如何防范和抵御相应的风险。

---

① 例如2017年,人们发现日本APA酒店放置着歪曲历史的英文日文书籍,试图美化第二次世界大战期间日本的行为、否认南京大屠杀。中国的民众和官方都对此采取了十分明确的关注态度,并要求日本相关方面迅速采取行动撤掉相关书籍。而日本谋求联合国安理会常任理事国的席位未能得到诸国的支持,也与此相关,尽管日本对联合国的资金贡献非常显著。孙承:《论日本争当安理会常任理事国问题》,《现代国际关系》2001年第8期;张森林:《日本加紧谋求安理会常任理事国的动因》,《日本学论坛》2005年第1期;鲁义:《安理会常任理事国——日本的目标与动向》,《外国问题研究》1997年第4期;鲁燕、明明:《联合国安理会改革的程序与决策——以对日本的影响为中心》,《东北亚论坛》2006年第1期;张京:《浅析日本争当安理会常任理事国》,载《太平洋学报》2005年第5期;张碧清:《日本争当联合国安理会常任理事国的活动及前景——兼谈联合国的改革》,《日本学刊》1993年第3期。

三、借助国际法开放发展的风险及应对

借助国际法进行开放发展的策略选择将会面临观念风险和能力风险。当一国能够更多地采用国际法的手段确立本国的发展战略之时,则基于各国对于法律这一概念的广泛接受,对于法治这一理念的深刻认同,该国家的立场和行为方式就会受到更多国家和民众的接受与认可,如果国家的行为按照规则行事,工作模式公开透明,则其形象和声誉都会改善,国内支持度和国际支持度也会相应提升,在国际社会上的阻力就会减少,动力就会增加。不过,情况也不全然是一派乐观的景象。

(一)借助国际法开放发展的风险表现

如果一国采取借助和融入国际法的方式推进自身的发展,所可能遇到的风险主要包含观念风险和能力风险两个大的方面。

1. 长期疏离于国际法而存在的观念风险

中国长期属于国际法文化圈的边缘,所以在借助国际法的规范与体系开放发展为世界大国的进程中,必须直面观念认同上的风险,也就是国内主要的理论研究机构、智库和实践部门对于国际法应用的功能及适用可能上的怀疑声音甚至反对态度。概括起来,此种观念风险有三种理由:

首先,国际法应用的"文化差异论"。由于对于规范、体系、运行程序认知的差距,有些学者进一步提出了中国利用国际法上的"文化差异论"。具体而言,一些学术界和实践界人士认为,迄今为止的国际法主要仍然是来自于西方的思想观念、文化传统和社会生活的法律体制,无论从思想观念上,从实体规则上,还是从程序设计上,都带有很大的西方文化的色彩①。所以,国际法是西方文明的体现,它蕴藏着西方的价值观,在西方文明的土壤上生根发芽、开花结果,西方人能够熟练的掌握国际法的理论体系和话语体系②。反之,中国对这一体系非常陌生,距离非常遥远。如果要中国进入国际法的话语体系,用国

---

① Nigel S. Rodley and C. Neale Ronning, International Law in the Western Hemisphere, Springer, 1974.

② Karl-Otto Apel, Discourse Ethics, Democracy, and International Law: Toward a Globalization of Practical Reason, 66 The American Journal of Economics and Sociology (2007), p. 49 – 70.

际法的方式去认知问题、确立权利义务、划清行为界限,并确立行为方式,就等于是进入了西方国家的圈套。西方可能在这样的体系中获得好处、坐收渔利;中国则无论如何在这一体系中却都不能够获得利益,反之,只能是处于被支配的地位,日益受损。

其次,国际法功能的"硬实力优先论"。当代中国国际关系领域一个具有广泛影响的观点是硬实力优先论。这一观念的核心在于:人们根据中国近现代发展的历史得出一个结论:弱国无外交,落后就要挨打。所以中国要优先发展军事实力、经济实力,利用中国广阔的地理资源和军事和经济力量,去获得应得的利益。这些观点的持有者还利用中国的经历来予以佐证:在近现代历史上,作为一个弱国的中国,即使真的使用了国际法的机制,也没有有效地为中国争得权利。无论是从 1842 年的南京条约,①还是此后 1919 年中国代表团在参加巴黎和会的时候通过利用国际法上的原则、原理和规范争取在山东半岛的权益②,以及 1931 年通过国际联盟试图谴责日本,要求日本从中国的东北撤出③,都没有取得成功。并且以此为基础,认为弱国无外交、强权即真理、落后就要挨打。就此,这些理论家认为,用国际法是没有意义的,对于中国这样的国家,只有繁荣富强、成为世界大国,才是发展的正路,指望靠国际法而获得国家的发展和强大,不啻于痴人说梦。

再次,国际法态度的"美国榜样论"。应用国际法来推进中国发展,在中国广泛存在的一个观念是以美国的行为方式作为参照系。具体而言,就是很多外交领域的实践者和很多学者在讨论中国是否要遵守国际法,是否要尊重国际法的时候,每每提到美国也没有尊重、遵守国际法,美国破坏了很多国际法规则,美国对于很多国际条约都采取了不签署、不批准的态度,美国对于很多国际组织都持冷漠和批判的态度,等等。特别是 2017 年,美国特朗普政府所采取的逆全球化趋势,则中国是否要更积极密切地进入国际法体系就会有更多怀疑的态度。

---

① 这一条约和此后一系列不平等的基本情况和评价,熊志勇等:《中国近现代外交史(第二版)》,北京大学出版社 2014 年版,第 21 - 43 页。

② 吴东之主编:《中国外交史·中华民国时期(1911 - 1949)》,河南人民出版社 1990 年版,第 60 - 70 页。

③ 赵佳楹:《中国现代外交史(1919 - 1949)》,世界知识出版社 2005 年版,第 446 - 452 页。

2. 陌生于国际法运行而呈现的能力风险

如果中国利用国际法来辅助或促动开放发展,那么它面临的最大挑战就是,作为近半个世纪以来采用不多的行为方式,我们理论界的积累和实践界的准备明显不足。人们在缺乏路径依赖的情况下,在心理上会进入不舒适区,会有各种各样的担心。其所以忧虑的是在国际法的话语体系之内所提出的主张不为其他国家所接受,或者,在国际法的体系之内,中国的相关利益不能得到有效的认可和保护。

首先,国际法知识积累的不足。除了在国际贸易领域,中国自 2001 年入世开始对国际法采用了较为全面和深入的参与态度,我们对于国际法的总体格局了解仍不够全面、认识仍不够深入,相关的操作经验也很显不足。所以想要全面参与国际法的确立、发展、实施和遵守,压力会比较大。在这种情况下,中国是否能够真正充分地把握其知识内涵,确定是存在的变数的。作为处理国家之间关系的规范,国际法首先在中世纪以后的欧洲兴起①。对于亚洲国家而言,国际法更主要是一个继受的概念和体系②。无论是一个具体制度的经验和历史及现实语境,还是这些制度的文化脉络、历史经纬,我们都显得陌生;甚至对于国际法在国际关系中的功能,我们也是歧见叠出。因此,存在着诸多需要澄清的观念或者阐明的误解,这也就显示了我国知识界在国际法上的薄弱。

其次,国际法操作技术的差异。如果中国试图更多地借助国际法而促动其在国际社会的地位上升,必须面临的另一个现实问题就是中国的国际法实践经验比较单薄,与西方强国存在较大差异。虽然中国与近现代国际法接触、参与到现代国际法运行的经验并不缺乏③。即使不从《尼布楚条约》的签订来追根溯源④,就从 19 世纪 40 年代商定《中英南京条约》⑤起算,一次次的双边

---

① Andrew Clapham, Brierly's Law of Nations, 7th ed., Oxford University Press, 2012, P. 4 - 5.

② R. P. Anand, Studies in International Law and History: An Asian Perspective, Springer, 2004, pvi - viii.

③ Hungdah Chiu, Communist China's Attitude Toward International Law, 60 The American Journal of International Law (1966), P. 245 - 267.

④ 刘德喜:《论尼布楚条约的历史意义》,《新远见》2008 年第 9 期。

⑤ 王绍坊:《中国外交史·鸦片战争至辛亥革命时期(1840 - 1911)》,河南人民出版社 1988 年版,第 39 - 43 页。

条约谈判的经历，参加海牙和平会议等多边条约拟定及谈判的过程，特别是20世纪与列强商定修约、废约的艰苦历程，以及在巴黎和会提出收回青岛的要求、在建立联合国的旧金山会议上的系列主张①、在草拟《世界人权宣言》的工作进程中的协调②，都有很多值得汲取的经验。然而，这些事件不仅没有进行事后妥善的总结提炼，进入中国国际法教育和实践的文本之中③，而且当代中国国际法的学习者了解的都可能很少。④ 这当然和相关文件难于检索、中国语言文字近百年来发展变化巨大有关，也必然和中国经历了辛亥革命和新民主主义革命这两次重大的革命、政府更迭、思想观念变化巨大有关，还和对于国际法方面的操作技术重视不足有关。从这个意义上说，我们在很多国际立法、执法、司法事务上的经验，无论是实体规范还是程序规范的沉淀都明显不足。这显然不利于更多的采取和借助国际法来发展本国的对外交往。

再次，国际法专业人储备的薄弱。虽然中国国际法的教学研究从复兴到发展已经有超过30年的时间，但是，国际法人才欠缺的状况仍然没有得到根本上的改变。也就是说，迄今为止仍然欠缺高水平的国际法人才。从国际法格局看，在国际司法机构有数位中国派遣的法官，在国际法委员会有中国籍委员，并且都具有相当重要的影响。但是，在国际法领域最能够显示国家法律实力的是能够操作国际法律程序、应用国际法实践解决问题的外交官员和律师。在这方面，中国很显然仍然存在着比较大的缺口。正如很多学者都已经清醒

---

① 赵佳楹：《中国现代外交史（1919－1949）》，世界知识出版社2005年版，第1003－1013页。

② 鞠成伟：《儒家思想对世界新人权理论的贡献——从张彭春对〈世界人权宣言〉订立的贡献出发》，《环球法律评论》2011年第1期；黄建武：《儒家传统与现代人权建设——以张彭春对〈世界人权宣言〉形成的贡献为视角》，《中山大学学报（社会科学版）》2012年第6期。

③ 例如在这方面，外交学方面的一些进步值得国际法领域关注，例如钱其琛先生的《外交十记》世界知识出版社2003年版、吴建民先生的《外交案例》中国人民大学出版社2007、2014年版等。

④ 纵观当前中国的大多数国际法教材，除了有限的几个问题，如和平共处五项原则等，对于中国自身的国际法实践问题关注的都不多（其中有些可能并不是作者不愿意探索，而是出版程序方面的问题），台湾地区的某些优秀国际法教材值得肯定（如丘宏达：《现代国际法》，陈纯一修订，三民书局2012年修订三版），大陆地区教材对中国的阐述还不如20世纪80年代初王铁崖先生主编《国际法》法律出版社1981年版的状况，与国外的国际法教科书也很有距离。

地认识到的,中国国际法的教学和研究近数十年来虽然取得了长足进展,但由于存在着数次教育机制和人才的断档,对国际法的整体水平与需要尚有差距,深入而细致掌握国际法知识的程度还比较低,总体运用国际法的主动性和创造性还不高,这种知识的差距显然对发挥国际法的功能、运用国际法促动国家发展构成了束缚。这就会自然而然地导致当有些国家采用法律的方式对我们提出请求的时候,我们只能绕路采用经济协调或者政治磋商等方式去应对。因为这种人才的欠缺不是在短期之内能够解决的。所以,这可能是知识和能力背后更为根本和重要的原因。

这三个能力层面的风险相互联结,对于中国来说同样构成了较为严峻的挑战。如果中国不能够积极有效地应对,此种风险也很有可能给中国带来利益损失。不过,在借助国际法的手段去解决其所面对的国际问题的时候,中国面临的主要风险并没有疏离国际法认知和解决问题那么严重。这是因为,在当代世界,如果采用政治经济军事等物质实力的手段来形成自身的影响、维护自身的地位,那是一种威权的方式,虽然能够使其他国际社会的行为体一时被压服,却不能够使人们产生真正的信服。只有采用基本规则的手段来进行劝说,使人们同意其观点和立场,才能够建立起让人们心悦诚服的权威,才能够取得更为稳固的国际地位,从而更加有效地维护自身的权益①。在最近一段时间,中国在国际社会的主要需求是名誉和形象,这是中国可以借助国际法来达到的;而硬实力层面的因素,国际法本身能够决定的范围也很小、相应的功能就不是特别强,我们并不过于担心由于国际法能力的欠缺而失去,故而对于中国的实体利益影响也就没有那么严峻;而且在现实中,中国是可以通过建立国际法的理论与立场来提升国际法的能力、改变国际法的格局而予以解决的。

(二)观念风险与能力风险的应对策略

由上面的分析不难看出,国际法是开放发展的中国减小上行压力、克服开放发展之路上的困难、消除发展进程中的阻碍的重要工具。它不仅为中国参与和引领全球治理提供了制度介质,而且为维护中国利益提供了重要的规则基础。尤为重要的是,作为一种国家立场与倾向的话语表达,国际法对塑造中

① [法]耶夫·西蒙:《权威的性质与功能》,吴彦译,商务印书馆 2015 年版,第 32 - 34 页。

国的文明大国形象，提升中国作为负责任大国的声誉，巩固中国在各国政府及民众中的认可、信任与支持程度起着极为重要的作用。

1. 借助国际法发展的观念风险跨越

采用国际法的方式助推中国的开放与发展，从知识和能力的建设角度固然是面临着一切困难，也就是说存在的技术风险；但是，这种风险并不是系统性的、难于解决的。真正难于解决的却是一种观念上的倾向，也就是说，中国到底是不是有必要、有可能采用国际法的方式来发展自己？是不是在发展的路途上应当更多地借助于国际法这个体系和进程？① 只有对观念风险有着清晰而明确的认知并且由此而跨越，才有可能进一步考虑如何应对技术风险。所以，在此我们首先来澄清一下关于中国与国际法关系、借助国际法开放发展的几个观念上的问题。

首先，文化差异论与中国纳入国际法文化的可能性。文化差异论的观点有其合理的一面，那就是国际法确实在很大程度上代表了西方文化，在很多规则和制度上具有西方文明、西方传统的印记。但是这种观点也存在着事实与逻辑缺陷问题。问题的核心就在于：是不是来自一个文明的制度体系对于另一个文明而言就必然意味着损失和伤害呢？历史证明并非如此。因为，从理性的意义上看，有很多观念、原则、规则和制度并不仅仅属于一种文化，并不仅仅与一种文明连结在一起，而是符合人类整体的理性，符合人类共同的认知，属于国际社会或者是人类文明的共同成果。② 换言之，国际法在很多方面实际体现了西方国家和非西方国家对于世界秩序的共同追求。有人认为，包括南海仲裁案③在内的国际法问题，实际上是中华文明与西方文明之间的冲突，是

① 将国际法看成是一个动态的体系和进程，Rosalyn Higgins，Problems and Process：International Law and How We Use It，Oxford University Press，pp. 2 - 12(1994).

② 沈宗灵：《关于法律的移植与借鉴，参见论法律移植与比较法学》，《外国法译评》1995 年第 1 期；刘星：《重新理解法律移植——从"历史"到"当下"》，《中国社会科学》2004 年第 5 期；高鸿钧：《法律移植：隐喻、范式与全球化时代的新趋向》，《中国社会科学》2007 年第 4 期。

③ 在这一问题的为数众多的讨论之中，参见高圣惕：《论中菲南海仲裁案之"无效性"》，《国际问题研究》2015 年第 5 期；姚莹：《2014 年孟加拉国与印度孟加拉湾划界案评述——兼论对中菲南海仲裁案的启示》，《当代法学》2015 年第 4 期；张文显、马新民、吴慧、邹立刚、傅崐成：《关于菲律宾提起的"南海仲裁案"的法理分析》，《中国法学》2016 年第 5 期；邢广梅：《试论中菲南海仲裁案》，《国际关系研究》2013 年第 6 期。

西方文化话语优势的表现,中国在这个体系之中很难获益。对此似乎应当看得再广阔和长远一些。文明的差异、文化认知的区别固然存在,但是有些基本的观念还是可以达成共识的。而且,如果中国不甘于一直作为被剥削和边缘化的国家,而意在成为顶级大国,就不能总谈"特色",①而必须重点阐释"和谐世界"和"命运共同体",也就是在文明的差异中寻求共同点、寻求沟通的桥梁和对话的基础。② 进而,用自己的意志和价值观、利益取向去塑造国际法规范,凝聚国际法论断,形成国际法话语,用法律的方式表达中国,用法治的理念来向世界讲述中国的故事,用法律文化的话语来塑造开放发展的中国的形象。因而,无论是领土、边境问题,还是环境、人权问题,用国际法的术语和技术阐述中国的立场,并且让世界听得懂、听得进去,这一关是一定要过的③。

其次,硬实力优先论与中国利用国际法体制的必要性。在能否、应否妥善利用国际法方面,需要进一步跨越的是硬实力优先论的片面观念。硬实力优先论的观念不能说是错的,但至少是狭隘的、不全面的。因为一个国家运用国际法的能力本身也是一种实力,一种和制度、文化一样的能力,我们可以称之为"软实力"。从这个意义上看,"弱国无外交""落后就要挨打"的观点虽然在对事实的认识上并没有问题,但是在逻辑上、在比较的因素上,出现了误差。具体说来,根据科学研究的基本法则,有效的比较只有在变量单一,其他条件不变的情况下才是有效的。否则,一个分析结构中有两个以上条件都发生了变化,就很难说明其中哪一条件对于结果的差异具有因果关系或相关关系了。所以,在"弱小国家利用了国际法也没有很好地维护自己的利益"这一论断里,必须进一步筛选。我们发现,其中至少有两对具有变量性质的概念:(1)大国 - 小国,这是以国力强弱为尺度的变量;(2)使用 - 不使用国际法,这是以国际法实践的深入程度和技巧水平为尺度的变量。由此形成一个如下图表所示

---

① John N. Hazard, Renewed Emphasis Upon a Socialist International Law, 65 The American Journal of International Law(1971)142 - 148.

② 曾令良:《当代国际法视角下的和谐世界》,《法学评论》2008 年第 2 期;李赞:《建设人类命运共同体的国际法原理与路径》,《国际法研究》2016 年第 6 期;黄德明、卢卫彬:《国际法语境下的"人类命运共同体意识"》,《中共浙江省委党校学报》2015 年第 4 期。

③ 竹立家:《中国话语要让世界听得懂———当代"中国话语"及话语权构建》,《人民论坛》2013 年第 13 期。

的关系：

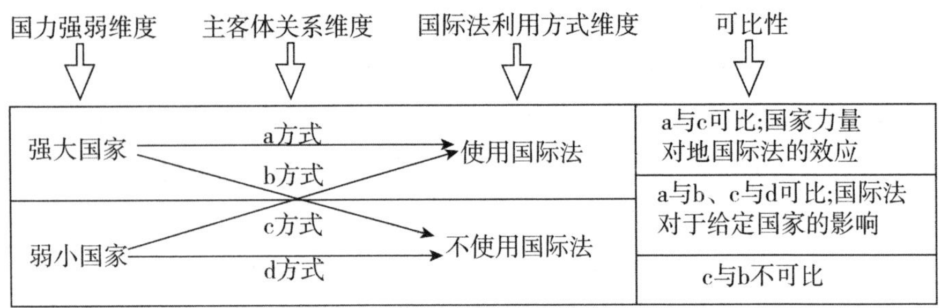

强弱国家与利用/不利用国际法的可比性图示

在这个结构关系中,我们发现,适于比较的是:(1)在都使用国际法时,大国和小国的收益差异,即上图中的 a 与 c 比较,此时我们比较的是国力对比在使用国际法的效果上有何不同;(2)对于一种给定的国家而言(无论是大国,还是小国,但是一定是一种国家),不使用国际法和使用国际法会有什么不同,即上图中的 a 与 b 比较,或者 c 与 d 比较,此时比较的是国际法对于给定国家的影响:究竟是利益增量,还是利益损失,亦或是利益无关。与此相对,如果同时比较在一种国家适用国际法、另一种国家不适用国际法的情况下的差异,即上图中的 b 与 c 比较,则无法进行有效的归因分析。也就是说,不能把弱国使用国际法和强国使用国际法来比较,也不能将弱国使用国际法和强国不使用国际法来比较。因为这种比较同时采用了两组不同的变量,比较的并不是国际法的意义,而是弱国与强国之间的关系,甚至,在弱国与强国之间的关系之外加上了更为复杂的因素,这种多重变量的比较是无法说明使用国际法到底能不能给国家带来利益的。既然从逻辑上讲,正确的比较方式应当是:对于一个给定强弱国家而言,它使用或者不使用国际法会产生什么样的结果,那么,回来分析“强权即真理、弱国无外交”的论断,如果说能够在这个语句中找到一个有效的分析的话,那就是国家力量的强弱对于其在国际关系中的收益具有关键影响,却很难进一步推出弱国使用国际法与不使用国际法无异,甚至还不如不使用国际法这样的结论。

继而,对于一个给定的国家而言,借助国际法和疏离国际法这两种外交路径,究竟哪一个对国家更有利呢?就中国的经验而言,清政府了解了国际法关于领海的规则之后,较为有效地解决了普鲁士与丹麦在大沽口出现的船舶扣押纠纷,①曾纪泽在出使俄罗斯之时也有效地回击了俄罗斯认为他没有权力修订前约的观点,虽然俄罗斯提出,签订前一条约文本崇厚的是爵位更高的官员,曾纪泽缺乏修约的资格;曾纪泽却根据国际法指出,其作为国家代表,行为方式与权限范围仅与国家授权有关,与官级、爵位无关。②

再来看那几个著名的例子:在中国签署《马关条约》之后,帝国主义干涉让日本归还辽东半岛,也是中国善用外交手段所取得的增量,也就是说,如果不善用外交手段,我们可能失去的会更多。顾维钧在巴黎和会有理有据地提出山东半岛应归属中国的观点,是不是有助于凡尔赛和约之后的华盛顿会议重新考虑中国的请求阻止日本占据青岛呢?我们可以想象,如果中国代表团在参加巴黎和会中没有很好地利用国际法来表达它自身的关切、主张自身的利益,那么中国也就没有任何机会在国际上受到关注、博得同情,也就很难在后来的华盛顿体系中,由于国家之间的差异、利益上的纷争,当然也包括对中国的认可和同情,而使得诸国认为日本不应当占有山东半岛。从这个意义上讲,中国利用了国际法这一工具、良好地使用了国际法的外交技巧,从而使中国获得了一种利益增量。

同样,在1931年,中国向联合国提出日本入侵中国东北的情势之后,虽然李顿调查团提出了让中国很难接受的建议,即将东北三省作为国际托管地,交由国际联盟进行托管。但是,仍然具有正面的效果,也就是日本试图在中国东北成立的满洲国遭遇了很多国家的否认。设若"九一八"以后中国政府没有在国联利用国际法机制寻求救济(当然,此种手段也不排除武力自卫的必要性和正当性,因为自卫是国家的天然权利,而非需要任何条约、阻止赋予的权利,③所以不抵抗肯定是值得怀疑的),在日本非法建立起伪满洲国之后,美国能提出著名的史汀生主义吗?欧美诸国能够深度同情中国并予以积极援助吗?美

---

① 王维俭:《普丹大沽口船舶事件和西方国际法传入中国》,《学术研究》1985年第5期;况落华:《大沽口船舶事件:晚清外交运用国际法的成功个案》,《安庆师范学院学报》社会科学版2006年第1期。

② 张海平、李理:《曾纪泽与国际公法》,《怀化学院学报》2006年第12期;蒋跃波、李育民:《试析曾纪泽伊犁交涉成功原因》,《湖南教育学院学报》2000年第4期。

③ 《联合国宪章》第51条,相关评论见Murray Colin Alder,The Inherent Right of Self-Defence in International Law,Springer,2013;Stanimir A. Alexandrov,Self-defense against the Use of Force in International Law,Kluwer International,1996.

欧对于日本意图的反对导致日本陷入了一个较为尴尬的局面,在一定程度上阻止了其在中国的大幅侵略扩张。这种情况的出现应当视为中国利用国际法而在原有的、较为不理想的结果基础上所取得的一点点改进。

这些例子可以说明,一个国家无论强弱,只要能够努力采用国际法这一外交手段、掌握国际法这一外交技术,就会在原有的基础上提升获益机会。或者,可以论断:对于一个给定的国家,把握和使用国际法能够带来利益增量。如果我们联系尼加拉瓜诉美国这样"蚍蜉撼大象"的例子①就会看出,这种归纳并不是基于小样本的片面推断。从这个意义上讲,无论是减少了损失还是增大了收益,都必须是看做由于我们使用合理的外交手段,具有妥善的外交技巧,而达到的正面效果,而不是于将这种效果忽视掉,仅仅考虑大国在这个体系之中占据的更多,因为我我们在这里要讨论的并不是大国和小国在一个体系中的收益问题,而是要比较一个给定的国家在是否使用国际法之后,究竟能否在利益上有所提升或改善的问题。从很多国际关系的历史证据上看,一个国家无论其强弱,只要善于利用国际法,采用妥当的法律外交手段,就能为其利益带来增量,反之,如果不善于利用国际法,给其他国家造成不良的印象,就可能为这一国家的发展带来负面影响。

所以,即使国际法在一定的历史条件下确实有一些对于弱小国家不利的方面,落后固然要挨打,弱国固然无外交,但是必须看到当代世界主题的变化。在这个全球化的时代,国家之间存在着复杂和深度的相互依赖。② 如果一个国家过于强硬,也会受到孤立,也可能会没有外交。一个完全的按自己意志行事而不考虑其他国家感受、不考虑国际社会形成的共同认可的规则的国家,它的发展机会、发展空间都会受到多方面的局限,最终也会使得这一国家的上升道路非常狭窄。而尤为关键的是,将国家发展、解决外交问题的重点置于硬实力上的态度,从侧面也反映了该国国际法操作能力的不足,对采用这种方式辅助划定与获得利益的无信心,以及对采用政治手段的路径依赖。

---

① Military and Paramilitary Activities in and against Nicaragua (Nicaragua v. United States of America), Jurisdiction and Admissibility, Judgment, I. C. J. Reports 1984, p. 392; Merits, Judgment. I. C. J. Reports 1986, p. 14.

② 对于这一问题的分析,苏长和:《经济相互依赖及其政治后果》,《欧洲》1998 年第 4 期。

再次，美国榜样论与中国利用国际法体制的重要性。美国榜样论的观点同样是似是而非的。首先需要明确的一个观点是，中国究竟要成为一个世界的顶级大国，要成为一个世界级的负责任的国家，还是要成为一个像美国一样的国家？美国虽然是当今世界的顶级大国，但是并不是所有国家的典范，更不是中国的榜样。我们必须承认，美国虽然在利用国际法方面取得很大成就，①不过在某些历史时期所采取的政策和态度都是值得商榷的，曾经有很多行为实际上是不符合国际伦理观念的，甚至在今天看来是错误的，也就是说它有很多道德上的负债。例如其长期主张的门罗主义实际上是一种将美洲视为自己的势力或保护范围的一种思维方式，这种思维方式虽然比殖民主义略显进步，但是从当前的文化自由民族独立的观点来看，仍然是保守和落后的。② 而美国通过其果品公司之类的跨国企业在拉丁美洲各国进行政治渗透，扶植亲美力量，推翻原有政府、建立其所喜欢的政府的模式，也同样是不合民心的③。如果说它试图建立起一个真正民主自由的体制，尽管违背了国际法的不干涉内政原则，从道义上讲，仍然是可以理解、可以接受、可以认同的话，那么他做扶植起来的一些独裁的军政府，就非常难于从任何意义上予以开脱。从而只能说是美国追求自身霸权，追求自身对其他国家控制的体现。同样的情况也存在于美国对印度尼西亚等非美洲国家的控制和遏制。这种情况，对于国际社会的发展，对于国际关系的正当化，对于国际法的良性发展、道德道路实际上是非常不利的。④ 美国在道义上的这些历史债务，包括在其本国发展的历史上采

---

① Shirley V. Scott, Is *There Room for International Law in Realpolitik?: Accounting for the US 'Attitude' Towards International Law*, 30 Review of International Studies (2004) 71 – 88.

② 罗荣渠：《门罗主义的起源和实质——美国早期扩张主义思想的发展》，《历史研究》1963 年 6 期；吴晓春、汪世林：《门罗主义——美国拉美政策的基石》，《当代世界》2006 年 7 期。

③ 刘德斌主编：《国际关系史》，高等教育出版社 2003 年版，第 431 – 432，482 页。

④ 侯猛：《评述美国当代的国际法观——兼论国际法解释》，《法学杂志》1997 年第 4 期；王孔祥：《美国"国别人权报告"之国际法评析》，《政法论丛》2005 年第 3 期；高英彤、娄淑华、高美华：《论当代美国国际法实践》，《社会科学战线》2007 年第 2 期；曾丽洁：《国际法领域的美国例外主义》，《当代世界与社会主义》2006 年第 4 期；李杰豪、龚新连：《论国际法体制与美国关系》，《湖南商学院学报》2007 年第 4 期；彭何利：《论后冷战时代美国霸权与国际法的交互关系——以科索沃战争与伊拉克战争为例》，《云南大学学报（法学版）》2011 年第 5 期；彭何利：《论大国兴衰与国际法的互动关系——以美国的历史经验为例》，《山东社会科学》2012 年第 7 期。

取的麦卡锡主义,试图去打击同情共产主义的人士,都证明是违背了人类发展的方向,试图阻挡历史前进的车轮。如果我们以这些为榜样,试图去效仿的话,那么中国将会成为一个什么样的国家呢?会不会是一个我们自己都无法接受的国家?我们希望中国仿效美国的榜样,成为一个世界的霸主,进而受到很多国家的反对吗?这显然不是中国的发展目标。

今天我们在世界上主张中国的开放发展、和平发展,主张中国作为世界上的负责任的大国,则美国在世界上的诸多不良行为恰恰就是我们应当避免、应当引以为戒的反面教材。正是因为美国在国际政治上采取方式的缺陷,以及很多观念的霸权主义、立场表现的不足,才使得国际社会对美国的做法、对美国的形象充满争议。虽然不能说美国所遇到的恐怖主义打击是罪有应得,不能说恐怖主义有正当的根据,但是,试想美国在外交事务上就没有任何需要反思和检讨的问题吗?如果唯美国的马首是瞻,我们也可能像美国一样,遭到很多国家的反对。所以,中国一定要比美国做得更好,而不能是美国为恶的时候,我们也为恶。

从以上几个方面可以看出,中国在开放发展和引领全球共同进步的路上,必须放弃看待国际关系的陈旧眼光,要深刻理解全球化在各个维度的表现,切实考虑如何应对全球风险;从而,既维护中国自身的发展和利益,又促进世界各国的友好关系,达成全球人民全面、持续、有效的发展。

2. 借助国际法发展的能力风险抵御

前文已述,如果中国借助国际法开放发展,面临的主要是技术风险。这种风险,比起其所带来的潜在利益而言,是非系统性的,是可以抵御的。那么,如何防御和应对此种风险呢?最好的方式是对国际法在当代世界的功能有较为明确的认知。具体而言,就是看清国际法在确立规则、建构世界体系、形成国际权利义务模式方面所具有的积极作用;在界定是非、正误方面所具有的能力,与此同时也充分看到国际法的局限性,也就是说,国际法并不足以以其全部的力量来支撑起一个国家的利益需求,也不足以通过规则和单纯的法律程序机制来遏制一个国家的利益和主张。

首先,需要从规范精熟到原理把握,丰富国际法的知识。强化中国在当今世界全球治理中的地位,融入作为全球化制度基础的国际法,必须建立信心、解放思想,不仅仅要了解国际法各个领域各个方面的知识,更要领会国际法的功能。要想熟练地运用国际法,就要求从国际法的操作角度,去通盘了解国际法的精神,掌握国际法律规范解释的方法,抓住国际法程序中可以利用的机会①。只有这样,才能够真正将法律灵活应用,才能够真正利用法律的方式确立本身的地位、维护自身的利益。②

其次,从制度应用到体系创新,强化国际法的能力。和平开放发展的中国需要有效利用已有的国际地位与实力,特别是作为国际法规则的制定者、执行者,制定和维护既有利于世界和平又有利于中国和平开放发展的国际法律制度。国际法是一个系统的知识和运作体系。从这个意义上讲,仅仅了解字面上的规则、仅仅对于国际法的文本有充分的认识和把握还是不够的。关键是需要对于国际法规范背后的文化、国际化运作的过程有着较为深刻的把握和较为熟练的操作能力。比起法律判断的是非善恶,更重要的是充分认识到国际法体系中的灰色地带,通过规范的解释和创造来表达自身的观念,而且应时刻铭记始终用法律的语言表达自身的立场。只有这样才能真正地使用这一规则体制对于国家的利益进行有效的维护。中国存在着诸多利益可以用国际法的形式进行争取和维护。其中包括边界与海洋利益,例如在陆上边界与印度尚有争端,在海上与日本、越南、菲律宾等国也有不同的主张和声索。③ 包括贸易利益、知识产权利益,特别关注的是越来越多的走向世界的中国公民的利益④,中国必须使用作为规范的国际法维护自身利益。

---

① Sean D. Murphy, Principles of International Law, 2nd ed., West, 2012, P. 125.

② 尽管1954年以后,印度总理尼赫鲁曾经在全球范围内宣扬和平共处五项原则,并且被称为尼赫鲁世界观的意识形态核心(见[美]诺曼·里奇:《大国外交:从第一次世界大战至今》,时殷弘译,中国人民大学出版社2015年版,第295页);尽管中国总是很谦逊地表示和平共处五项原则是两国共同倡导的,但是必须说明的是,这五项原则是中国首先提出的。周恩来在1953年12月31日接见参加中印关于西藏地方和印度的关系问题谈判的印度代表团的时候,就提出了"互相尊重领土主权、互不侵犯、互不干涉内政、平等互惠和和平共处"这五项原则,后来的具体表述虽然有微调,但是基本内容并无变化。见中共中央文献研究室编:《周恩来年谱1949-1976上卷》,中央文献出版社1997年版,第342页。

③ 赵卫华:《中越南海争端解决模式探索——基于区域外大国因素与国际法作用的分析》,《当代亚太》2014年第5期;赵卫华:《越南的南海政策及中越关系走向——基于国际法与区域外大国因素的分析》,《太平洋学报》2015年第4期。

④ 王百强:《国际合法性与崛起国的遏制规避:冷战后中国国际合法性诉求的解释》,中国政法大学出版社2016年版。

在国际法的应用能力上,要注重创新。充分观察和评估现有国际法体系所存在问题的基础上着力改革和发展,去除现有国际法体系中存在的弊端,展现和提升国际法的公平和合理的方面。当代国际关系体系和现行的国际法的显著问题是,很多规范带有陈旧的时代烙印和昔日强权政治的特征,与中国的观念主张或利益需求与方向并不一致,这使得中国的主张具有很大程度的特殊性。不过,对于当代中国,更需要勇敢、直面的是国际关系发展的现实:"任何大国的崛起都具有时空性,大国崛起既要打破原有的国际法律秩序,又要创造有利于维护自身利益与发展的国际法律新秩序。"①在这一境况下,必须充分认识到国际法自身的未定型性②。也就是说,国际法规则及其解释具有很强的可塑性,很多规则仍然处于发展的进程之中③。中国可以充分利用国际法的不完善、不全面、不确定的特征,从规范确立和规范解释的角度来促动国际法的规范和体系创新,在实体规则、组织模式和程序机制上体现出与以往不同的新特征。中国所引领的亚投行、金砖国家开发银行和"一带一路"倡议,都增加了中国的凝聚力④。此种凝聚力不是像传统的西方大国那样用胡萝卜加大棒的方式去逼迫各国接受一项国际规则,而是用中国高速发展的综合实力和文化制度的软实力,吸引各个国家,通过倡导合作互利共赢的理念,增强中国的国际凝聚力,并用这些远胜于雄辩的事实引领国际社会的规则确立,以开放共享的形式规避全球风险社会、促动全球发展。此时,中国所引领和主导的国际规则不仅符合中国的国家利益和主张,而且也符合包括发达国家在内的绝大多数国家的期待,各国也就能够更为积极、主动、自愿地遵守这些规则,增加了这些规则的权威性,也提升了中国被世界各国认同的可能性。这种制度创新使得国家利益、国家主张与国家倡导的国际法彼此适合、协同进化。概言之,作为开放发展大国的中国,既要善于利用原有的规则和原则来表述自己的利益,也要善于创制新的概念和论断。并且最重要的是用实际行动来表达对其观点和立场的维护,体现出一种立场的持续性。

---

① 蔡高强:《大国崛起与国际法的发展——兼谈中国和平崛起的国际法环境》,《湘潭大学学报》哲学社会科学版 2009 年第 4 期。

② James Crawford, Chance, Order, Change: The Course of International Law, Hague Academy of International Law, 2014, P. 175 – 207.

③ 韩逸畴:《国际法中的"建设性模糊"研究》,《法商研究》2015 年第 6 期。

④ 何志鹏:《"一带一路"与国际制度的中国贡献》,《学习与探索》2016 年第 9 期。

再次,从学术培养到实践互动,锻炼国际法的队伍。既然我们已然相信,用国际法的话语表达中国的希求和立场、利益和方向是中国公共外交的重要方面,也是外交工作者、国际法学人的重要职责,那么就必须认真考虑中国如何提升法律外交的能力,培养起法律外交的队伍。这种培养必须从大学或者研究所的国际法教育作为起点,而将中国国际法实践界和理论界的良性互动作为目标。具体而言,形成和锻炼中国国际法的队伍包括以下四个相互联系的方面:(1)良好的大学教育。大学阶段的国际法人才培养是当代中国国际法队伍的基础。只有在这一阶段受到方向正确、方法妥当的国际法教育,才有可能为将来的国际法理论和实践队伍的建立奠定良好的基础。当代中国大学的国际法教育总体上是可以接受的。但是,以注重中国实践、强调中国理论为核心导向,更优秀的的教材、更敬业的教师、更切中实践问题的教学内容与形式仍然是非常重要的,在很多教学单位仍然有必要高度重视和显著提升。在大学教育期间,除了国际法的知识、观念、方法与技术之外,还应当注意培养学生的独立精神与自由思想,使之在将来的职业生涯中具有专业的完整人格。(2)顺畅的人才遴选机制。在大学毕业生中为"律师的国家队"遴选进入中国国际法专业人才团队时,应当建立更为妥当的标准。片面注重某些基础知识或普遍能力的考试成绩显然不利于筛选出更具有法律专业素养和应用能力的潜在申请者。国际法的宏观认知、应变能力,以及这一领域的工作热情、团队精神可能更是这个高水平团队所需要的素质。所以,在人才遴选的进程中,应当更多强调这些因素,而适当降低普通素质的权重。(3)理论界与实践界的良性互动。由于分工差异和目标的区别,国际法领域必须分割为理论界和实践界。理论界需要实践界的信息支持与问题导引,实践界则需要理论界的战略思维和观念点拨。为达此目的,需要实践界为理论界提供主要面临的挑战的相关资料源,设立研究项目和问题清单,通过研讨会、咨询委员会等方式,为反思中国国际法实践所存在的问题、反馈中国国际法观念和理论取得的成就和所面临的挑战、检视中国国际法实践的成就和问题提供机会。(4)设立更为广阔的旋转门(revolving door)机制。① 所谓旋转门,就是为理论研究领域的专家提供

① See,e. g. ,Jessica Carrick Hagenbarth and Gerald Epstein,"Revolving Doors:Affiliations, Policy Space and Ethics"46:53 Economic and Political Weekly(2011)37 -41.

进入实践操作第一线的机会；反过来，也为从事实践工作的专家提供进行理论研究或者教育教学的机会。通过此种旋转门的设立，使得原来在实践部门获得的信息为理论和教学服务，也使得在理论层面沉淀的思想与见解进入实践基地进行检验，更主要的是通过工作群体、项目团队的转换提供一种相互交流、拓展思维和更新观念的机会，使得相关专家不至于一直拘泥于原来的视野，从而在思想上有所刷新，在工作领域工作方法上有所拓展，这显然有助于进一步提升中国的国际法理论队伍和实践团队，这样的团队才能更有效地表达国际法话语，提升中国形象。

四、结语

在当前这个国际关系遭遇逆全球化浪潮的阶段，中国正在以更为积极主动的姿态参与全球化与全球治理。此时，就必须借助于国际法，而不能漠视、疏离、罔顾国际法。从前面的分析可以看出，不采用国际法而试图达到自身开放发展的目标，会形成自我认同和公众认同的缺失，这种观念上的风险所可能导致的损失是无法弥补的，是极为严重的。在历史上，包括德国、日本在内的很多国家在崛起之路上遭遇重大危险的事例都充分说明，不能够很好地选择自身的发展道路、发展模式，是很有可能对发展的结果产生灾难性的负面影响。所以，作为一个理性的国家而言，明智的策略选择就是改弦易张、放弃此种模式；旗帜鲜明地倡导和借助国际法去达至自身强大的目标。

如果中国在开放发展的过程中确立积极地采用国际法的方式来维护自身的利益、表达自身的立场、确立自身行为方式的策略，则在国际社会上有可能受到更多的理解和支持，其风险主要存在于观念和能力层面，而这种观念和能力层面的问题是非系统风险，是通过自身的努力可以解决的。因为无论是知识的全面深入掌握，能力的炼成达标，还是人才的补充充足，都是可以通过不断的学习和培养与改进的。特别是对于中国这样的国家而言，其学习能力、人员数量，都在世界上占据着极为令人羡慕的地位，在这种情况下，如果能够确立起认真学习、积极研究、深入探讨的观念，则采用国际法的方式进行开放发展，并不是一个非常大的困难。

在解决发展手段的困惑、明确解决国际法发展的总体方略之后，就需要进一步思考中国抵御与化解观念风险、能力风险的国际法对策与进路。应对观念风险,关键是要理清“文化差异论”“硬实力优先论”和“美国榜样论”可能带来的误导,让社会公众清晰地认识到国际法能够起到的作用是正面、而不是负面的;谨慎、冷静、理智地判断采取行动的国际法方式和方法,对于有效地解决争端、有效地树立本国发展的形象、有效地获得本国所预期的利益是极为关键的。而应对能力风险,力求很好地利用国际法,这既需要顶层设计上的智慧,也需要具体路径上的技术。为此,有必要扎实努力,不仅能够精熟国际法的规范,而且能够洞悉国际法的原理,把握国际法的精髓。进而,不仅能够有效应用国际法的制度,而且能够结合中国的全球化主张和世界格局理念,进行体系创新。并通过严谨规范的学术培养、不拘一格的人才筛选制度、理论与实践良性互动的反馈机制,构建起通过国际法推进中国开放发展的专业团队。

总之,中国需要尽力地支持、认识、了解和把握国际法,用国际法的语言来表达自身的立场和愿望,用国际法的方式来解决其存在的矛盾和问题,以法治国家的形象去获得其他国家的认可,从而促进中国发展的积极因素,阻滞中国发展的消极因素,以国际法治的引领者和维护者的形象矗立于世界民族之林。

(原载于《政法论坛》2017 年第 3 期)

开放发展：中国共产党发展观的新飞跃*

以习近平同志为总书记的党中央提出的开放发展理念，准确把握当今世界和我国发展大势，直面我国对外开放中的突出矛盾和问题，在新的历史阶段为中国开放发展提供了重要的理论指导和思想支持，体现了我们党对经济社会发展规律认识的深化，是中国特色社会主义开放发展理论的丰富和提升。

一、开放发展是中国特色社会主义发展理论的重要组成部分

习近平总书记指出："坚持和发展中国特色社会主义是一篇大文章。我们这一代共产党人的任务，就是继续把这篇大文章写下去。"①发展问题是中国特色社会主义必须解答的问题。马克思主义认为，世界是普遍联系的有机整体，同时又是变化发展的。社会发展是有规律的，应是一种全面、协调和可持续的过程；社会发展与人的本质、人的价值和人的全面发展密切相关。马克思主义是党关于开放发展理念的思想渊源和立论基础。三十多年来，从邓小平提出"发展是硬道理""坚持改革开放是决定中国命运的一招"②，江泽民提出要积极推进全方位、多层次、宽领域的对外开放，到胡锦涛强调要把改革开放贯穿中国社会发展的始终、贯彻到治国理政各个环节等，对外开放和改革成为鲜明的中国特色，开放发展成为推动中国特色社会主义繁荣富强的强

---

* 本文作者：孙兰英，天津大学马克思主义学院教授。

① 《习近平在新进中央委员会的委员、候补委员学习贯彻党的十八大精神研讨班开班式上发表重要讲话强调毫不动摇坚持和发展中国特色社会主义在实践中不断有所发现有所创造有所前进》，《人民日报》2013 年 1 月 6 日。

② 《邓小平文选》第 3 卷，人民出版社 1993 年版，第 368 页。

大动力。党的十八大以来,以习近平同志为总书记的党中央面对新形势、新任务和人民的新期待,高瞻远瞩,统揽全局,深思熟虑,从我国经济发展的阶段性特征出发,系统提出"创新、协调、绿色、开放、共享"的新发展理念,进一步明确了发展依靠谁、为谁而发展、发展成果由谁分享的问题。开放发展就是要坚持统筹国内国际两个大局,深化全方位对外开放,努力形成深度融合的互利合作格局,推动新一轮更高水平的开放,以扩大开放带动创新、推动改革、促进发展。

改革开放三十多年来,我们党围绕开放发展形成了一系列重大战略思想,包括实行对外开放的基本国策,坚持"引进来"和"走出去"相结合,统筹国际国内两个大局,充分利用国际国内两个市场,奉行互利共赢的开放战略,打造陆海内外联动、东西双向开放的全面开放新格局等。习近平总书记高度重视厚植开放,使之成为应对各种全球性挑战,完善互利共赢、多元平衡、安全高效的开放型经济体系,促进国内产业结构优化升级,增强我国经济综合竞争力的核心理念。开放发展既是国内经济结构调整升级的现实需要,又是顺应世界经济一体化大趋势的睿智选择。开放发展要解决发展内外联动问题,提高对外开放质量、发展更高层次的开放型经济。开放发展理念包含主动开放、双向开放、公平开放、全面开放、共赢开放等重要思想,将全方位升级我国开放型经济。开放发展理念不仅客观反映了社会主义建设的基本规律,而且以全新的视野深化了对共产党执政规律、社会主义建设规律、人类社会发展规律的认识,丰富和发展了中国特色社会主义发展理论的内涵,是中国特色社会主义理论体系的重要组成部分,是对马克思主义发展观的继承、运用和创新。

二、开放发展体现了中国顺应时代潮流谋求国家繁荣发展

在推进中国特色社会主义的伟大历史进程中,以习近平同志为总书记的党中央继承发展中国共产党人关于时代问题的基本战略思想,准确把握当今世界和我国发展大势,科学判断时代条件的发展变化,直面我国对外开放中的突出矛盾和问题,创造性地提出了体现时代潮流、引领时代前进的开放发展的新理念、新思路、新战略,体现了中国谋求繁荣发展的现实要求。

经过三十多年改革开放,我国实现了由解决温饱到总体上达到小康的历

史性跨越，经济规模居世界第二，货物贸易、外汇储备规模居世界第一，中国蕴涵着巨大的发展潜力和发展空间，具备进一步扩大开放的基础和条件。但是，经济发展中不平衡、不协调、不可持续的问题依然突出，影响科学发展的体制机制障碍依然存在，来自人口资源环境等方面约束的巨大压力依然严峻。改革逐渐进入深水区，必须增强改革意识，提高改革行动能力，围绕破解经济社会发展突出问题的体制机制障碍，以高水平开放推动全面深化改革的进程。随着我国经济发展进入新常态，加快转变经济发展方式和提高发展质量和效益的任务更加紧迫。因此，如何抓住和用好重要战略机遇期，如何坚持引进来和走出去并重，把握利用好两个市场、两种资源和两类规则，在积极推进双向开放的过程中，更好地促进国内国际要素有序流动、资源高效配置、市场深度融合；如何把握复杂多变的国际形势，有力应对来自国际环境的各种挑战和风险；如何坚持不忘初心，把人民的利益和国家的利益安全放在心中最高的位置，实现互学互鉴、互利共赢、共同发展的目标等，实践的发展要求中国共产党创造性地对发展的理念和实践与时俱进地进行创新。习近平总书记强调，“改革开放只有进行时、没有完成时”①、中国开放的大门不会关上，“坚持开放发展，顺应中国经济深度融人世界经济的趋势，奉行互利共赢的开放战略，发展更高层次的开放型经济”②。我们要通过牢牢把握对外开放的主动权，敢于啃硬骨头，敢于涉险滩、闯难关，进一步丰富开放的内涵、提升开放型经济水平、完善开放体制机制，不断为我国改革发展注入强大动力。

当今世界多极化、经济全球化、文化多样化、社会信息化深入发展，全球治理体系深刻变革，国际经济合作和竞争格局深刻变化。随着世界经济在深度调整中曲折复苏，新一轮科技革命和产业变革蓄势待发，全球性问题相互交织，新旧矛盾相互叠加，世界经济、政治、社会等领域的不稳定不确定因素明显增多，但和平发展、合作共赢仍是时代潮流，“和平、发展、进步的阳光足以穿透

---

① 习近平：《在布鲁日欧洲学院的演讲》，《人民日报》2014 年 4 月 2 日。

② 《习近平会见基辛格等中美“二轨”高层对话美方代表》，《人民日报》2015 年 11 月 3 日。

战争、贫穷、落后的阴霾"①。在国际经济大调整的关键时期,各个国家之间既要共同携手应对和解决经济全球化过程中遇到的各种问题和挑战,同时又面临各国之间抢占经济制高点、谋求国际制度性话语权的激烈竞争。我国长期坚持对外开放,经济社会发展取得巨大成就,人民生活水平显著提高,这既有利于中国,也有利于世界。但是,人均国内生产总值同世界平均水平相比还有不小差距,我国的对外开放水平总体不高,在实现开放的过程中各种矛盾依然突出。正如习近平总书记指出,"实践告诉我们,要发展壮大,必须主动顺应经济全球化潮流,坚持对外开放,充分运用人类社会创造的先进科学技术成果和有益管理经验。要不断探索实践,提高把握国内国际两个大局的自觉性和能力,提高对外开放质量和水平。"②中国始终不渝奉行互利共赢的开放战略,不仅致力于中国自身发展,也强调对世界的责任和贡献;不仅造福中国人民,而且造福世界人民。

开放发展正是在深入把握国际国内发展大势的基础上提出来的。开放发展理念要求主动开放,即更加积极主动地扩大对外开放,充分运用人类社会创造的先进科学技术成果和有益管理经验;要求双向开放,即坚持引进来和走出去并重,更好地统筹国际国内两个市场、两种资源、两类规则;要求公平开放,即积极构建公平竞争的内外资发展环境,增强外资企业在中国长期发展的信心和决心;要求全面开放,即全面布局开放举措、开放内容、开放空间,打造陆海内外联动、东西双向开放的全面开放新格局。因此,它所倡导的对外开放,是要以新思路、新举措发展更高水平、更高层次的开放型经济;既立足国内,充分发挥我国资源、市场、制度等优势,又需要在充分开拓两个市场、统筹利用两种资源、合理衔接两类规则的基础上把握大局。

三、开放发展是对我国改革开放成功经验的新概括

开放发展理念不是凭空产生的,而是源于我们党对国内外发展经验的深刻总结,是理性审视我国发展现状,进一步拓展经济发展空间、提升开放型

---

① 《习近平总书记系列重要讲话读本(2016 年版)》,学习出版社、人民出版社 2016 年版,第 265 页。

② 《习近平总书记重要讲话文章选编》,中央文献出版社、党建读物出版社 2016 年版,第 399 页。

经济发展水平的必然要求。三十多年来,中国共产党始终坚持解放思想、实事求是、与时俱进、求真务实,不断推进理论创新和实践创新,做出实行改革开放伟大决策,把党和国家工作重心转移到经济建设上来,开启我国开放发展的新航程,我国经济社会实现了前所未有的发展。新时期的开放发展理念是对三十多年来我国发展经验的总结,体现了对我国经济发展规律的科学认识和世界经济发展趋势准确把握。人类的历史就是在开放中发展的。任何一个民族的发展都不能只靠本民族的力量。只有处于开放交流之中,经常与外界保持经济文化的吐纳关系,才有利于发展,这是历史的规律。在经济全球化迅猛发展的新时期,市场的国际化程度越来越高,各个国家经济联系越来越密切,更需要各个国家秉承合作共赢的发展理念,共享开放发展的成果。

改革开放三十多年来,我国由解决温饱问题到实现经济的可持续发展,实现了由贫穷落后的大国到世界第二大经济体的转变。我国成功的发展经验表明,开放发展能扩大市场,深化分工,充分发挥各种优势。也让我们认识到,在经济发展新常态下,要把我国的发展置于广阔的国际空间中,坚持更大程度和更高水平的开放发展,打造高水平的开放型经济发展模式,更大力度的吸收发展所必需的市场、资金、技术、机遇和人才,从而增强自身经济实力。2015 年 9 月,习近平总书记在主持召开中央全面深化改革领导小组第十六次会议时强调:"以开放促改革、促发展,是我国改革发展的成功实践。改革和开放相辅相成、相互促进,改革必然要求开放,开放也必然要求改革。要坚定不移实施对外开放的基本国策、实行更加积极主动的开放战略,坚定不移提高开放型经济水平,坚定不移引进外资和外来技术,坚定不移完善对外开放体制机制,以扩大开放促进深化改革,以深化改革促进扩大开放,为经济发展注入新动力、增添新活力、拓展新空间。"①不断扩大对外开放、提高对外开放水平,以开放促改革、促发展,是我国发展不断取得新成就的重要法宝。

---

① 《习近平主持召开中央全面深化改革领导小组第十六次会议强调坚持以扩大开放促进深化改革坚定不移提高开放型经济水平》,《人民日报》2015 年 9 月 16 日。

四、坚持开放发展有利于全面建成小康社会和实现中华民族伟大复兴的中国梦

一个国家能不能富强，一个民族能不能振兴，最重要的就是看这个国家、这个民族能不能顺应时代发展潮流，掌握历史前进的主动权。目前，无论是发达国家还是新兴经济体，都面临经济结构调整和中低速增长的压力。中国进入了全面建成小康社会的决胜阶段，针对当前国内国际的新变化、新发展、新态势，我们党再次将开放发展放在国家发展中的重要位置。围绕全面建成小康社会和实现中华民族伟大复兴的中国梦，习近平总书记强调，"中国梦的本质是国家富强、民族振兴、人民幸福。我们的奋斗目标是，到2020年国内生产总值和城乡居民人均收入在2010年基础上翻一番，全面建成小康社会。"①实现中国梦必须走中国道路、弘扬中国精神、凝聚中国力量。实现中国梦必须坚定不移走和平发展道路，坚定不移深化改革、扩大开放。中国梦不仅与中国人民追求美好生活的梦想相连，也"是和平、发展、合作、共赢的梦，与包括美国梦在内的世界各国人民的美好梦想相通"②。中国梦同各国寻求国家发展振兴、人民富裕幸福的追求和梦想息息相通。中国倡导各国要树立命运共同体意识，愿同各国在实现理想的道路上携手并肩、心心相印、互帮互助，发挥各自优势，挖掘合作潜力，实现互利共赢。我们只有在补齐短板和提高开放能力的水平上，完善法治化、国际化、便利化的营商环境，深度融入全球产业链、价值链、物流链，才能在全面建成小康社会的同时，兼顾到更长远时期的发展要求，才能为实现第二个百年奋斗目标奠定更为牢靠的基础。习近平总书记指出："我国已经进入了实现中华民族伟大复兴的关键阶段。中国与世界的关系在发生深刻变化，我国同国际社会的互联互动也已变得空前紧密，我国对世界的依靠、对国际事务的参与在不断加深，世界对我国的依靠、对我国的影响也在不断加深。"③在全面建成小康社会的决胜阶段，中国在利用世界的机遇，世界也在分享中国的机遇。我们要善于抓机遇，统筹考虑和综合运用国际国内两个市场、国际国内两种资源、国际国内两类规则，坚持高水平引进来和大规模走出去并重，吸引外资与吸引技术、吸引智力并举，打造内外联动的开

① 《习近平接受拉美三国媒体联合书面采访》，《人民日报》2013年6月1日。

② 《习近平同奥巴马总统共同会见记者》，《人民日报》2013年6月9日。

③ 《中央外事工作会议在京举行》，《人民日报》2014年11月30日。

放型经济发展模式，以开放提升发展空间，不断突出开放在我国和世界经济发展中的重要性。依靠改革开放释放出新的发展活力，提高我国在全球范围内配置各类资源、集聚创新要素的能力和效率，为国内经济持续发展提供新动力和新空间。因此，开放发展理念的确立必将进一步拓宽实现“两个一百年”奋斗目标的发展道路，进一步拓展实现中华民族伟大复兴中国梦的发展空间。

（原载于《中国高校社会科学》2016 年第 5 期）

习近平开放发展理念与中国开放道路的总结展望*

一、对外开放的成就

习近平总书记的开放发展新理念不是凭空提出的，而是继承中国特色社会主义的开放理论，进一步总结中国对外开放的实践经验而形成的。

1. 对外开放是国内改革与发展的重要原动力

中国渐进性改革的特点之一，是以开放促改革。对外开放引进了国际竞争因素，提供了外汇、设备、技术和营销渠道，还提供了市场经济的思想、经验和标准，给国内经济增添了活力和压力，给国内改革也增添了拉力和动力。

2. 对外开放取得巨大成绩

38 年的对外开放，取得巨大成就。我国进出口总值从 1979 年的 293 亿美元增加到 2015 年的 39600 亿美元，出口年增 15% 以上，进口年增近 15%；新设立外资企业从 1983 年的 430 家增加到 2013 年的 22773 家，实际使用外资金额从 1983 年的 9.2 亿美元增加到 2013 年的 1239 亿美元，累计达 14000 亿美元。2008 年我国出口额超过德国跃居世界第一，2013 年我国进出口总额超过美国跃居世界第一；2013 年吸引外资 1239 亿美元，为世界第二，对外投资为世界第三。38 年平均出口额 15% 以上的增长，带动了全国经济以近 10% 的平均速度增长。国家外汇储备从 1978 年的 3 亿美元增加到 2015 年的 43000 亿美元，远

---

* 本文作者：杨柳（1984—），男，中国政法大学博士研究生。
基金项目：北京市社会科学基金重大项目（中国特色社会主义理论体系研究中心项目）“对外开放与中国道路”（16KDAL003）。

超各国,为世界第一①。

二、对外开放方面的思想碰撞与经验教训

回顾38年的对外开放史,可以看到,围绕要不要开放、以什么思想指导开放、怎样开放的思想碰撞,是相当激烈的。习近平的开放发展新理念既是对中国对外开放实践经验及教训的总结,同时也是对这方面的思想碰撞的理论回应。

1. 对外开放中价值观的碰撞与经验教训

通过真理标准大讨论,党中央拨乱反正,实行了改革开放的总方针,开始把共产党的领导与市场导向相结合,逐步形成有中国特色的社会主义理论。邓小平和我们党倡导的建设有中国特色的社会主义,实现"四化"、振兴中华,包括后来的"三个代表""以人为本",成为改革开放时代的主流价值观。

对外开放,也包括思想理论方面的开放。从20世纪80年代起,以《走向未来》丛书为开端,学人们大量引进西方理论,开展中西文化比较,青年中出现"弗洛伊德热""萨特热""尼采热"。尤其是,亚当·斯密的"看不见的手"思想,被阐释为"人人为自己,上帝为大家",不仅作为经济理念,也作为社会价值观,对传统观念形成强烈冲击。在苏联瓦解、冷战结束后,西方为一统天下,整合其国家、国际组织、资本和媒体的力量,大肆兜售其"自由市场、竞选民主"的"普世价值"和"学术规范",并通过国际交流、合作研究、教育教学,从发布论文到推广教材,从留学培训到媒体宣传,推广数十年,俘获了相当一部分各国"精英"的思想。值得警惕的是,这一套在中国也很有市场,以哈耶克为代表的自由主义在知识分子里影响很大,甚至形成了"有中国特色的自由主义"思潮。这种思潮主张所谓"宪政"和"普世价值",对现行体制的批判发展到历史虚无主义,对党的历史和党的领袖进行丑化污蔑。而党和国家的意识形态管理在这个方面一度较长期显得薄弱,党的理论队伍自身存在一些教条主义倾向和僵化问题,未能遏制西方价值观蔓延,使社会尤其是青年们的心理结构出现很大变化——很多人从集体主义转向了个人主义,而且缺乏崇高的信仰。

总体来讲,改革开放以来的价值观碰撞,为党和国家纠正长期以来"左"的

① 本文数据,除单独注明的外,均由作者根据各年度《中国统计年鉴》计算而来。

错误,推动改革开放,发挥了巨大的作用;但是,其中脱离国情、盲目照搬、崇洋媚外等因素也造成了一定的负面后果。

2. 对外开放中的经济理论碰撞与经验教训

20 世纪 80 年代,在邓小平理论指导下,经济理论界反思计划经济,学习苏东和西方经验,尤其重视匈牙利的计划经济、南斯拉夫的社会所有制、苏联的改革、日本的高速增长、欧美发达国家的科技与管理等。通过学习、反思,强调了世界经济互补、合作与双赢、中西文化融合等,提出了抓住发达国家产业升级、向发展中国家转移资本的机会,"搭最后一班车",搞"沿海经济大循环"等观点,为向对外开放提供了理论支持。

邓小平发表"南方谈话"以后,社会主义市场经济被确立为经济体制改革的目标,对外开放更迅猛推进,经济高速增长超出预期。社会主义市场经济理论在实践的基础上逐步建立并形成了体系。这期间,社会利益多元化迅速发展,资本力量包括国际资本力量在中国迅速发展起来,劳动力也在形式上实现了商品化。由于马克思主义政治经济学是批判资本的(尽管它以肯定资本发展的历史必然性和历史功绩为前提),而西方经济学是肯定资本的,我国学界又对马克思主义政治经济学的中国化推进不力,因此,在经济理论界和教育界,马克思主义政治经济学几被边缘化,西方自由主义经济学则大行其道。

西方主流经济学有两重性。一方面,它详细地描述了市场经济的运行,有上百种成型教材、无数种专业刊物,树大根深,学科体系完整。要发展市场经济,就需要其基本框架,不应全盘推翻。另一方面,它的某些假设前提代表西方国家的根本利益,对我们有误导。尤其在 20 世纪 70 年代美元与黄金脱钩,实行浮动汇率以后,它演变为新自由主义,发展成为一套治国理念和政策,强力推行休克疗法,则变成披着经济学外衣的一种西方意识形态。

我们在对外开放中,对西方主流经济学的两面性一度认识不够,缺乏警惕,使新自由主义在很大范围内不仅"占领"了经济学界,而且"通吃"着社会科学,并强势影响意识形态,而且在一定程度上影响了一些政府部门的决策。

例如,一些经济学家照搬西方经济学的"比较利益和自由贸易"理论,论证劳动密集型产品出口的意义。这在 20 世纪 80 年代有积极意义,但随着我国接近"充分就业"状态,仍固守静态的比较优势,就促使劳动密集型产业过度发展,而忽视自主创新,没有及时把庞大的储蓄和投资能力引导到创新上来。某些产业如飞机制造业,曾长期放弃自主创新,一味与他国合作,"以裤子换飞机",延误了战略产业发展和技术进步。

此外,以市场化改革为名反对国家宏观调控、要求瓜分国有资产,以全球化为名不谈国家安全、反对自主创新等理论宣传,尤其是以"理性经济人"说法填补信仰真空,也造成很大混乱。我国不少对新自由主义的实质有清醒认识的经济学家针锋相对,对其进行揭露与批判,并在论战中形成了与新自由主义抗衡的5个理论:动态比较利益论、自主创新论、经济安全论、战略产业论、国家干预论,使新自由主义最终不能形成垄断①。

三、开放发展新理念的理论内涵和实践要求

党的十八大形成了以习近平同志为总书记的中央领导集体,也标志着我国对外开放进入一个新阶段。党的十八届五中全会提出了创新、协调、绿色、开放、共享五大发展理念,在理论和实践上都有新的突破。五大理念是相互贯通、相互促进的。"开放发展"理念,注重的是解决发展内外联动问题,要求丰富对外开放内涵,提高对外开放水平,开创对外开放新局面,形成深度融合的互利合作格局。

1. 开放发展是历史规律

习近平在主持政治局第十九次集体学习时指出:"开放带来进步,封闭导致落后,这已为世界和我国发展实践所证明。"②这是对包括我国在内的世界发展历史的深邃观察和深入思考之后得出的结论。正是基于此,习近平深刻指出:"人类的历史就是在开放中发展的。任何一个民族的发展都不能只靠本民族的力量。只有处于开放交流之中,经常与外界保持经济文化的吐纳关系,才能得到发展,这是历史的规律。"③从"历史规律"高度对对外开放意义的更深刻揭示,也就更科学地说明了"开放发展"的必然性、科学性,说明了对外开放"只有进行时,没有完成时"。

---

① 杨帆:《非主流经济学家文选》,中国经济出版社2011年版。

② 《习近平在中共中央政治局第十九次集体学习时强调加快实施自由贸易区战略加快构建开放型经济新体制》,《人民日报》2014年12月07日。

③ 《2015年习近平传播五大发展理念的足迹》,中国网2015年12月20日。

2. 开放发展是坚持发展中国特色社会主义、实现中国梦的必由之路

习近平担任总书记之后的首次视察，就是到我国开改革开放风气之先的广东，并且指出："改革开放是我们党的历史上一次伟大觉醒，孕育了新时期从理论到实践的伟大创造。改革开放是中国发展进步的活力之源，是大踏步赶上时代前进步伐的重要法宝，是坚持和发展中国特色社会主义的必由之路。"他同时还指出："改革开放是决定当代中国命运的关键一招，也是决定实现'两个100年'奋斗目标、实现中华民族伟大复兴的关键一招。"①

为什么开放发展是坚持发展中国特色社会主义、实现中国梦的必由之路呢？因为，我国虽地大物博，但人均自然资源较少，经过三十几年快速发展，产能已经严重过剩，综合要素成本已大幅上升，资源环境约束已接近上限，整体上看，科技实力、管理能力都还不强。要解决这些问题，必须进一步用好用活国内与国际两种资源，在全球实现资源的高效配置。因此，只有主动走出国门，开放发展，才能实现"两个一百年"目标。习近平强调："站在新的历史起点上，实现'两个一百年'奋斗目标、实现中华民族伟大复兴的中国梦，必须适应经济全球化新趋势、准确判断国际形势新变化、深刻把握国内改革发展新要求，以更加积极有为的行动，推进更高水平的对外开放。"②

3. 以开放促改革、促发展是一条成功的经验

习近平在主持政治局第十九次集体学习时指出："不断扩大对外开放、提高对外开放水平，以开放促改革、促发展，是我国发展不断取得新成就的重要法宝。"③他在主持中央"深改小组"第十六次会议时指出："以开放促改革、促发展，是我国改革发展的成功实践。"④这条成功经验说明，改革和开放是相辅相成、相互促进的。改革必然要求开放，开放也必然要求深化改革。例如，只有放宽市场准入，扩大服务业包括资本市场的对外开放，才能构建起开放型经

---

① 《习近平在广东考察时强调增强改革的系统性整体性协同性做到改革不停顿开放不止步》，《人民日报》2012年12月12日。

② 《习近平在中共中央政治局第十九次集体学习时强调加快实施自由贸易区战略加快构建开放型经济新体制》，《人民日报》2014年12月07日。

③ 《习近平在中共中央政治局第十九次集体学习时强调加快实施自由贸易区战略加快构建开放型经济新体制》，《人民日报》2014年12月07日。

④ 《习近平主持召开中央全面深化改革领导小组第十七次会议》，新华网2015年10月13日。

济新体制、新机制。只有构建起开放型经济新体制、新机制,才能进一步推进改革,才能为经济发展注入新动力、增添新活力、拓展新空间。

4. 对外开放到了一个新的重要关头

习近平在党的十八届三中全会上指出:"改革开放到了一个新的重要关头。"①就对外开放而言,这个"新的重要关头"有什么特点呢? 习近平从国际、国内两个视角做了分析和回答。

从国际视角,习近平从机遇与挑战两个方面做了论述。从机遇方面讲,"我们面临的机遇,不再是简单纳入全球分工体系、扩大出口、加快投资的传统机遇,而是倒逼我们扩大内需、提高创新能力、促进经济发展方式转变的新机遇。我们必须深刻理解、紧紧抓住、切实用好这样的新机遇,因势利导、顺势而为,努力在风云变幻的国际环境中谋求更大的国家利益"②。从挑战方面讲,"国际经济合作和竞争局面正在发生深刻变化,全球经济治理体系和规则正在面临重大调整,引进来、走出去在深度、广度、节奏上都是过去所不可比拟的,应对外部经济风险、维护国家经济安全的压力也是过去所不能比拟的"③。

从国内视角,习近平指出:"经过 30 多年的改革开放,我国经济正在实行从引进来到引进来和走出去并重的重大转变,已经出现了市场、资源能源、投资'三头'对外深度融合的新局面"④;"我国经济发展进入新常态,妥善应对我国经济社会发展中面临的困难和挑战,更加需要扩大对外开放"⑤。

怎么应对呢? 就是"必须实施更加积极主动的开放战略,创建新的竞争优势,全面提升开放型经济水平"⑥;就是要"提高对外开放的质量和发展的内外

① 习近平:《关于〈中共中央关于全面深化改革若干重大问题的决定〉的说明》,《人民日报》2013 年 11 月 16 日。

② 《中央经济工作会议在北京举行》,《人民日报》2012 年 12 月 17 日。

③ 习近平:《在党的十八届五中全会第二次全体会议上的讲话(节选)》,《求是》2016 年第 1 期,第 3 - 10 页。

④ 《习近平主持召开中央财经领导小组第八次会议强调加快推进丝绸之路经济带和二十一世纪海上丝绸之路建设》,《人民日报》2014 年 11 月 07 日。

⑤ 《习近平在中共中央政治局第十九次集体学习时强调加快实施自由贸易区战略加快构建开放型经济新体制》,《人民日报》2014 年 12 月 07 日。

⑥ 《中央经济工作会议在北京举行》,《人民日报》2012 年 12 月 17 日。

联动性”①。

5. 实行更加积极主动的开放战略

近年来，习近平多次阐述过我国“更加积极主动的开放战略”。他指出：“我们将实行更加积极主动的开放战略，完善互利共赢、多元平衡、安全高效的开放型经济体系，促进沿海内陆沿边开放优势互补，形成引领国际经济合作和竞争的开放区域，培育带动区域发展的开放高地。坚持出口和进口并重，推动对外贸易平衡发展；坚持‘引进来’和‘走出去’并重，提高国际投资合作水平；深化涉及投资、贸易体制改革，完善法律法规，为各国在华企业创造公平经营的法治环境。我们将统筹双边、多边、区域次区域开放合作，加快实施自由贸易区战略，推动同周边国家互联互通。”②

我体会，我国“更加积极主动的开放战略”有以下特点。

——向度要求更高。过去的重点是“引进来”，强调吸引外资，鼓励出口，单向开放为主；新战略则更加注重“走出去”，全面参与全球经济合作和竞争，表现为更高水平的双向开放。

——领域要求更宽。我国对一般制造业的限制类条目从 79 条减少到 38 条，并有序推进服务业开放，尤其鼓励外商投资现代农业、高新技术、先进制造、节能环保、新能源、现代服务业等领域，鼓励外商投资研发环节。

——水平要求更高。将普遍实行“负面清单”制度，加强对走出去的宏观指导和服务，提供对外投资精准信息，简化审批程序。

——开放措施更新。战略布局上，要求完善互利共赢、多元平衡、安全高效的开放型经济体系，促进沿海内陆沿边开放优势互补，形成引领国际经济合作和竞争的开放区域，培育带动区域发展的开放高地；体制创新上，要求努力构建开放型经济新体制，推进外商投资管理体制改革，大幅减少外资准入限制，加大知识产权保护力度。

——反对保护主义更坚决。习近平明确表示：“我们反对任何形式的保护主义、反对任何形式的歧视性政策，愿通过协商妥善解决同有关国家的经贸分

---

① 习近平：《在党的十八届五中全会第二次全体会议上的讲话（节选）》，《求是》2016 年第 1 期，第 3－10 页。

② 《习近平出席亚太经合组织工商领导人峰会并发表重要演讲》，《人民日报》2013 年 10 月 08 日。

歧，积极推动建立均衡、共赢、关注发展的多边经贸体制。”①

——法制保障更健全。要求努力营造公开透明的法律政策环境、高效的行政环境、平等竞争的市场环境，为开放发展提供更健全的法制保障。

——主导影响更扩大。要提高中国在世界的制度性和规则性话语权，在全球经济治理的参与中，要更加注重做国际经贸规则的参与者、引领者，扩大国际合作与交流。

6. “一带一路”建设是更加积极主动的开放战略的重大举措

2013 年 9 月，习近平主席在哈萨克斯坦发表题为《弘扬人民友谊，共创美好未来》、在印度尼西亚国会发表题为《携手建设中国 - 东盟命运共同体》的重要演讲，倡议共同建设“丝绸之路经济带”和 21 世纪“海上丝绸之路”。“‘一带一路’建设是扩大开放的重大战略举措和经济外交的顶层设计”②，是震古烁今的宏伟构想。“一带一路”贯穿欧亚大陆，东连亚太经济圈，西接欧洲经济圈；沿线总人口约 44 亿，经济总量约 21 万亿美元，分别约占全球的 63% 和 29%（2013 年）③，市场规模和潜力独一无二。实施“一带一路”战略，既能提高我国能源资源保障的水平，又能带动我国的技术装备、优势产能和技术标准输出去，极大地促进经济发展、经济转型和经济升级。因此，“一带一路”战略，可以说是“中国梦”与“世界梦”的有机结合点，是中华民族伟大复兴与人类命运共同体的有机结合点。

7. 建设开放型世界经济、打造人类命运共同体

2013 年 3 月，习近平在莫斯科国际关系学院的演讲中讲：“这个世界，各国相互联系、相互依存的程度空前加深，人类生活在同一个地球村里，生活在历史和现实交汇的同一个时空里，越来越成为你中有我、我中有你的命运共同体。”④2014 年 7 月，习近平在金砖国家领导人第六次会晤上的讲话中指出：“我们应该坚持开放精神，发挥各自比较优势，加强相互经济合作，培育全球大

---

① 《习近平接受〈华尔街日报〉采访》，新华网，http：/ /news. xinhuanet. com/2015 - 09/22/c_1116642032. htm，2015 年 09 月 22 日。

② 习近平：《在党的十八届五中全会第二次全体会议上的讲话（节选）》，《求是》2016 年第 1 期，第 3 - 10 页。

③ 《“一带一路”经济总量约 21 万亿美元约占全球 29%》，http：/ /www. chinanews. com/cj/2014/10 - 21/6699000. shtml，2014 年 10 月 21 日。

④ 《习近平对世界如是说》，《人民日报》海外版 2015 年 11 月 23 日。

市场,完善全球价值链,做开放型世界经济的建设者。”①

在经济全球化、社会信息化时代,各国经济“你中有我、我中有你”“一荣俱荣、一损俱损”,金融问题、生态问题、反恐问题等,更是单个国家或者局部的国家联盟所不能解决的“全球问题”。在“地球村”中,各国只能在竞争中合作,在合作中共赢。深刻揭示着当代世界特点,强调要建设开放型世界经济、打造人类命运共同体的“开放发展”理念,清楚地表明了中国对世界和平、稳定、发展高度负责的态度,宣示了中国与世界各国建设以合作共赢为核心的新型国际关系,完善全球治理结构,共同构建人类命运共同体的愿望和要求。

四、“厚植开放”必须把握的三大问题

2016 年初习近平考察重庆时,强调要“崇尚创新、注重协调、倡导绿色、厚植开放、推进共享”②。要“厚植开放”,必须把握以下三大问题。

1. 寻求建立中美新型大国关系

(1)中美两国力量对比发生重大变化

改革开放尤其是 2008 年国际金融危机爆发以来,国际力量对比发生了重大变化。1978 年中国的 GDP 只占世界的 2.32%③。经三十几年高速增长,2015 年占世界 GDP 的比重达到 15.5%④。同时,与美国的差距明显缩小。美国学者阿文德预测 2030 年中国 GDP 将成为世界第一,比重约 25%⑤。中国坚持中国特色社会主义道路,致力于实现和平崛起,而不会走西方霸权的老路。然而,中美力量对比发生重大变化,引起美国和亚洲个别国家的疑虑和害怕。美国不愿接受中国成为平等伙伴,它正在判断自己主导的全球秩序还能在多大程度上容纳中国的持续发展。

---

① 《习近平对世界如是说》,《人民日报》海外版,2015 年 11 月 23 日。

② 习近平:《落实创新协调绿色开放共享发展理念确保如期实现全面建成小康社会目标》,http://news.xinhuanet.com/politics?/2016-01/06/c_1117690488.htm,2016 年 01 月 06 日。

③ 《历年美国、日本、中国 GDP 占世界比重变化一览》,http://world.huanqiu.com/hot/2016-03/8683287.html,2014 年 10 月 12 日。

④ 《机构预测:去年中国 GDP 占世界比重 15.5%》,《北京日报》2016 年 03 月 10 日。

⑤ 阿文德·萨勃拉曼尼亚:《大预测》,倪颖、曹槟等译,中信出版社 2012 年版,第 97 页。

(2)中美两国间确实存在结构性矛盾

——意识形态与社会制度不同。美国之所以支持中国改革开放和加入WTO,是有潜台词的。这就是经济发展起来以后,中产阶层随之强大起来,产生民主要求,会按西方政治体制搞多党制。而中国坚持四项基本原则。

——经济发展阶段不同。美国是老牌发达国家,中国是新兴发展中国家。

——经济结构不同。美国以金融服务业和知识产权为主要盈利模式,中国以实体经济为主。

当然,中美也存在共同利益,对全球秩序有基本认同,希望国际环境保持总体安全,维持全球经济持续发展,有着博弈式共生关系。中国不反对现存国际秩序,是参与现存国际秩序受益者。

(3)两国关系目前高度复杂

中国近年来的政治走向明显地与美国的预期相反。中国的发展本身在改变全球秩序和削弱美国在亚太地区的影响力。美国就需要"再平衡"。美国战略学界正在讨论中美关系是否处于转折点,表达出要遏制中国的普遍意向。美国"以拉为主,以压为辅"将中国纳入其轨道的战略基本落空,要换成以压为主。

(4)通过扩大共同利益汇合点、管控矛盾冲突点来构建新型大国关系

对当今世界最重要的双边关系之一、在我国外交布局中占有特殊重要位置的中美关系,习近平在2013年访美时用三句话做了精辟概括:一是不冲突、不对抗,二是相互尊重,三是合作共赢①。这三句话,也就是中美"新型大国关系"的基本内涵。"不冲突、不对抗"就是要做竞争性的合作伙伴而不做全面对抗的生死对手,亦即通过对话与合作而不是对抗与冲突,来妥善处理客观存在着的结构性矛盾和分歧。"相互尊重"就是要尊重各国自己选择的社会制度和发展道路,尊重各自的核心利益。"合作共赢"就是要树立全球利益共同体思维,在利益追求时以共赢取代独占。

2. 在深度融入国际经济中的同时防范金融风险

(1)努力拓展我国开放发展的基本特点

在经济新常态下,中国的对外开放已经呈现以下基本特点:由单向对外开

---

① 《习近平接受〈华尔街日报〉采访》,新华网,http://news.xinhuanet.com/politics/2016-05/10/c_128972667.htm,2015年09月22日。

放,变成互相开放与融合;开放向深层次、全方位发展;经济发展动力由出口导向变成内需主导,进口增长率超过出口;海外投资在增量方面赶上引进外资;接受发达国家先进技术,思想和经验,从单纯模仿吸收变成融合创造;中国的商品、货币、资本和文化走向世界;进一步参与国际游戏规则;中国的发展经验为世界所重视,产生世界性影响。要厚植开放,就应该使这些新特点得到进一步拓展。

(2)提高中国在世界的制度性和规则性话语权

国际经贸秩序既然不能绕过,就应积极参与,否则就会被边缘化。尽管有人想通过"TPP"等孤立中国,但只要妥善应对,以庞大人口、市场规模和国家实力为雄厚基础,任何像样的全球和亚太协定,都不可能真正把中国排除在外。只要积极参与,中国就能影响游戏规则。厚植开放,中国可直接与美国打造经贸版的"G2"框架,同时加快与东亚经济体实质性区域合作的进程。

(3)加快建设上海等自贸区

要厚植开放,必须推行国际通行的"负面清单管理,准国民待遇,司法公正"的自由贸易区制度,推动国内管理体制进一步改革。要在自贸区内实行人民币自由兑换。上海自贸区建设好了,可规避香港金融风险,具有国家金融安全的意义,尤其要重点建设好。

(4)提高人民币的国际化程度与国际地位

货币国际化是一个客观过程,要世界各国愿意接受才行,只能循序渐进。可通过贸易结算、货币互换、批准外国人以人民币投资 A 股等方式,鼓励人民币出境到世界各国。

人民币加入特别提款权,目前占 11%,仍需扩大份额。人民币的国际地位,应在不久超过英镑和日元,再超过欧元,成为世界第二大货币。这是由中国的国际贸易地位决定的,应该积极推进。

(5)防范金融风险与危机

美元的强势从 2012 年开始,可能延续到 2018 年。美国加息的预期,造成各国资本流入美国,几个发展中大国 2013 年货币贬值、股市崩盘,国际大宗商品价格暴跌,中国资本也大批流向美国。2014 年人民币结束了 17 年升值的历史。在贬值预期影响下,2015 年我国的外汇储备从 42000 亿美元下降到 32000 亿美元;2016 年初国际评级机构降低了中国的信用级别。中国面临的国内外金融风险,非往日所能比拟。要厚植开放,中国政府必须加大监管力度,制止外汇储备流出。如不能消除人民币贬值预期,就需加强外汇管制,控制外汇储备外流。

在强化国家干预、防范金融风险的同时,如何深化改革、激发民间投资的动力,也是一个需要解决的重大问题。

3. 实施好“一带一路”国家大战略

(1)“一带一路”战略的地缘政治意义重大

孙中山1918年在《建国方略》中就提出要建设横跨欧亚大陆的铁路网的设想,而“一带一路”战略则提出了以3条“欧亚大陆桥”为骨干的更宏伟设想。其更深层目的不仅是共同开发建设和输出我国过剩产能,而且是要打破西方的霸权战略。美国的布热津斯基在其《大棋局》里,认为美国要极力防止欧亚大陆上的中国、俄罗斯、中部、西部这4个板块互相贯通,才能保持美国的世界霸权。这从反面证明了欧亚大陆贯通的地缘政治意义。因此,厚植开放,关键是要实施好“一带一路”战略。

(2)“一带一路”存在地缘政治风险

“一带一路”存在着等级不同的地缘政治风险,应该清醒地分析与认识,尽量规避。“一带一路”路径设计有三条重点路线,应考虑不同的地缘政治风险区别对待。

第一条,经中亚、俄罗斯至欧洲海岸。沿线重要国家多与中国交界,国家关系较好,美国很难插手,是地缘政治风险最小的地区,可优先布局建设项目,尤其要获得中国急需的水源和石油、天然气等资源。

第二条,经中亚、西亚至波斯湾、地中海。此线重点地段在中东,而该地区各世界大国和地区大国都在插手,谁也控制不了;伊斯兰极端主义又盛行,形成巨大权力真空。这是丝绸之路经济带地缘政治风险最为复杂的地区,要审慎推进。

第三条,经东南亚、南亚至印度洋。中国东海、南海海域为美、日等和我们必争之地,是地缘政治最具爆发点的地区,但此线又是中国海上贸易大通道,因此,也要重点推进,同时要大力发展海空军以保障之。在这条线路上,也可发挥陆上优势,克服沿途一些国家的阻力,从中国西南各省建设到泰国、缅甸的铁路、高速公路及油气管道,到印度洋建立出海口,绕开美、日太平洋围堵,是中国成为海洋大国的捷径①。

(3)实施“一带一路”战略要与国内的供给侧结构性改革相结合

供给侧结构性改革能够提高我国经济供给体系的质量和效率,增强经济持续增长的动力,意义重大。而且,供给侧结构性改革不但要求加强东中西部省际间产业协同发展,建立国内产业合作关系,合理引导过剩行业和“僵尸”企业兼并重组,淘汰落后产能,而且要求建立“一带一路”的国际产业合作关系,将供给侧结构性改革的产业链调整延伸至其间的巨大国际市场,促进产业结构调整优化和“三去”中去产能、去库存的目的。因此,“一带一路”战略既是深化改革的重大措施,也是扩大开放的重大措施。

在“开放发展新理念”指导下,中国一定能够实现历史性的对外开放新目标,引领世界潮流。

(原载于《探索》2016 年第 5 期)

① 国家发改委等:《共建丝绸之路经济带和 21 世纪海上丝绸之路的愿景与行动(全文)》,新华网,http://news.xinhuanet.com/gangao/2015-06/08/c_127890670.htm,2015 年 6 月 8 日。

人才开放发展观:人才工作新境界*

——对习近平总书记关于人才开放发展重要讲话和论述的探索

习近平总书记高度重视人才工作,先后多次对人才工作进行阐述,特别是党的十八大以来,他要求以更加开放的理念、制度、体制机制来促进人才发展,强调择天下英才而用之的人才开放发展观,提出要"不唯地域引进人才,不求所有开发人才,不拘一格用好人才"。人才开放发展,不仅包括人才引进,还包括人才培养、评价和使用等各个环节;不仅是对政府人才工作的要求,也包括对用人主体、人才个体的引导;不仅是人才发展理念的突破,更蕴含了人才体制机制和政策的重大创新。

一、人才开放发展是人才事业发展的新要求

1. 比任何历史时期都更加渴求人才是对人才工作提出的重大挑战

习近平总书记对国内发展形势做出了准确的判断,他认为中国经济经过改革开放30多年的快速发展,依靠投资驱动、规模扩张、出口导向的发展模式空间越来越小,面对经济增速持续放缓的现实,必须实施创新驱动战略,加快转变经济发展方式、破解发展的深层次矛盾和问题、增强发展内生动力和活力。他强调,这一切都需要人才。为此,在经济转轨、社会转型的关键时期,面对机遇与挑战并存的发展态势,习近平总书记指出,"要树立强烈的人才意识,寻觅人才求贤若渴,发现人才如获至宝,举荐人才不拘一格,使用人才各尽其

* 本文作者:柴剑峰(1975-),男,河北永年人,四川省社会科学院科研处副处长,副研究员,博士,主要研究方向为人力资源管理,区域经济管理和公共政策管理。

能”。

对于国际发展态势,习近平总书记做出精准的阐述。他认为,经济增长乏力成为全球经济新常态,与此同时,世界经济新一轮科技革命和产业变革正在孕育兴起。世界各国在寻找破解发展迟缓困境,都无一例外地将目光聚集到科技创新、产业革新,聚集到人才特别是高层次创新型人才培养与使用上,这必将导致人才竞争愈演愈烈,人才争夺战呈现常态化、多样化和高端化,只有形成人才竞争比较优势,才能在竞争中拔得头筹、赢得先机。他谈道:“综合国力竞争说到底是人才竞争。人才资源作为经济社会发展第一资源的特征和作用更加明显,人才竞争已经成为综合国力竞争的核心。谁能培养和吸引更多优秀人才,谁就能在竞争中占据优势。”习近平总书记又谈道,“我国是人力资源大国,也是一个智力资源大国,我国 13 亿多人大脑中蕴藏的智慧资源是最可宝贵的”,这无疑是我国参与竞争的最大优势,人口红利向人才红利转型,将成为全面建设小康社会、实现中华民族伟大复兴最可依靠的力量。

综上,国内外发展形势对人才工作提出新的要求。我们必须进一步抓好人才资源这个第一资源来支撑发展这个第一要务,以更加开放的人才发展支撑人才优先发展的战略布局。这不仅是我国实施创新驱动战略的需要,也是增强综合国力和提升国际竞争力的迫切要求。正如习近平总书记指出的:“我们比历史上任何时期都更接近实现中华民族伟大复兴的宏伟目标,我们也比历史上任何时期都更加渴求人才。”“在全社会大兴识才、爱才、敬才、用才之风”,更加开放推进人才发展,使人才工作和人才队伍的发展与经济社会的发展更加协调。

2. 人才开放发展是对外开放发展的新阶段

人才是第一生产力,只有实现人才开放,才能真正实现对外开放。习近平总书记充分论述了人才对外开放的重要地位和作用,从扩大对外开放的角度明确了人才工作的方向,从人才发展的角度丰富和发展了对外开放的理论和实践。他指出:“当今世界,经济全球化、信息社会化所带来的商品流、信息流、技术流、人才流、文化流,如长江之水,挡也挡不住。一个国家对外开放,必须首先推进人的对外开放,特别是人才的对外开放。如果人的思想禁锢、心胸封闭,那就不可能有真正的对外开放。因此,对外开放要着眼于人、着力于人,推动人们在眼界上、思想上、知识上、技术上走向开放,通过学习和应用世界先进知识和技术，进而不断把整个对外开放提高到新的水平。"从这个角度而言，人才对外开放是对外开放战略的重要内容，是继商品的对外开放和资本对外开放之后的第三个阶段，是对外开放的高级形式，是国家对外开放战略的新发展①，关乎深化改革的推进。

习近平总书记从整个对外开放和文明交流的广阔视角，强调对外开放首先是人才的对外开放。这一重要论断，发展了中国特色社会主义对外开放理论体系，进一步完善了国家对外开放的战略布局，明确了我国对外开放中的人才优先开放的战略选择，彰显了我们党广纳天下英才的博大胸怀。②"中国要永远做一个学习大国"，就要虚心向世界各国人民学习，"共同维护和发展开放型世界经济，'一花独放不是春，百花齐放春满园'。各国经济，相通则共进，相闭则各退"③，以更加开放包容的心态，加强同世界各国的互容、互鉴、互通。

二、人才开放发展覆盖人才发展全过程、各方面和各主体

1. 建构开放的人才培养机制

一是要吸收国际先进经验，发挥好教育在人才培养中基础性先导作用，探索人才培养多元化，突出创新人才培养。习近平总书记在 2013 年 9 月指出："要深化教育改革，推进素质教育，创新教育方法，提高人才培养质量，努力形成有利于创新人才成长的育人环境。"同年，他在清华大学讲话中强调："吸取国家先进经验，推进教育改革，提高教育质量，培养更多、更高素质的人才。"2010 年他在青年科技创新创业人才座谈会上指出，应建设有利于人才成长的教育培养体系，形成完整的人才培养成长链，建立人才培养的协调机制。

二是立足于科技创新战略，在创新活动中培育人才。习近平总书记针对工程技术人才培养同生产和创新实践脱节问题，在湖北调研时指出，培养人才和吸引人才，推动科技和经济紧密结合，真正把创新驱动落到实处。在人才团队培育上，习近平总书记指出："作为一个制造业大国，我们的人才基础应该是

① 沈荣华：《人才开放：党管人才的新高度》，《光明日报》2014 年 07 年 07 日。

② 尹蔚民：《广开进贤之路广纳天下英才——认真学习贯彻习近平总书记关于引进国外人才和智力重要讲话精神》，《中国组织人事报》2014 年 07 月 11 日。

③ 中共中央文献研究室：《习近平关于全面深化改革论述摘编》，中央文献出版社 2014 年版，第 5 页。

技工,不要都想上大学,更多的人还应该是做基础性工作,有技工,有工程师,有发明家,这样组成我们的人才团队,事业方面就不会泡沫化。"为此,在人才培育上需将人才团队作为培育的重点。

三是遵循人才成长规律培养人才,并将人才培养与流动、评价结合起来。习近平总书记指出,要"按照人才成长规律改进人才培养机制,'顺木之天,以致其性',避免急功近利、拔苗助长。要坚持竞争激励和崇尚合作相结合,促进人才资源合理有序流动。……既要重视成功、更要宽容失败,完善好人才评价指挥棒作用,为人才发挥作用、施展才华提供更加广阔的天地",他还强调在实践中培养人才、使用人才、评价人才。

2. 探索从着眼于促进经济发展到经济发展与文明交流并重的开放的人才引进机制

一是将人才引进作为促进经济发展动力上升到文明交流互鉴的高度,从单纯技术维度走上精神层面,大大拓宽国际人才交流合作的视野。习近平总书记指出,要认识到"文明交流互鉴,首先是人的交流互鉴。加强国际人才交流合作,有利于我们积极借鉴世界各国优秀文明成果,也有助于推动中华文明创造性转化和创新性发展。更重要的是,这种交流有利于推动不同文明相互尊重,推动世界各国人民相互理解",要充分发挥人才领域国际交流合作在促进中国同世界各国友好往来和相互理解中的引领作用。

二是引进人才坚持"三更",突出高端。李光耀曾被问到如何看待中美发展,他回答道,中国是从13亿人中挑选人才,而美国是从70亿人中挑选人才。为此,要实现中华民族伟大复兴,必须按照习近平总书记指出的,"更加积极、更加主动、更加开放地引进外国人才",特别是高层次创新型人才。人才无疆界,人才全球化流动趋势不断加快,人才争夺战愈演愈烈,要"不唯地域引进人才"。习近平总书记在2003年任浙江省省委书记时就曾提出:"人才引进要有新思路、宽眼界、大举措,这就要有国际眼光,从全国范围、世界范围吸引人才。"①

三是将招商引资与招智引才结合起来。习近平总书记在党的十八届三中全会报告中,强调要促进国际国内资源高效配置。放宽投资准入,统一内外资

① 习近平:《之江新语》,浙江人民出版社2007年版,第11页。

法律法规,保持外资政策稳定、透明、可预期。他还强调应完善产权保护制度,加强知识产权运用和保护,探索建立知识产权法院,强化知识产权的监管和执法力度。此外,将海外高层次专业技术人才与商界精英等其他人才结合起来,实施"千人计划""海外赤子回归计划"等工程。

3. 积极推行"择天下英才而用之"人才使用机制

一是强化激励,保障合法权益。择天下英才而用之,关键在于"用"。以用为本,使用、安排人才,做到量才授职,合理用才,为人才干事创业和实现人生价值提供机会和条件,促进全社会创新智慧竞相迸发涌流。习近平总书记指出,"强化激励,用好人才,使发明者、创新者能够合理分享创新收益,打破妨碍技术成果转化的瓶颈。"他还谈道:"切实保护知识产权,保障外国人才合法权益,对做出突出贡献的外国人才给予表彰奖励,让有志于来华发展的外国人才'来得了、待得住、用得好、流得动'"。

二是为人才作用发挥提供平台,建立符合国际惯例的用人机制。习近平总书记说:"要遵循国际人才流动规律,更好发挥企业、高校、科研机构等用人单位的主体作用,使外国人才的专长和中国发展的需要紧密契合,为外国专家施展才能、实现事业梦想提供更加广阔的舞台。"引导树立"不求所有、但求所用"的柔性观念,鼓励各国、各领域优秀人才以多种方式为我国经济社会发展服务,不断拓宽吸引人才和智力的渠道。

三是多渠道合作,实现共荣共享。习近平总书记在2014年国际工程科技大会上指出,中国将在更大范围深化工程科技领域国际交流合作,加强政府间、半官方及民间合作,继续参加或牵头开展国际大科技合作工程,加强信息交流和人才培养,携手应对人类共同挑战,实现各国共同发展。

4. 探索人才发展的开放布局机制

一是人才资源在产业特别是重点领域产业实现开放布局。按照习近平总书记提出的围绕产业链部署创新链,围绕创新链完善资金链,进而围绕资金链配套人才链,在新一代信息技术、生物技术、新材料、航空航天、海洋、生态环境保护、新能源等亟待创新的产业上实现"见人又见物"。

二是在区域空间配置中突出人才发展联动布局。通过政府引导和市场培育实现人才非均衡协调布局。如长三角实现以上海为人才中心,杭州、南京为人才副中心,苏州、无锡、常州、宁波、镇江等城市为重要人才聚集地,实现人才联动布局。

三是引导有竞争力的创新企业在美欧日等发达国家创建海外研究院,汇聚全球资源,覆盖全球市场,实现智力资源的全球布局,建构人才资源全方位联动开放式布局。通过信息同步、市场对接、技术集成、资本流通,实现人才发展与经济社会发展同幅共振。

5. 实行政府、用人单位、人才个体开放互动的动力机制

一是更好发挥政府在人才发展中的作用。按照习近平总书记努力形成市场作用和政府作用有机统一、相互补充、相互协调、相互促进的格局的要求,政府通过制定规划、出台政策,为人才发展提供了良好的环境。重点突出抓好关系国计民生的关键人才,抓好对落后地区的人才扶持工作,做好人才托底的保障工作等,发挥好政府有形之手与市场无形之手的合力,激发用人主体和人才个体的积极性。

二是充分发挥用人单位是人才使用的主体作用。引导用人单位运用政府提供的税收、贴息等优惠政策,加大对人才资源的投入。借鉴国内外先进人才管理经验,完善组织规划、工作分析、能力评估、优化配置、绩效考评、培训开发、生涯发展等一整套的现代人力资源管理体系,形成与现代企业相符、与国际接轨的用人制度,最大限度地发掘人才潜能。

三是最大限度发挥人才个体主动性和能动性。发掘人才潜能,通过加强人才个体的自我学习,掌握专业知识、操作性技能、分析问题解决问题的能力等“认知技能”,提高社会适应性、沟通协同、团队合作等“非认知技能”,按照习近平总书记提出的“增强就业创业和职业转换能力”的要求,提升个人综合素质,将个人发展与单位发展乃至国家发展有机结合起来。

三、人才开放发展的践行机制探索

贯彻落实习近平总书记的人才开放发展观,必须以改革创新体制机制为主要着力点,借鉴世界各国人才制度成果,探索更加开放的人才环境,按照习近平总书记要求,营造尊重人才、见贤思齐的社会环境,鼓励创新、容许失误的工作环境,待遇适当、无后顾之忧的生活环境,公开平等、竞争择优的制度环境,让各类人才各得其所,各显其能,真正做到解放人才、发展人才、用好用活人才,实现中国梦、个人梦和世界梦的互联互通。

1. 建构多层次的人才市场化体系

贯彻市场在资源配置中的决定性作用,使市场在人才资源配置中起决定性作用,让企业和个人有更多活力和更大空间去发展经济、创造财富。首先,进一步转变政府职能,规范政府行为,简政放权,减少微观干预,杜绝政府成为用人单位的直接主体,还原用人单位在人才引进、开发和使用方面的主体功能,还原市场在人才配置中的决定性作用。其次,推进国际人才市场建设,带动各类人才市场建设,进一步推动政事分开、政企分开,人才中介的社会化、市场化、专业化功能,吸引一批管理规范、按国际惯例运作的外资人才中介机构,提升人才国际化水平。再次,完善市场服务功能,建立政府宏观调控、市场主体公平竞争、人才自主择业的人才流动配置机制。积极培育支撑人才作用发挥的知识产权交易市场和风险投资市场。

2. 优化政府在开放时代下的服务和调控、监管功能

在人才开放发展过程中,应进一步优化政府服务,为人才提供高效、便捷和针对性的服务。一是健全政府、用人主体和社会多元化投入机制。支持引导企业、用人主体和社会有关方面加大引进人才的投入,政府的投入更多地用于基础前沿研究、共性关键技术以及国家安全方面。二是强化人才发展信息化建设。利用"大数据"技术,整合分散在各地区、各部门、各单位的海外人才信息与资源,形成海外人才资源信息共享机制和全国大网络体系。利用大数据,制定人才需求目录,促进人才供需衔接。三是整合人才工作管理职责和公共资源,强化对各类市场的监管,规范人才市场秩序,明确和优化服务内容、标准和程序。创新服务供给方式,满足人才的多样化需求。四是落实习近平总书记提出的为各类人才提供"待遇适当、无后顾之忧的生活环境"的要求。借鉴国际先进的人才资源开发模式,探索对国外人才实行基本国民待遇,完善在医疗、住房、子女入学等方面的支持。

3. 营造公开平等、竞争择优的开放政策环境

习近平总书记指出,择天下英才而用之的关键在于推进体制机制改革和政策创新。一是加快科技体制创新,打破行政主导和部门分割,畅通基础研究与创新应用成果转化渠道,建立更符合创新规律的经费分配、成果评价体系,克服"分层凝固化"和"流动缓慢化"的社会弊端,发挥人才在创新驱动发展战略中的引领作用。二是探索更加开放的人才培养、引进和使用的政策体系。

人才培养应突出产学研结合,国内培养与国外留学结合等模式,实现人才培养的多元化、多样化、开放化。如继续扩大国家公派出国留学和来华留学规模,完善和细化出国(境)制度和措施,支持高校、科研院所和企业与海外高水平教育、科研机构和企业建立联合培养、研发基地。人才引进和使用须推进完善和落实海外高层次人才出入境和长期居留、税收、保险、住房、子女入学、配偶安置、担任领导职务、承担重大科技项目、参与国家标准制定、参加院士评选和政府奖励等政策措施。制定国外智力资源供给、发现评价、市场准入、使用激励、绩效评估、引智成果共享等具体办法。三是将人才政策与投资、产业、社会保障等相关配套政策结合起来,形成政策合力。如按照习近平总书记要求,将贸易和投资便利化结合起来,消除贸易壁垒,提供对外投资精准信息,简化对外投资审批程序,降低贸易和投资成本,提高经济循环速度和质量,引导国外企业精英在中国发展。

4. 依法推动人才开放发展的规范化、制度化和长期化

落实习近平总书记提出的"全面推进科学立法、严格立法、公正司法、全民守法、坚持依法治国、依法执政、依法行政共同推进,坚持法治国家、法治政府、法治社会一体建设,不断开创依法治国局面"的要求①,制定全局性人才基本法,梳理、修订、充实行之有效的人才政策,积极推进人才工作法制化、制度化、规范化。一是明确人才知识产权处置权、使用权,保护人才合法权益。二是建立标准统一、程序规范、公开透明、高效便捷的人才工作许可制度,使之与人才签证和居留制度有机衔接。三是丰富人才签证的优惠内容,探索制定技术移民法律制度,为世界各国人才来华发展提供便利。在顶尖海外人才中探索特殊护照制度。降低"绿卡"门槛,设置更加灵活务实的申请条件,规范服务流程,给人才创新创业创造便利。四是落实习近平总书记提出的"坚持互利共赢的开放战略,深化涉及投资、贸易体制改革,完善法律规范,为各国在华企业创造公平经营的法治环境,通过协商解决相关国家的贸易争端"②。进一步完善产权保护,允许各种所有制经济依法使用生产要素、公开公平参与市场竞争,

① 中共中央文献研究室:《习近平关于全面深化改革论述摘录》,中央文献出版社 2014 年版,第 81 页。

② 中共中央文献研究室:《习近平关于全面深化改革论述摘录》,中央文献出版社 2014 年版,第 130 页。

同等受到法律保护。

5. 完善党管人才开放式工作机制

进一步解放思想,探索各级党委常委会每年听取一次人才工作专题汇报,党委领导班子成员每年进行一次人才工作专题调研,党委中心学习组每年集体学习一次人才工作。发挥党委统一领导、组织部门牵头抓总、人力资源和社会保障部门综合管理、其他部门密切配合的工作机制,规避政策的部门化、碎片化,实现人才开放式工作。完善部门、层级、区域之间人才开发一体化合作机制,实现人才工作上下联动、左右贯通。

(原载于《毛泽东思想研究》2014年第6期)

以开放发展新理念引领开放发展新时代*

开放,是推动人类社会发展的基本动力,也是世界各国共同的社会基因。党的十八大以来,以习近平总书记为核心的党中央,深刻把握人类社会开放的基本规律,主动顺应国内外发展大势,创新发展马克思对外开放理论,提出了开放发展这一重要新理念,开展了一系列开放发展的重要实践,为推进我国全方位高水平对外开放指明了方向,为解决全球性发展难题开出了药方。

一、准确把握开放发展理念的丰富内涵

开放发展理念应势而生,深刻体现了习近平治国理政思想蕴含的辩证思维、系统思维、战略思维、底线思维和精准思维。我们要贯彻落实好开放发展理念,首先要从战略全局高度深刻领会开放发展理念的时代内涵。

基于实现"两个一百年"奋斗目标和中华民族伟大复兴的中国梦的开放发展目标论。开放发展,开放是手段、路径,发展是目标、归宿。实现"两个一百年"奋斗目标和中华民族伟大复兴为开放发展指明了方向、明确了目标,这是继承但又高于"发展是硬道理"的开放发展目标论。

基于合作共赢的开放发展价值论。和平、发展、合作、共赢是当今世界的主题。中国始终主张把本国利益同各国共同利益结合起来,努力扩大各方共同利益的汇合点,积极树立双赢、多赢、共赢的国际合作新理念,并多次向世界宣示"中国将坚持奉行互利共赢的开放战略,坚持正确义利观",积极倡导"构建以合作共赢为核心的新型国际关系,打造人类命运共同体"。

---

* 本文作者:王水平,江西省商务厅党组书记、厅长。

基于统筹两个大局、解决发展内外联动问题的开放发展重点论。党的十八大以来，习近平总书记多次强调"统筹国内国际两个大局"，把"统筹国内国际两个大局"放在了我国开放发展全局的核心位置。党的十八届五中全会通过的《中共中央关于制定国民经济和社会发展第十三个五年规划的建议》，把坚持统筹国内国际两个大局作为如期实现全面建成小康社会奋斗目标、推动经济社会持续健康发展必须遵循的六大原则之一。① 落实开放发展理念，就是要抓住"统筹国内国际两个大局"这个"牛鼻子"，着力解决发展内外联动问题，这是立足全球视野、突出问题导向的开放发展重点论。

基于"三个系统工程"的开放发展系统论。系统思维是开放发展理念贯穿全局的重要方法论，具体表现为"三个系统工程"：（一）开放本身是一个系统工程。强调要充分认识开放的整体性、关联性、层次结构性、动态平衡性和时序性，要用系统的方法对开放进行顶层设计和整体谋划。（二）改革开放是一个系统工程。强调改革与开放是相辅相成、不可分割的，改革就是开放，开放也是改革，要把握改革与开放的系统性、整体性、协同性。（三）贯彻落实五大发展理念是一个系统工程。强调五大发展理念之间相互贯通、相互促进，是具有内在联系的集合体。

基于国家总体安全的开放发展安全论。开放发展不是毫无原则、没有底线的开放。维护国家总体安全，是开放发展的最基本底线，也是最根本保障。国家总体安全，就是集政治安全、国土安全、军事安全、经济安全、文化安全、社会安全、科技安全、信息安全、生态安全、资源安全、核安全等于一体的国家安全体系。开放发展理念追求的是开放、发展与安全之间的良性循环、互促互进，即在开放中促进发展、提高安全，又在安全的基础上提高开放层次、拓展发展空间。

基于全面提高党领导开放发展能力的开放发展实践论。坚持中国共产党的领导，是中国开放发展实践的灵魂主线。在新的历史条件下，开放发展的水平更高、内涵更深、外延更广，这就对党领导开放发展的能力提出了更高要求。全面贯彻开放发展理念的过程，也必然是以全面提高党领导开放发展能力为

① 中共商务部党组：《实现开放发展必须坚持统筹国内国际两个大局》，《求是》2016 年第 4 期。

核心的社会实践过程。

二、深刻认识开放发展理念的重大价值

开放发展理念立足中国发展实际、放眼全球发展大势。弘扬我党开放基因、融合全球开放元素，是马克思主义发展观中国化的最新理论成果，是汇聚人类发展共识的重大理论创新。

开放发展理念是对马克思对外开放理论的创造性发展。对外开放理论，是马克思主义思想体系的重要组成部分。马克思对外开放理论，是中国特色社会主义对外开放理论与开放实践的思想渊源。马克思吸收了亚当·斯密的世界主义经济学中的有用成分，创立了世界历史观、全球化唯物史观、世界市场联系论、落后国家特殊过渡论。① 在《德意志意识形态》一书中，马克思恩格斯首次明确提出了唯物史观的“世界历史”思想，指出：“每一个单独的个人的解放的程度是与历史完全转变为世界历史的程度一致的。”②马克思指出，生产力的发展是形成“世界历史”的最根本原因，资本国际化是历史的必然趋势，生产力的发展和资本的国际化趋势使各个国家与民族结成一个系统关系，东方落后国家跨越资本主义卡夫丁峡谷的先决条件之一就是扩大对外联系。③开放发展理念注重解决内外联动的问题，体现了事物互相作用、互相影响的普遍联系的观点，是对马克思对外开放理论的继承与发展，是马克思主义对外开放理论的崭新形态。

开放发展理念是我党关于开放理论与实践的重大升华。开放是我们党具有的天然本色和优良传统。新中国成立之后，毛泽东同志就阐述了中国不能离开世界的观点，明确了独立自主和平等互利的关系，提出了开展大规模对外贸易等实行对外经济开放的具体主张。但受“冷战”思维和意识形态斗争的影响，中国一直备受西方发达国家的围堵、排挤和打压，不得不只对苏联和少数几个社会主义国家开放。1978 年，党的十一届三中全会召开，标志着中国真正

① 顾振楠：《马克思的经济全球化思想和我国对外开放的思想涌源》，《中共中央党校学报》2003 年第 1 期。

② 《马克思恩格斯全集》第 3 卷，人民出版社 1960 年版，第 42 页。

③ 张鸿骊：《马克思的跨越设想与邓小平的开放理论》，《西北大学学报》哲学社会科学版 1998 年第 3 期。

开始步入了改革开放新时代。邓小平同志创造性地发展了马克思主义对外开放理论，论证了我国对外开放的必要性和紧迫性，提出对外开放是我国长期坚持的基本国策，形成了完整的对外开放战略体系。38 年来，我国的对外开放实践不断向更高水平、更高层次推进。开放发展理念是对我们党长期以来开放战略和开放实践的承继与发展、总结与提升，已经超越了“打开大门”这个原有层次，是我们党第一次将开放从国家战略上升到发展理念的重大理论创新。

开放发展理念是融合全球开放理论与实践的思想精华。开放思想是人类思想智慧的重要组成部分，开放实践是人类社会发展的重要推动力量。15 世纪“大航海”时代的到来，标志着人类的开放实践从区域性开放迈入了全球性开放，正式开启了人类发展的全球化时代。尤其是“二战”之后，经济全球化思潮逐渐成为引领世界开放潮流、指导各国开放实践的主流思想。经济全球化使各国的经济联系更加紧密，也为各国的发展提供了机遇。但是，在经济全球化的进程中，各国的地位和处境却不相同，穷国与富国之间的贫富差距不断拉大。塞缪尔·亨廷顿提出的“文明的冲突”是影响全球开放的另一重要理论，他强调不同民族之间的文化差异对世界格局的影响。开放发展理念既融合了全球化思潮中“世界一体”的思想，又汲取了“文明的冲突”理论中“文化差异”的逻辑，形成了“和而不同”的开放发展观。开放发展理念用世界性的语言阐释了中华民族的开放智慧，是人类开放思想的最新结晶，是具有世界影响的开放新理论。

开放发展理念是贯穿中国特色社会主义伟大事业的主线之一。开放发展理念作为五大发展理念的重要组成部分，赋予对外开放以符合当今时代特色、顺应世界发展潮流、遵循我国发展实际的深刻内涵，不仅为发展更高层次的开放型经济、构建更高水平的开放新格局提供了理论依据和行动指南，更为全面推动中国特色社会主义伟大事业取得更大胜利提供了思想指针和方法论。开放发展理念是辩证唯物主义在对外开放领域的创新应用，是统筹推进各项事业的强大动力和思想源泉，必将为中国持续繁荣发展注入新动力、增添新活力、拓展新空间。开放发展理念为我们有效提升开放的力度、深度和广度提供了方法论，形成了从发展理念，到顶层设计、重大战略、体制机制创新，再到地方实践的开放发展方法论体系。开放发展理念是伟大实践的产物，必将在建设有中国特色社会主义的伟大实践中得到不断的丰富、完善和发展，焕发出更加耀眼的时代光芒。

开放发展理念是解决人类共同发展难题的“中国药方”。和平、发展、合作、共赢是当今世界的主题，但世界各国在共同应对贫困人口、气候变化、能源安全、区域稳定等全球性挑战方面，依然没有找到可持续的解决之道。尤其是在当前全球经济复苏艰难曲折的大背景下，贸易保护主义有所抬头，各国经济政策出现分化，全球多边贸易体制遭遇挑战，国际总体发展环境开始恶化，全球发展事业正处在不进则退的关键阶段，世界和平与发展面临的挑战越来越具有全局性、综合性和长远性。要应对和化解全球性发展难题，巩固和提升各国开放合作成果，最根本的是世界各国要在发展理念上达成共识，进而在具体行动上寻得最大公约数。开放发展理念突出问题导向、因应时代需求，对于推动在全球范围内形成开放合作、互利共赢的发展理念和发展共识，建立促进全球共同发展的新格局和新体系，具有普遍性的指导意义。开放发展理念，是中华民族为推动人类社会繁荣发展做出的新的理论贡献。

三、党的十八大以来开放发展的重要实践与成果

党的十八大以来，尤其是党的十八届五中全会以来，以习近平总书记为核心的党中央进一步明确了开放发展的新目标新任务新要求，开展了一系列富有开拓性、创造性的开放发展实践，开创了全方位对外开放的新局面、新气象，为实现“两个一百年”奋斗目标和中华民族伟大复兴的中国梦注入了源源不断的强大动力。

谋划实施开放发展新战略。一是“一带一路”战略。这是我国新一轮对外开放的战略总引领。2013 年 9 月和 10 月，习近平总书记分别提出共同建设“丝绸之路经济带”和共建“21 世纪海上丝绸之路”的倡议，形成“一带一路”战略构想。两年多来，“一带一路”战略得到了 60 多个国家热烈响应，各领域合作取得积极进展。相比美国的“新丝绸之路”计划、韩国的东北亚合作战略、俄罗斯的欧亚经济联盟，中国的“一带一路”战略是真正获得国际社会广泛认同、取得实质性进展的国际战略。二是自由贸易区战略。2015 年 12 月，国务院印发了《关于加快实施自由贸易区战略的若干意见》。目前，我国已签署并实施 14 个自贸协定，涉及 22 个国家和地区，涵盖我国对外贸易的 38%，立足周边、

辐射"一带一路"、面向全球的自由贸易区网络逐步形成。① 三是以长江经济带建设和京津冀协同发展为主的区域开放开发合作战略。2014 年 9 月,国务院发布《关于依托黄金水道推动长江经济带发展的指导意见》;2015 年 4 月,中央政治局审议通过《京津冀协同发展规划纲要》。一年多来,两大国内开放发展战略取得阶段性成果,初步形成了区域协同发展、开放合作新格局。

主动构建开放发展新体制。立足用好国内国际两类规则,实现规则有机衔接,积极构建开放型经济新体制。一是完成构建开放型经济新体制的顶层设计。2015 年 9 月,中共中央、国务院发布《关于构建开放型经济新体制的若干意见》,提出了构建开放型经济新体制的总体要求、目标任务和具体举措,这是指导新时期我国对外开放的纲领性文件。二是以自由贸易试验区为抓手,探索开放型经济新体制建设。2013 年 9 月、2014 年 12 月,国务院先后批准设立上海和广东、天津、福建自由贸易试验区。两年多来,自由贸易试验区坚持以制度创新为核心,全力推进外商投资负面清单管理、贸易便利化、服务业开放等各项试点,形成了一批可复制、可推广的经验做法和改革成果。三是以对外签订高水平的投资贸易协定为动力,加快开放型经济新体制建设。签订了一批自贸区协定,积极推动中美投资贸易协定谈判、中欧投资协定谈判,进一步推动形成与国际贸易投资规则相适应的体制机制。

加快形成开放发展新格局。当前,我国对外开放格局已经发生了显著变化,开放发展的空间结构、内外布局不断优化。一是陆海内外联动、东西双向开放的全国对外开放新格局基本形成。沿海地区凭借区位优势和良好的发展基础,依托先行先试的先发优势,开放水平进一步提升,对外开放的门户作用进一步增强;内陆沿边地区紧紧抓住"一带一路"战略机遇和国家支持沿边开放开发的政策红利,成为新的对外开放前沿;中部地区依托"一带一路"战略和长江经济带建设,加快建设内陆开放高地,已经成为我国对外开放的重要腹地和经济发展的新引擎。二是进出双向开放的格局基本形成。2015 年我国实际使用外资 1262.7 亿美元,对外直接投资 1180.2 亿美元,双向投资格局基本形成,②外贸进出口逐步从"大进大出"转向"优进优出",出口与进口的双向平衡

---

① 数据来源于商务部。
② 数据来源于商务部。

格局逐步形成。三是南北同步开放的格局基本形成。我国过去的开放是以向西方国家、发达国家开放为主,今天的开放更加注重统筹东西合作、南北合作、南南合作,更加顺应全球经济发展的双循环格局。四是全面开放格局基本形成。全面推进经济、政治、社会、文化、生态“五位一体”的全方位、宽领域、多层次开放,全面参与国际经济政治等领域合作。

积极倡导开放发展新主张。近年来,中国在国际社会提出了一系列开放发展的新理念、新主张、新方案,产生了强烈反响、赢得了广泛认同。一是提出推动全球发展的“中国主张”。主要包括构建以合作共赢为核心的新型国际关系、打造人类命运共同体、发展开放型世界经济;积极参与国际经济规则制定,把经济实力转化为规则实力,不断提高我国在全球经济治理中的制度性话语权。① 二是提出周边外交的“中国理念”。我国周边外交的基本方针,就是坚持与邻为善、以邻为伴,坚持睦邻、安邻、富邻,突出体现亲、诚、惠、容的理念。“亲、诚、惠、容”表达了中国开放发展的最高价值诉求和核心信仰,②传递了“中国声音”,扩大了中国的“朋友圈”。三是积极搭建开放合作的“中国平台”。提出以共商、共建、共享为原则的“一带一路”战略,为各国参与全球经济合作和发展搭建了新平台;主导建立亚洲基础设施投资银行和丝路基金,推动建立金砖国家新开发银行、上海合作组织银行联合体。四是主动承担国际社会的“中国责任”。不断加大对最不发达国家的援助力度,主动参与2030年可持续发展议程,积极参与气候变化国际合作,推动建立公平有效的全球应对气候变化治理机制。

聚集形成开放发展新优势。党的十八大以来,一系列开放发展战略、举措的实施,取得了显著成效,释放出发展新动能、新活力。一是形成利用外资新优势。2015年我国利用外资规模再创历史新高,国际社会对中国资本外流的过度担忧不攻自破;外资产业结构进一步优化,服务业实际使用外资增长17.3%,在全国总量中的比重达到61.1%,高技术制造业实际使用外资增长9.5%,占制造业实际使用外资总量的23.8%。二是形成对外贸易新优势。2015年我国出口占全球的份额达到13.8%,较2014年提高了1.5个百分点,

---

① 国家发展和改革委员会党组:《开放发展是国家繁荣富强的必由之路》,《求是》2016年第3期。

② 程大为:《浅谈“亲、诚、惠、容”周边外交理念》,《光明日报》2015年03月31日。

继续保持第一货物贸易大国地位;外贸结构进一步优化,质量效益继续提高,市场多元化取得进展。三是形成对外投资新优势。2015 年累计实现对外投资 1180.2 亿美元,同比增长 14.7%,位居世界第三位,对外直接投资存量首次超过万亿美元大关,对外投资的区域结构、产业结构不断优化。① 四是形成金融竞争新优势。人民币国际化取得历史性突破,正式纳入特别提款权(SDR)货币篮子,且权重占比超过日元和英镑,位于美元、欧元之后 SDR 篮子第三大货币。

(原载于《理论视野》2016 年第 6 期)

① 数据来源于商务部。

走向世界历史:开放发展理念的渊源及其对中国特色社会主义的新发展*

面对经济社会发展新趋势、新机遇和新矛盾、新挑战,必须确立新的发展理念,用新的发展理念引领新的发展行动。党的十八届五中全会通过的《中共中央关于制定国民经济和社会发展第十三个五年规划的建议》(以下简称《建议》),提出并具体阐述了"创新、协调、绿色、开放、共享"五大发展理念。这是十八大以来中国特色社会主义理论创新发展的重大成果。习近平在关于《建议》的说明中指出:"这五大发展理念,是'十三五'乃至更长时期我国发展思路、发展方向、发展着力点的集中体现,也是改革开放30多年来我国发展经验的集中体现,反映出我们党对我国发展规律的新认识。"①五大发展理念相互贯通,又各有侧重,其中开放发展理念突出了新形势下持续发展的必然选择和关键特征,即拓展发展空间,实现中国与世界的共同繁荣发展。深刻理解开放发展理念的理论和历史渊源及其对中国特色社会主义的新发展,对于全面建成小康社会、实现中华民族伟大复兴,具有重大而深远的意义。

一、从马克思主义"世界历史"理论到全球化理论

全球化(globalization)是当今世界的常态。尽管马克思、恩格斯和列宁当

---

* 本文作者:张源(1986—),女,河南许昌人,讲师,政治学博士,研究方向为政治哲学、中国政府政治。

基金项目:国家哲学社会科学基金规划青年项目(14CKS025)。

① 习近平:《关于〈中共中央关于制定国民经济和社会发展第十三个五年规划的建议〉的说明》,《人民日报》2015年11月04日。

时还没有遇到像今天这样的全球化现象和全球性问题,现在我们所说的“全球化”的概念和相关理论也是晚至20世纪80年代中期才出现并逐渐渗透于政治、经济、文化及人们日常生活的话语之中的,但马克思主义经典作家确实在对“世界历史”的阐发中描述了全球化的种种现象或趋势,并从全球的视野梳理了现代社会发展的历史逻辑,而当代的全球化理论也可视为对马克思主义“世界历史”理论的进一步诠释、丰富和发展。

深入认识马克思主义经典作家的“世界历史”理论及当代全球化理论,对于我们考察当前全球发展态势和中国开放发展理念,有着重要的现实意义和理论意义。

(一)马克思主义的“世界历史”理论

开放发展是经典马克思主义的基本内涵之一。经典马克思主义所秉承的开放理念是什么?要回答这个问题,可以从考察马克思、恩格斯关于“世界历史”的论断出发。马克思最早在《德意志意识形态》一书中提出了“人类历史向世界历史转变”的著名论断,他指出:“各个相互影响的活动范围在这个发展进程中越是扩大,各民族的原始封闭状态由于日益完善的生产方式、交往以及因交往而自然形成的不同民族之间的分工消灭得越是彻底,历史也就越是成为世界历史。”①

世界历史的形成,是由于生产力高度发展使世界连为一体。回顾历史,18世界中叶到19世纪中叶,以蒸汽机为代表的技术革命使资本主义生产从工场手工业过渡到了机器大工业。在这一历史背景下,“大工业创造了交通工具和世界市场,控制了商业,把所有的资本都变成了工业资本,从而使流通加速、资本集中。……它首次开创了世界历史,因为它使每个文明国家以及这些国家中的每一个人的需要的满足都依赖于整个世界,因为它消灭了各国自然形成的闭关自守的状态”②。简言之,由于机器的应用,生产力得到高度发展,引起广泛的社会分工。这种分工又会扩大商品交换,分工的规模逐渐脱离本国的基地,进而扩展到世界范围形成了世界市场,世界市场、国际交换和国际分工使各个国家、民族连为一体,形成世界历史③。因此,世界历史是从生产力发展

① 马克思,恩格斯:《马克思恩格斯文集》第1卷,人民出版社2009年版,第540－541页。
② 马克思,恩格斯:《马克思恩格斯文集》第1卷,人民出版社2009年版,第566页。
③ 马克思,恩格斯:《马克思恩格斯文集》第1卷,人民出版社2009年版,第627页。

规律自然引出来的,而世界历史的进一步演化和发展,显然也只能按照生产力发展规律来进行①。

世界历史的开创,与资本主义的兴起、确立和全球扩张是同一过程。在《共产党宣言》中,马克思、恩格斯描述了这样一个演化过程:出于不断扩大产品销路的需要,资产阶级奔走于世界各地;最早进入资本主义的国家,为了本国持续不断的大工业生产,必须开拓世界市场,他们通过血腥的殖民扩张,把许多落后国家拉进国际商品交换之中,于是原来一国内的社会分工转变为国际范围内的国际分工。资产阶级在这一过程中起了关键性作用。马克思、恩格斯在这里提出了一个经典论断:“资产阶级,由于开拓了世界市场,使一切国家的生产和消费都成为世界性的了。”②这一进程又反过来推进了资产阶级这一现代阶级的成长。马克思、恩格斯敏锐地观察到“大工业建立了由美洲的发现所准备好的世界市场。世界市场使商业、航海业和陆路交通得到了巨大的发展。这种发展又反过来促进了工业的扩展……资产阶级也在同一程度上得到发展,增加自己的资本,把中世纪遗留下来的一切阶级排挤到后面去”③。同时,资本主义的生产方式也确立下来。“由于世界贸易和世界市场从那个时代起开始形成,所以就产生了一种基础,在这种基础上,现存的大量动产必然要越来越多地转化为资本,而以生产剩余价值为目的的资本主义生产方式,必然要越来越成为占绝对支配地位的生产方式。”④可以说,随着资本主义生产方式的确立和发展,整个世界成为互相联系的整体。

世界历史的未来,属于共产主义。世界历史的开创,得益于资本主义的发展和创造,然而这一过程中也同时产生了共产主义发展的必要条件。第一,世界历史的发展造就了高度发展的生产力,创造了现代的机器、技术、交通和市场,为共产主义奠定了坚实的物质基础。第二,世界历史的发展造就了共产主义发展的依赖力量。“许许多多人仅仅依靠自己劳动为生——大量的劳力与资本隔绝或甚至连有限地满足自己的需要的可能性都被剥夺——从而由于竞

① 丰子义:《马克思“世界历史”思想的方法论意义》,《北京大学学报》哲学社会科学版,2000年第4期,第115-121页。

② 马克思,恩格斯:《马克思恩格斯文集》第2卷,人民出版社2009年版,第35页。

③ 马克思,恩格斯:《马克思恩格斯文集》第2卷,人民出版社2009年版,第32-33页。

④ 马克思,恩格斯:《马克思恩格斯文集》第9卷,人民出版社2009年版,第214页。

争,他们不再是暂时失去作为有保障的生活来源的工作,他们陷于绝境,这种状况是以世界市场的存在为前提的。因此,无产阶级只有在世界历史意义上才能存在,就像共产主义——它的事业——只有作为'世界历史性的'存在才有可能实现一样。"①第三,世界历史造就了共产主义形成的社会条件。它"可以产生一切民族中同时都存在着'没有财产的'群众这一现象"②,又能与世界各地的各个民族的解放事业相互影响、相互推动。反过来,世界历史属于共产主义这一命题也意味着,共产主义只有走向世界历史才能最终实现,未来社会只有更加开放,才能真正实现共产主义。

列宁对于开放的认识继承了马克思、恩格斯的世界历史逻辑,在此基础上突出了无产阶级的历史作用,并提出社会主义国家在与资本主义国家并存的情况下,有必要与资本主义国家开展经济联系,并要积极利用资本主义文明成果的思想。列宁指出:"资本主义制度在使工人愈来愈依赖资本的同时,创造着联合劳动的伟大力量。"③这一伟大力量就是无产阶级。"先进的资本主义强行将他们纳入自己的发展轨道,使他们离开穷乡僻壤去参加全世界历史性的运动。"④在无产阶级发挥出伟大力量的十月革命胜利后,世界上第一个社会主义国家——苏维埃俄国诞生了。它首先面临着如何正确处理与周边资本主义世界的关系这一重大现实问题。为此,列宁依据马克思关于未来社会将更加开放的理论,依据俄国经济文化落后的具体情况和当时的国际形势,指出:"社会主义共和国不同世界发生联系是不能生存下去的,在目前情况下,应当把自己的生存同资本主义的关系联系起来。"⑤在经济方面,如何在经济上还极其虚弱的时候加速经济发展呢?列宁明确指出:"这就是吸引外国的国家机构和地方机构、其他国家的私人企业、股份公司、合作社和工人组织来参加开发和加工俄国的天然财富。"⑥换言之,就是要利用外国的、资产阶级的资本来推动俄国的经济建设。此外,他也旗帜鲜明地批评"不向资产阶级学习也能够实现社会主义"的看法:"我们不能设想,除了建立在庞大的资本主义文化所

① 马克思,恩格斯:《马克思恩格斯文集》第1卷,人民出版社2009年版,第539页。
② 马克思,恩格斯:《马克思恩格斯选集》第1卷,人民出版社,1995年版,第86页。
③ 列宁:《列宁专题文集:论资本主义》,人民出版社2009年版,第295-296页。
④ 列宁:《列宁专题文集:论资本主义》,人民出版社2009年版,第84页。
⑤ 列宁:《列宁全集》第41卷,人民出版社1987年版,第167页。
⑥ 列宁:《列宁全集》第40卷,人民出版社1986年版,第81页。

获得的一切经验教训的基础上的社会主义,还有别的什么社会主义。"①进而,他提出:"社会主义能否实现,就取决于我们把苏维埃政权和苏维埃管理组织同资本主义最新的进步的东西结合得好坏。"②

(二)当代全球化理论

何为全球化?全球化是人类社会发展的一个状态或过程,是一种政策,也是一种意识形态。著名的全球化研究者赫尔德和麦格鲁将全球化定义为:世界范围内相互联系的加深、加强、加速及不断增加的影响,并具体体现为各种社会关系与交往的空间组织转变,而产生跨越洲际或横跨区域的行为、互动与权力运作等交流与联结的过程或一系列过程③。

当前的全球化过程与马克思经典作家所处的时代相比,有了更广泛深入的发展。正如著名社会学家吉登斯所概括的:"全球时代是我们所处的结构性时代。"④同样的,赫尔德依据自己的四维评价标准——广度、强度、速度和影响,提出一个基本判断,而当代的全球化并非是对19世纪全球一体化联系的回归,它在全球流动规模的质和量两方面都超出了历史以往时期,各个领域——包括政治、法律、军事、文化、人口迁移、经济活动和全球环境等各方面的全球化模式实现了历史性汇合与集中体现⑤。吉登斯将当前全球时代的特征概括为六个方面。一是通信对于大型机构和私人生活的影响。他比较自己与马克思观点的不同,马克思认为经济上的变化(生产力与生产关系的发展)导致了社会变迁,而在吉登斯看来,从历史上来看,通信的变革(如书写方式的产生和发展变化、电报的发明、全球卫星系统的建立、手机等通信工具的飞跃等)一直是重大社会变迁的潜在动力。二是国家主权性质的变化,传统的民族国家被多层次的治理体系(如欧盟、联合国等)所取代。三是出现了"民主的辩证法"。一方面全球信息网络的扩展促进了民主化的发展,另一方面信息的多元化和开放化使得代议制民主的政治领导人更多地通过媒体而非群众来获取

① 列宁:《列宁全集》第34卷,人民出版社1985年版,第252页。

② 列宁:《列宁选集》第3卷,人民出版社1995年版,第492页。

③ HELD D, MCGREW A, etal. Global transformations: politics, economics and cultur. Cambridge: Polity Press, 1999: 19 – 23.

④ 吉登斯:《全球时代的民族国家》,江苏人民出版社2010年版,第264页。

⑤ HELD D, MCGREW A, etal. Global transformations: politics, economics and cultur. Cambridge: Polity Press, 1999: 425.

信息并判断自己该做什么。四是社会出现了新的分化,这些分化又伴随着明确的政治含义。五是全球时代出现了新的安全体系,而新的暴力形式也四处扩散。六是全球时代的所有特征将对每一个人的个人生活产生强烈的冲击①。

当代全球化理论对于世界历史理论的发展和推进主要体现在:当前全球化造成的世界范围内的联系具有多个面向,也充满悖论。一方面,马克思主义经典作家所强调的由欧洲资本主义经济的扩张而形成世界市场和世界经济,以及由此带来的"消灭意识形态、宗教、道德"而在全世界形成同质化(homogenization)的社会。然而就当代全球化理论而言,这只是其中一个重要面向。马克思主义经典作家的这一论断反映了一国或一地区的经济在不同程度上被吸纳到全球一体经济中的现象。商品市场的一体化、劳动市场的一体化、资本市场的一体化、跨国公司跨国经营、相互依赖的加深等,这些都是全球化在经济层面的表现。与此同时,政治、文化等维度的活动,也越来越多地在全球范围发展起来。如:文化的全球化意味着一国或一地区产生的信息、文化产品进入全球流动,商业文化、大众文化、消费主义占领世界文化市场等;政治的全球化意味着政治行动和决策的主体由民族国家的政府转移到国际组织,国际干预的不断扩大,建立世界新格局,构建全球战略等等。另一方面,在马克思主义经典作家笔下,世界历史的发展是线性的,其趋势是不可逆转的,正是因为这样,才会产生资本主义的"恶性循环",造成资本主义内部的周期性冲突。在当代全球化学者看来,全球化的进程是双向的,经常是充满悖论的,而关于全球化的影响和意义也存在激烈的争论。进入 21 世纪,"全球化的终结"或"全球主义的消亡"等声音流行起来②。这些争论和反思主要建立在一个基本假设之上,就是世界的各个角落都存在着不同程度的对全球化的反弹或反抗。经济上,反对全球市场的声音甚嚣尘上;政治上,虽然国际政治、国际组织成为重要的政治舞台,但民族国家认同及文化、宗教等方面的差异对于国际合作具有较强的负面影响;文化上,本土文化对于外来文化,特别是具有绝对优势的西方主流文化并不是盲目地接纳和吸收,而是产生了不同程度的反抗,甚至在某些地区产生了激烈冲突。当代全球化学者对于正在发生的全球化及逆全球化

① 吉登斯:《全球时代的民族国家》,江苏人民出版社 2010 年版,第 264 - 273 页。

② BISLEY N. Rethinking globalization. Basingstoke:Palgrave - Macmillan,2007.

的现象有诸多研究和反思。

为什么中国要实行开放发展？正所谓“天下大势,浩浩汤汤。顺之者昌,逆之者亡”。全世界的各个国家、各个民族之间相互依存的全球一体化进程正是如今的“天下大势”。看清这一点,我们才能判断中国未来应走怎样的道路。从马克思主义经典作家的“世界历史”理论,到当代全球化理论,对于工业革命以来的全球一体化进程进行了细致考察和深入剖析,从不同的侧面得出了许多有洞察力、有价值的观点和结论,在人类历史发展的规律性的高度回答了为什么要实行开放发展这个问题,是十八届五中全会提出开放发展理念的理论渊源。

除了得出关于人类世界发展趋势的具体观点和结论,马克思还开创了一种新的思维方式,就是在考察社会经济政治问题时,必须具有“世界历史”的眼光。20 世纪的学者进一步发展出全球化的理论,强调在“全球化”的视野中思考和处理经济社会政治文化各方面问题。“世界历史”的眼光和“全球化”的视野,共同构成了我们当前思考“中国应该如何发展”这个问题的方法论,具有重要的理论意义和实践意义。

二、近代以来中国开放观念的历史变迁

如何处理中国与外部世界的关系,自古以来,这是决定中华民族发展方向和发展路径的核心问题。近代以来,传统中国遭遇了来自西方工业文明的资本主义国家的冲击,使这一问题的重要性更加凸显出来。中国人对这一问题的思考集中体现为近代以来中国开放观念的变化。

中华民族向来重视采撷异域文化精华,同时向外传播古老灿烂的中华文明,与异域人民的文化交流和经贸往来不断。先秦时代,中国已发展了与朝鲜、越南、日本、印度和锡兰等国的海上通道。公元前 2 世纪,汉武帝时,张骞开通了经西域通往中东、欧洲的“丝绸之路”,建立了中国与西方诸国的经济文化联系。唐朝,玄奘由陆路赴印度求取真经,鉴真东渡日本讲授佛法。唐宋年间,意大利、土耳其、波斯、日本等国派遣数万留学生到中国求学。明代郑和七下西洋,打开了中国通往东南亚、南亚、西亚和东非的海上之路。确如孙中山

先生所指出的:“开放主义,我中国古时已行之。”①

然而,中国对外开放的观念与西方人对外扩张的观念有着根本的不同。费正清先生在中国通史《中国:传统与变迁》一书中对两种观念做了比较。他指出,西方人认为16世纪欧洲人的对外扩张是在希腊-罗马和犹太-基督教的“优越”文化传统驱使鞭策之下向外征服全球的,而他们之所以有能力征服世界,则是得益于中世纪以后城市的发展、十字军东征、商人阶层扩大、商业繁荣等因素;而中国人则认为欧洲人之所以要向外扩张,完全是因为欧洲物产匮乏,不产稻米、蔗糖,也不产茶叶、棉花,欧洲人迫于生计只好赴海外经商②。故而,中国虽也有郑和七下西洋的壮举,其目的却与欧洲人完全不同。据《明史》记载,明成祖朱棣命郑和下西洋,除了要寻找流亡海外的建文帝朱允文之外,还要“耀兵异域,示中国富强”③。明成祖当时下诏:“敕谕四方海外诸番王及头目人等,朕奉天命,君主天下。一体上帝之心,施恩布德。凡覆载之内,日月所照,霜露所濡之处,其人民老少,皆欲使之遂其生业,不致失所。……祇顺天道,恪守朕言,循礼安分,勿得违越,不可欺寡,不可凌弱,庶几共享太平之福。”④从诏书中又可看出,郑和下西洋希望达成的目标有三个:第一,显耀兵力,宣扬明朝的威德,维系和推广以“天朝”为中心的“朝贡秩序”;第二,施恩于海外,展示中国的富强,感召各国人民;第三,宣扬和平,昭示海外诸藩王及头目“共享太平之福”⑤。此外,郑和七下西洋,仅有一次在锡兰与当地人发生了战争,而那次也是在被迫无奈下的防卫性作战⑥。因此,可以说,与欧洲人不同,中国以开放的姿态进行对外交往,是要维护以“天朝上国”为中心的“华夷秩序”和中华大帝国的格局。

中国与西方对外观念和政策的不同,是两种文明模式的缩影,从某种程度

---

① 孙中山:《孙中山全集》第2卷,中华书局1981年版,第532页。

② 费正清:《中国:传统与变迁》,张沛等译,吉林出版集团有限公司2013年版,第212页。

③ 张廷玉等:《明史·郑和传》,中华书局1974年版,第7766页。

④ 郑鹤声,郑一钧:《郑和下西洋资料汇编》上册,齐鲁书社1980年版,第99页。

⑤ 何芳川:《文明视角下的郑和远航》,《北京大学学报》哲学社会科学版2004年第5期,第51-52页。

⑥ 何芳川:《文明视角下的郑和远航》,《北京大学学报》哲学社会科学版2004年第5期,第51-52页。

上也决定了二者不同的发展导向和路径。

(一)封闭自守的帝国

17 世纪以来,英国率先开始了从传统农业社会向现代工业社会的转型,并最早跨入工业化的门槛,开启了近代世界历史发展进程。法国、美国、德国、意大利、日本等国紧随其后,逐步建立起社会化大生产的体系,进而开拓了世界市场。这就是前文马克思主义经典作家所说的“开创世界历史”的过程。

然而,地球这一边的中国,历经明清两朝,却逐步走向“闭关锁国”。明朝从公元 1368 年到 1644 年,持续 276 年,其中约 1/4 的时间实行海禁,以防止倭患并防止金银外流。禁海时期,私人海外贸易一律禁止,只保留部分国家通过“朝贡”方式进行贸易。清初,朝廷为了防止沿海民众通过海上活动接济反清抗清势力,开始实行海禁,且比明代更为严厉。1757 年,乾隆帝下令外国商船只能在广州“一口通商”,严格限制丝绸、茶叶等传统商品的出口量,对中国商船的出洋贸易也规定了许多禁令。这就是人们通常所说的“闭关政策”。

不过,明清政府限制对外贸易的种种封闭政策,只是中国传统社会体制的一个侧面,并不具有全局性的意义。相较而言,安于现状、不思进取、与世界脱节,不能充分吸收其他文明优秀成果,不能正确处理自己与外部世界关系的封闭自守,才是使中华文明在近代发展“停滞”的真正原因。

1989 年,法兰西学院院士、曾数任法国政府部长的佩雷菲特在近 10 年的研究基础上,以乾隆朝马戛尔尼访华切入,写作出版了《停滞的帝国——两个世界的碰撞》。“停滞的帝国”是指大清国,“两个世界”分别指中国代表的“传统社会”和英国代表的“先进社会”。该书出版半年内售出 20 万册。中文版翻译出版于 1993 年,也轰动一时。书中描述的许多故事,令人警醒。“康乾盛世”之时,马戛尔尼来到中国。他曾将地球仪、天球仪、火炮、铜炮、西洋船模型等多种欧洲近代发明进献给乾隆帝,但未受重视,只是皇帝自己把玩而已。凡此种种,马戛尔尼意识到,清朝正如“一艘破烂不堪的旧船”,已衰落下去了。他还预言“英国从这样急剧的变化中将获得最大的利益,并加强它的霸权地位”①。

---

① 阿兰·佩雷菲特:《停滞的帝国——两个世界的碰撞》,王国卿等译,三联出版社 1993 年版,第 532-533 页。

果如其言,不到半个世纪,鸦片战争爆发,近代中国"数千年未有之变局"的序幕缓缓拉开,迫使先进的中国人"开眼看世界"。

(二)"开眼看世界"

19 世纪 40 年代,以英国为代表的西方资本主义列强以武力侵略中国,发动鸦片战争,用大炮轰开了中国的大门。从此,近代中国伴随着西方列强侵略的隆隆炮声被迫对外国开放了。从 1840 年到 1949 年,外国列强与中国签订的条约、协定、章程等有上千个,绝大多数是不平等的。1873 年,面对西方列强的侵夺,李鸿章上书同治皇帝,感叹中国遭遇了"数千年来未有之变局"。

马克思也曾关注英国对华发动的鸦片战争。关于这场战争对中国的影响,他在 1853 年为《纽约每日论坛报》所撰写的时评《中国革命与欧洲革命》一文中发表了精辟的论述:"满族王朝的声威一遇到不列颠的枪炮就扫地以尽,天朝帝国万世长存的迷信破了产,野蛮的、闭关自守的、与文明世界隔绝的状态被打破,开始同外界发生联系。"①这一论述反映出两个方面的事实:一方面,中国与西方相遇的方式是相当不愉快的,西方以侵略者、殖民者的身份,用坚船利炮打开中国国门,枪炮背后更是肆虐全球的西方资本主义体系,中国被强行卷入了世界市场和全球化进程;另一方面,侵略者却又代表了西方先进的工业文明,是我们要师从的对象。这两个方面始终缠绕交织在一起,共同形成了近代以来中国人对西方的矛盾态度。

在此变局之中,爱国知识分子抛弃狂妄自大的观念,开始"开眼看世界",走上向西方学习的道路。

1839 年,林则徐在广州主持禁烟期间,为了解西方国家的历史与现状,让幕僚把英国人慕瑞所著的《世界地理大全》翻译出来,并亲自润色、编辑,编撰《四洲志》一书。《四洲志》对世界 30 多个国家的历史、地理和政治状况做了概括介绍,重点介绍欧美列强,特别是英、美、法、俄等国。这是近代中国第一部较系统的世界地理志,可谓开风气之先河。著名历史学家、近代史专家范文澜将林则徐称为"是满清时代开眼看世界的第一人",应属当之无愧②。

1842 年,在鸦片战争尚未散尽的硝烟中,魏源受林则徐嘱托,以《四洲志》

---

① 马克思,恩格斯:《马克思恩格斯文集》第 2 卷,人民出版社 2009 年版,第 608 页。

② 范文澜:《中国近代史》上册,人民出版社 1955 年版,第 21 页。

为基础编撰了50卷的《海国图志》。这是中国近代史上最早的一部由国人自己编写的介绍“海外各国”情况的巨著。在总序中,他指出:“是书何以作?……为师夷长技以制夷而作。”①“师夷长技以制夷”这一口号开启了近代以来对外开放的先河,此后的开放观念大多以此为蓝本,是它的发展或变体。

1895年4月,沈康寿在《万国公报》上发表文章,首倡“中学为体,西学为用”。之后,孙家鼐筹议京师大学堂、张之洞改革两湖书院、梁启超起草大学堂章程,都使用了“中学为体,西学为用”的概念。张之洞在《劝学篇》中给“中体西用”下了定义,即“中学为内学,西学为外学;中学治身心,西学应世事”②。正如梁启超所言,此语虽是“张之洞最乐道之”,但已形成“举国以为至言”的局面。“中体西用”贯穿于洋务运动始终,并一直影响着后来的维新运动和清末“新政”。这一开放观念的核心在于保持传统的至尊地位,维护封建的纲常名教,同时学习西方的“奇技淫巧”。这一对外开放的策略一方面能够在最大程度上减少学习西方阻力,另一方面也使得清末改革不能触及深层次的体制性问题,以致最终夭折。

至民国初年,西方各种思潮、诸多主义流入中国。这一时期可算作春秋战国以来少有的“百家争鸣”的思想高峰。君民共主、君主立宪、开明专制、民主共和、天演进化、民族主义、世界主义、国家主义、无政府主义、社会主义、战国策派、学衡派、乡村建设派、古史辨派等思潮接踵而至,分别在不同方向上探索“救亡图存”的路径。“如何面对西方”“向西方学习什么”“如何看待中国传统”等问题始终是各个思潮关注的核心问题。譬如,最典型的有“五四”前后的“东西文化论战”和30年代“中国本位文化”和“全盘西化”之间的论战,围绕对中国国情的分析、对中西文化的认识,以及对中国文化出路的选择等问题展开激烈论争。可以说,“古今中西”之争是这一时期思想论争的主线。

总而言之,鸦片战争前后,从“师夷长技”到“中体西用”,到“古今中西”论争,20世纪20年代之前的中国近代史,是先进的中国人“开眼看世界”、调整对西方态度及向西方学习的历史。

---

① 魏源:《海国图志》上册,岳麓书社1981年版,第1页。

② 陈山榜:《张之洞劝学篇评注》,大连出版社1990年版,第159页。

（三）独立自主、赶超战略与社会主义全球化

毛泽东曾这样描述1840年鸦片战争以后的中国："自从1840年鸦片战争失败那时起，先进的中国人，经过千辛万苦，向西方寻找真理。"①国人孜孜以求的"真理"便是——正如马克思"世界历史"所揭示的那样——近代文明的主导是工业革命开启的工业化道路。这一道路相应的思想武器是民主和科学，而西欧北美是这一文明的中心。为了中国救亡图存的事业，必须向西方学习。

正是在这一向西方学习、进而探索救国强国之道的过程中，中国人发现并选择了社会主义。以全球视角观之，这个选择至少在两方面体现出开放观念和开放精神的深刻影响。一方面，这一选择是先进的中国人当时在充分了解、分析、判断世界历史发展趋势的基础上做出的，因此是近代以来中国人强化开放思想的结果；另一方面，从那时起，中国社会主义革命成为社会主义全球革命的一部分，这也为中国进一步拓展对外开放的深度和广度创造了条件。

1949年，新中国成立，此后直至1978年改革开放，中国领导人的开放观念有了重大变化。

早在新中国成立前夕，毛泽东就向全世界声明："中国人民愿意同世界各国人民实行友好合作，恢复和发展国际间的通商事业，以利发展生产和繁荣经济。"②然而，西方主要资本主义国家在政治上不承认新中国的地位，在经济上实行经济封锁和贸易禁运，还企图把新中国排斥在国际社会之外。为实现民族独立与振兴，新中国成立之初，毛泽东依据社会主义和资本主义两个阵营的划分，确定了"一边倒"的对外开放方针，其实质就是加入了社会主义全球化的进程。这一决策，在当时对于中国学习苏联社会主义建设经验、获得苏联经济援助、迅速打开外交局面、赢得和平发展环境等，都产生了积极影响。这一时期的开放，主要是对社会主义阵营，特别是对苏联开放。这一时期开放观念的核心在于，世界存在两个截然对立的全球化进程，对中国而言，要摆脱资本主义全球化，融入社会主义全球化。

党的八大召开前夕的1956年4月25日，毛泽东在中央政治局扩大会议上做了著名的《论十大关系》的讲话。关于中国对世界其他文明成果的态度，他

---

① 毛泽东：《毛泽东选集》第4卷，人民出版社1991年版，第1469页。

② 毛泽东：《毛泽东选集》第4卷，人民出版社1991年版，第1466页。

指出:“我们的方针是,一切民族、一切国家的长处都要学,政治、经济、科学、技术、文学、艺术的一切真正好的东西都要学。”①关于如何处理中国与资本主义国家的关系,毛泽东并没有囿于意识形态藩篱之中,他指出:“外国资产阶级的一切腐败制度和思想作风,我们要坚决抵制和批判。但是,这并不妨碍我们去学习资本主义国家的先进的科学技术和企业管理方法中合乎科学的方面。”②这样的开放精神对于我国社会主义建设十分宝贵,在一段时间内发挥了积极作用。

1957 年,毛泽东参加了在莫斯科召开的世界共产党和工人党国际会议。这次会议通过了《莫斯科宣言》,分析了国际局势及两大阵营力量对比,指出“在我们的时代,世界的发展取决于两个对立的社会制度竞赛的进程和结果”,而当前总的趋势是“社会主义在向上发展,而帝国主义却在衰退”③。

不幸的是,“文化大革命”十年,由于指导思想上的错误和“左”的严重干扰,特别是“四人帮”的破坏,党内许多人把自力更生与对外开放截然对立起来,视出口为“卖国主义”,视进口为“崇洋媚外”,看到与外国交往的就说是“里通外国”,以“既无内债,又无外债”为荣,把利用国际金融组织和政府贷款及外国投资列为“禁区”。这些思想和做法严重地阻碍了我国的对外开放,制约了国民经济的发展。回首这十年,我国基本上处于半封闭状态,既不“开眼看世界”,也不“学习其他国家、民族的长处”,以致丧失了经济建设的宝贵时间,进一步拉大了与发达国家的差距,延缓了社会主义建设进程。

中国共产党人对外开放观念的变化,除了与国内发展要求密切相关,还与国际格局有直接的关联。20 世纪五六十年代,世界各地民族独立运动高涨,社会主义、资本主义两个阵营的内部也各自发生了分化。在社会主义阵营中,苏联愈来愈强调其自身利益,对中国横加干涉,再加上苏联社会主义建设中的问题逐渐暴露出来,于是,50 年代后期,毛泽东毅然决定放弃“一边倒”的对外战略,并将社会主义建设方针从“以俄为师”转向“以苏为鉴”。与此同时,在资本主义阵营中,美国与西欧和日本之间的关系也更加微妙,矛盾逐渐凸显。毛泽

---

① 毛泽东:《毛泽东著作选读》下册,人民出版社 1986 年版,第 740 页。

② 毛泽东:《毛泽东著作选读》下册,人民出版社 1986 年版,第 742 页。

③ 逄先知,金冲及:《毛泽东传 1949—1976》上册,中共中央文献出版社 2003 年版,第 742 页。

东敏锐地把握到这一变化，认为帝国主义阵营中为摆脱美国控制而争取独立自主的资本主义国家也可以成为我们的朋友，联合起来共同反对美苏两个霸权。他把亚非拉和欧洲称为“两个中间地带”，我们可以利用这些国家，在两大霸权的夹缝中求得立足之地。1971 年 10 月，中国在联合国的合法地位得到恢复。1972 年 9 月，中日两国正式建立了外交关系。70 年代，中国还相继与许多欧洲国家建立了外交关系，同欧洲共同体也建立了正式关系。中国和第三世界国家间的友好合作关系也一直保持和发展着。1972 年 2 月，美国总统尼克松访华，中美发表上海联合公报，两国结束对立，开始走向关系正常化。在此背景下，毛泽东提出“三个世界”的战略划分，重新确定了中国在国际上的立足点。1979 年 1 月，中美建立了外交关系。这些努力都为中国在 70 年代末开始实行的全面对外开放政策创造了条件。

从新中国成立到 1978 年这 30 年中，伴随从“一边倒”到“两个中间地带”再到“三个世界”的外交战略转移，中国对外开放的战略和实践一直围绕老一辈革命家的“独立自主”和“赶超战略”这两个核心开放观念展开，在维护国家独立、主权完整、平等互利的原则基础上进行。这个时期，由于外部的“冷战”态势及发达资本主义国家的封锁，加上小农经济思维、计划经济体制中“大而全”“小而全”的封闭观念，以及中国共产党人对时代主题及资本主义的片面认识，对外开放的理念和体制虽然也有一定发展，但未能跟上社会主义实践和国际形势变化的脚步①。

正是因为这样，后来邓小平做出一个基本判断：“三十几年的经验教训告诉我们，关起门来搞建设是不行的，发展不起来。”②确实，中国的发展离不开世界。

（四）和平与发展的时代主题

以 1978 年中国共产党的十一届三中全会为标志，中国进入改革开放和社会主义现代化建设新时期。中国共产党带领中国人民开创了中国特色社会主

① 刘海涛：《走向世界历史——中国特色社会主义的成长历程》，中共中央党校出版社 2012 年版，第 138 页。

② 邓小平：《邓小平文选》第 3 卷，人民出版社 1993 年版，第 64 页。

义伟大事业。这一历史性变化与世界历史进程中时代主题的变化紧密相连①。

一般认为,第二次世界大战之后,资本主义发生了新的变化:战争使国际交往普遍化,世界各国人民之间的联系进一步增强;新技术革命进一步推动了生产力的发展;为缓和内部激化的社会矛盾,资本主义国家的生产关系、政治制度和意识形态均有一定程度的改良;劳资关系、阶级关系、社会结构发生深刻变化;社会主义力量的壮大有力遏制了资本主义体系的世界扩张,并为资产阶级主导的"世界历史"进程增添了社会主义的因素。这些因素使得时代主题逐步从"战争与革命"到"和平与发展"发生了根本转变。然而,中国共产党人并未及时意识到这一转变。十一届三中全会以前,中国共产党人对世界态势的认识仍停留在斯大林所说的统一的、无所不包的世界市场已经瓦解,世界资本主义体系总危机进一步加深,世界革命形势一派大好的层面上。

20 世纪 80 年代以来,中国共产党人审察时代特征和总体国际形势,分析总结各个社会主义国家发展成败、发展得失及发达资本主义国家的矛盾和发展态势,做出了"和平与发展"是当今世界时代主题的判断,同时清醒地认识到"和平与发展"中也包含着国家间综合国力的竞争、意识形态斗争和"文明的冲突"。

什么是现代化? 如何实现现代化? 中国共产党人的回答是:要用开放促改革,用开放促发展。改革开放之初的中国距离发达资本主义国家还有很大的差距。对于如何缩小差距,进而展示社会主义的优越性,邓小平在南方谈话中做了明确论述:"社会主义要赢得与资本主义相比较的优势,就必须大胆吸收和借鉴人类社会创造的一切文明成果,吸收和借鉴当今世界各国包括资本主义发达国家的一切反映现代化生产规律的先进经营方式、管理方法。"②

可以说,改革开放以来,中国对外开放的发展历程,正是中国特色社会主义道路开辟与发展的历程。在这一过程中,中国特色社会主义开放发展理念得以逐步形成和确立,进而不断丰富和完善中国特色社会主义理论。新时期,在"和平与发展"的时代主题之下,我们要完成在经济文化相对落后的国家建设社会主义的任务。这就意味着:第一,新的历史时期,社会主义制度的巩固

---

① 刘海涛:《走向世界历史——中国特色社会主义的成长历程》,中共中央党校出版社 2012 年版,第 137 页。

② 邓小平:《邓小平文选》第 3 卷,人民出版社 1993 年版,第 373 页。

和发展不能寄希望于世界资本主义的破产,也不能寄希望于其他社会主义国家的援助,这个任务只能靠自己的力量完成;第二,中国的发展离不开世界,实行对外开放是社会主义建设与改革的必要条件,应当吸收和利用世界各国包括资本主义发达国家所创造的一切先进文明成果来发展社会主义,封闭只会带来落后;第三,中国的发展离不开和平的外部环境,要坚持独立自主的和平外交政策,为我国现代化建设争取和平、有利的国际环境。正如马克思关于"旧社会"内部"孕育着新社会的因素"的经典论断①②所说,中国共产党人要抓住机遇,发展自己,通过对外开放主动融入世界历史进程,中国的社会主义将在一个资本主义的历史环境中壮大自己,进而走向世界历史③。

三、开放发展理念对中国特色社会主义的新发展

中国的发展离不开世界,世界的发展同样离不开中国。中国共产党十八届五中全会提出:"坚持开放发展,必须顺应我国经济深度融入世界经济的趋势,奉行互利共赢的开放战略,发展更高层次的开放型经济,积极参与全球经济治理和公共产品供给,提高我国在全球经济治理中的制度性话语权,构建广泛的利益共同体。"④开放发展理念是针对我国当前国内发展和对外开放中的一些突出矛盾和问题提出来的,具有鲜明的问题导向和现实针对性,是党对改革开放成功经验的历史总结,也反映了党对于中国与世界的关系的规律性认识的深化。

(一)开放发展理念更新了中国特色社会主义对于国际国内发展大势的判断

近年来,我国对外开放的基础和条件发生深刻变化,对外开放面临新的国际国内形势。

就内部而言,中国经济发展进入新常态,对开放提出了新要求。2014 年 11 月 9 日,习近平在 APEC 工商领导人峰会开幕式主旨演讲中阐述了新常态下中

① 马克思,恩格斯:《马克思恩格斯选集》第 2 卷,人民出版社 1995 年版,第 286 页。

② 马克思,恩格斯:《马克思恩格斯选集》第 3 卷,人民出版社 1995 年版,第 60 页。

③ 刘海涛:《走向世界历史——中国特色社会主义的成长历程》,中共中央党校出版社 2012 年版,第 136 页。

④ 《中共十八届五中全会在京举行》,《人民日报》2015 年 10 月 30 日。

国经济的三个不同于过去 30 年的特征:一是从高速增长转为中高速增长;二是经济结构不断优化升级,第三产业消费需求逐步成为主体,城乡区域差距逐步缩小,居民收入占比上升,发展成果惠及更广大民众;三是从要素驱动、投资驱动转向创新驱动。速度换挡、结构升级、动力转换,这三个最突出的变化带来对开放的新要求,需要我们用好内外两个资源、内外两个市场,来提升中国经济质量,加速中国技术进步,推动中国经济结构升级。

就外部而言,世界经济处在大调整、大变动的时代,带来新机遇和新挑战。2008 年的金融危机以后,世界经济进入了一个低速增长的新阶段,全球性产能过剩、竞争加剧、保护主义抬头等问题突出。同时,由于经济开始下行减速,全球所有的初级产品价格都开始大幅度回落,新兴经济体发展陷入困境。此外,发展中经济体在全球贸易、经济增长、对外投资和利用外资等方面的比重持续提高,新技术革命方兴未艾,推动新兴产业蓄势待发,全球经济格局正在发生深刻变化。

就内外联动来看,中国和世界的关系发生了显著变化,体现在结构和规模两个方面。在结构上,虽然人口红利逐渐消失,我们面临比较优势的转换。在规模上,2010 年中国 GDP 总量超过日本,跃居世界第二位。2013 年中国的进出口贸易以 4. 16 万亿美元的规模首次超过美国上升为全球第一的贸易大国。同期,中国还以 1176 亿美元外资流入和 902 亿美元的对外投资规模,扮演着全球直接投资大国的重要角色,并凭借人民币国际地位的逐步上升,开始跻身于全球金融大国的行列。中国是最大的出口国,外汇储备自 2006 年来一直高居全球首位,并购买了大量美国和欧洲国家的主权债。国际金融危机爆发后的几年中,中国经济对全球经济增长的贡献率迅速上升。

总的来说,对外开放面临三个方面新的形势。开放发展理念正是在深入把握国际国内发展大势的基础上提出来的。现在所倡导的对外开放,与过去 30 年的开放有显著不同,是要以新思路、新举措发展更高水平、更高层次的开放型经济,既立足国内,充分发挥我国资源、市场、制度等优势,又更好利用国际国内两个市场、两种资源,以开放促改革,以开放促发展,协同推进战略互信、经贸合作、人文交流,努力形成深度融合的互利合作格局。

(二)开放发展理念深化了中国特色社会主义对于开放发展内涵的认识

社会主义一定是开放的、世界性的。开放发展是中国特色社会主义的内在属性。开放带来进步、封闭导致落后,这一规律已为古今中外各国发展实践所证明,在全球化的今天更为突出。纵观世界历史,近代以来,大国崛起必走开放之路,原因就在于可以利用国际国内两个市场、两种资源实现自身发展。如前文所述,马克思主义的“世界历史”理论和当代全球化理论的核心都是在讲这个道理。前面也陈述了中国历史上的开放与封闭,可以说,坚持开放包容、推进中外文明交流互鉴必是良好发展势头的开端,而保守停滞、闭关锁国则必然导致落后于世界民族之林。

面对当前国际国内的新形势,对外开放是改革和发展的动力源泉。发展更高层次的开放型经济,就意味着需要进行更深入、更全面的国内外联动。十八届五中全会指出:“开创对外开放新局面,必须丰富对外开放内涵。”①通观十八大以来我国对外开放工作的战略、布局与举措,特别是十八届五中全会的论述,可以说,开放发展理念对改革开放30年来的中国特色社会主义对外开放战略有了进一步的深化。最突出的变化,就在于开放发展不再仅仅限于“涉外经济部门”。这个变化意味着两个方面的战略转型。

第一,在全球化的大背景下,不仅仅经济工作要在全球视野中进行考虑,所有工作的开展——民主政治建设、社会建设、环境保护、文化发展等——都必须要强调世界眼光和全球视野。这是由全球化的本质属性所决定的。全球化进程不仅仅是经济的全球化进程,不仅仅是融入世界市场。全球化的基本定义是“互相依存”②。这种相互依存不仅仅发生在经济领域,事实上,经济、政治、文化、环境等各个领域都处于相互依存的关系中。

第二,开放发展并非仅仅涉及涉外部门,新形势下,我们要内外联动,统筹国内国外两个大局,以服务外向型要求为标准改革整个体制和运行机制,一方面以开放促改革,另一方面也通过改革促开放,通过全面深化改革消除开放进程中的所有阻碍。

总之,开放发展理念作为五大发展理念之一,也是一种理念、一种思维方法,应当贯穿于改革发展的各个环节各个领域,应当贯穿于中国特色社会主义道路、理论、制度的方方面面。

---

① 《中共十八届五中全会在京举行》,《人民日报》2015年10月30日。

② 吉登斯:《全球时代的民族国家》,江苏人民出版社2010年版,第263页。

(三)开放发展理念深化了中国特色社会主义关于社会主义内在价值和发展路径的认识

十八届五中全会指出,要“奉行互利共赢的开放战略,构建广泛的利益共同体”。自党的十八大报告提出“倡导人类命运共同体意识”以来,习近平也在一系列双边和多边重要外交场合多次强调“人类命运共同体”的意识。开放发展理念致力于互利共赢,构建命运共同体,具有重要的价值和长远意义。对外,有利于推动世界的和平发展,树立中国负责任的大国形象;对内,有利于真正建立起内外联动的体制机制,进一步推动国内的改革与发展。在这个意义上,命运共同体的提出反映党对社会主义的内在价值和发展路径的认识提高到了一个新的境界。

其一,“命运共同体”的观念具有价值普适性,它所包含的对于在全球化背景下发展路径和目标的认识,为其他国家寻求现代化发展道路、为国际社会和平解决国际争端,提供了一个有效的范式。正如乔舒亚·库珀·雷默在《北京共识》中指出的:“与拥有大量武器、对其他世界难以容忍的美国式超级大国不同,正在崛起的中国以自身模式的榜样作用、自身经济地位的影响力和对威斯特伐利亚国家主权体系的坚决捍卫为基础。眼下,在世界某些地方,中国是比美国更受敬仰的道德典范。”无论中国自身发展的模式,还是中国对待他国的包容态度,都是中国社会主义性质的体现,是中国特色社会主义的实践。

其二,开放发展理念为跨越“修昔底德陷阱”提供了基本遵循。十八大以来,习近平在多个场合提到“修昔底德陷阱”。所谓“修昔底德陷阱”,是指一个新崛起的大国必然要挑战现存大国,而现存大国也必然会回应这种威胁,那么战争便不可避免了。当代中国的崛起给整个世界带来巨大的震撼,打破了原有的力量平衡,也给各个国家带来了各方面的压力。无论是“中国威胁论”“中国崩溃论”还是“中国责任论”“中国模式论”,其本质都是各国政府和民众在寻求用各种方式来理解和适应中国崛起带给他们的一系列新变化。作为中华文明传统和社会主义事业的继承者,我们有意愿有能力有条件跨越“修昔底德陷阱”,走出一条和平发展的道路。研究人类社会发展规律,使中国特色社会主义深入人心,走向世界,引导全人类向着健康、光明的方向发展,这是中华文明和每一个中国人的时代责任。

其三,长期以来,发达资本主义国家主导国际政治经济秩序,发展中国家的政治经济主权遭到威胁,经济安全受到挑战,国际资本加大了发展中国家的金融风险,发达国家向发展中国家输出资本、转移落后产业,使许多国家产生严重的环境污染,产业发展长期处于低端,经济社会发展严重依附于西方发达国家。当前,国际力量对比发生深刻变化,新兴市场国家和一大批发展中国家的国际影响力不断增强,这是近代以来国际力量对比最具革命性的变化。2015 年 10 月 12 日,习近平在中共中央政治局第二十七次集体学习中指出:"现在,世界上的事情越来越需要各国共同商量着办,建立国际机制、遵守国际规则、追求国际正义成为多数国家的共识。"全球治理体制变革正处在历史转折点上。

开放发展新理念要求我们以建立"人类命运共同体"为目标,积极主动融入全球化,积极参与全球经济治理和公共产品供给,提高我国在全球经济治理中的制度性话语权,从国际秩序的普通参与者转变为全球治理和国际政治经济秩序改革的积极推动者,倡导"以对话解争端、以协商化分歧",并通过积极参与来为国际政治经济秩序注入新的、公平合理的因素,注入反映社会主义特点的"共同价值观",进而"促进国际经济秩序朝着平等公正、合作共赢的方向发展"①,争取发展的主动权。

四、结语:走向世界历史

当今时代,对外开放是世界各国谋求发展的必然选择,这是世界大势,不可阻挡。开放发展是中国特色社会主义事业的内在要求。

近代以来,从"师夷长技以制夷""全盘西化"与"中国本位文化"之争、"以俄为师"到"以苏为鉴"的转变、"赶英超美",中华文明在与西方的交流、碰撞甚至"遭遇"中不断调整着对外交往的心态、策略与政策。这些经验为我们当前处理中国与外部世界的关系提供了丰富的资源。

开放发展理念作为中国特色社会主义创新发展的一大成果,是在深刻总结中国历史发展特别是近代以来经验教训的基础上形成的,是在全面审察当前时代特征和全球发展大势的基础上形成的。开放发展理念体现出科学社会主义理论逻辑和中国社会发展历史逻辑的辩证统一,是为当前中国发展注入

① 《中共十八届五中全会在京举行》,《人民日报》2015 年 10 月 30 日。

新动力、增添新活力、拓展新空间,促进国内全面深化改革,跨越“中等收入陷阱”和“修昔底德陷阱”,实现中华民族伟大复兴中国梦的必然选择,适应中国和时代发展进步的新要求。

中国是个世界性的国家,中华民族是一个世界性的民族,对人类文明有自己的使命和担当。现阶段,中国应融合传统文化与现代精神,承担起大国责任,立足世界文明发展,推动全球治理机制变革,积极促进世界和平与发展,塑造负责任的大国形象,给世界带来新的希望,也使中国自身在和平发展、互利共赢的世界中发展起来,走向世界历史。

(原载于《黄河科技大学学报》2016 年第 3 期)

五大发展理念之“开放”发展理念探析*

十八届五中全会指出，“实现‘十三五’时期发展目标，破解发展难题，厚植发展优势，必须牢固树立并切实贯彻创新、协调、绿色、开放、共享的发展理念”。①

一、“开放”发展理念的哲学基础

马克思和恩格斯“世界历史”理论是“开放”理念的哲学基础。这里的“世界历史”是指马克思和恩格斯世界历史理论中所指涉的世界历史，马克思关于“历史向世界历史的转变”的论述是他们世界历史理论的核心。注重“开放”理念所依托的“世界历史”因素，就是要在贯彻落实开放理念、实施开放战略中，始终对“历史向世界历史转变”有足够透彻的理解和精确的把握。

“历史向世界历史转变”是马克思和恩格斯在《德意志形态》中提出的一个著名论断。马克思和恩格斯在分析社会历史发展进程时指出：“各个相互影响的活动范围在这个发展进程中越是扩大，各民族的原始封闭状态由于日益完善的生产方式、交往以及因交往而自然形成的不同民族之间的分工消灭得越彻底，历史也就越是成为世界历史。”②在这里马克思分析了“历史向世界历史转变”的动力因素即生产方式、交往以及因交往而自然形成的不同民族之间的

---

* 本文作者：李红松（1977－），男，河南平顶山人，河南工程学院思政部讲师，中央党校哲学博士；研究方向为社会发展理论与社会发展战略。

基金项目：2016 年度国家社科基金西部项目“中央苏区时期中国共产党革命话语体系建构及应用”（16XDJ022）。

① 《中国共产党第十八届中央委员会第五次全体会议公报》，新华网 2015 年 10 月29 日。

② 《马克思恩格斯选集》，人民出版社 1995 年版，第 88 页。

分工。接着马克思又列举了一些商品所具有的世界历史意义,“如果在英国发明了一种机器,它夺走了印度和中国的无数劳动者的饭碗,并引起这些国家的整个生存形式的改变,那么,这个发明便成为一个世界历史性的事实;同样,砂糖和咖啡……”。① 进而马克思得出结论:“历史向世界历史的转变,不是‘自我意识’、宇宙精神或者某个形而上学的怪影的某种纯粹的抽象行动,而是完全物质的、可以通过经验证明的行动,每一个过着实际生活、需要吃、喝、穿的个人都可以证明这种行动”。②

马克思和恩格斯的上述分析,是以资本主义的兴起、大工业生产的发展和世界市场的形成为现实背景的。对此,他们在《共产党宣言》中做了更为具体的阐述:“大工业建立了由美洲的发现所准备好的世界市场。世界市场使商业、航海业和陆路交通得到了巨大的发展。这种发展又反过来促进了工业的扩展,同时,随着工业、商业、航海业和铁路的扩展,资产阶级也在同一程度上得到发展,增加自己的资本,把中世纪遗留下来的一切阶级排挤到后面去。”③他们还进一步指出了世界市场广泛和深远的影响:“资产阶级,由于开拓了世界市场,使一切国家的生产和消费都成为世界性的了。使反动派大为惋惜的是,资产阶级挖掉了工业脚下的民族基础。古老的民族工业被消灭了,并且每天都还在被消灭。它们被新的工业排挤掉了,新的工业的建立已经成为一切文明民族的生命攸关的问题;这些工业所加工的,已经不是本地的原料,而是来自极其遥远的地区的原料;它们的产品不仅供本国消费,而且同时供世界各地消费。旧的、靠本国产品来满足的需要,被新的、要靠极其遥远的国家和地带的产品来满足的需要所代替了。过去那种地方的和民族的自给自足和闭关自守状态,被各民族的各方面的互相往来和各方面的互相依赖所代替了。物质的生产是如此,精神的生产也是如此。各民族的精神产品成了公共的财产。民族的片面性和局限性日益成为不可能,于是由许多种民族的和地方的文学形成了一种世界文学。”④对于所经验到的“历史向世界历史转变”的后果,马克思和恩格斯继续论述到“资产阶级使农村屈服于城市的统治,……使农民的

① 《马克思恩格斯选集》,人民出版社 1995 年版,第 88 页。
② 《马克思恩格斯选集》,人民出版社 1995 年版,第 88 页。
③ 《马克思恩格斯选集》,人民出版社 1995 年版,第 272 页。
④ 《马克思恩格斯选集》,人民出版社 1995 年版,第 273 页。

民族从属于资产阶级的民族,使东方从属于西方。"①

从马克思恩格斯的这些论述中,我们能够更清晰地发现,马克思恩格斯所分析的"历史向世界历史转变"的动力因素主要包括资本、大工业和世界市场;资本、技术和市场机制的共同作用推动了这种转变进程,任何只强调其中一个因素的观点都是片面的;同时,"历史向世界历史转变"实质上不仅是经济领域或者文化领域的转变,而是一个终久会表现为社会各个领域在内的整体性转变进程。不仅如此,马克思恩格斯还科学地预测了"历史向世界历史转变"的最终结果即共产主义的实现。"历史向世界历史转变"进程导致了"生产力的普遍发展和与之相联系的世界交往",导致了地域性的个人被世界历史性的个人所取代。贯彻落实开放发展理念、实施开放发展战略时,必须以马克思恩格斯的世界历史理论为依托。

二、落实"开放"发展理念需要准确把握当代中国的历史方位

准确把握当代中国的历史方位,横向来讲,必须把握好"开放"发展的整体性;纵向来讲,必须把握好当前中国开放发展的历史性(阶段性)。

1. 落实"开放"发展理念、实施开放发展战略必须把握好当前中国开放发展的整体性

开放发展不仅包括对内、对外开放两个方面,而且还包括社会整体领域的开放。历史向世界历史的转变不仅是全球化的实质,而且和全球化是同一个历史进程。丰子义教授对于全球化在各个国家的现实发展过程中主要扮演"角色"的分析,也从全球化功能的角度阐释了我们该怎样把握"开放"发展的整体性。

全球化在各个国家的现实发展过程中主要扮演着这样一些"角色"即作为时代背景的全球化、作为社会发展内在要素的全球化、作为发展工具和手段的全球化、作为发展"问题"的全球化。② 第一,全球化是当代中国发展的时代背景,像其他国家一样,当今中国已经是这个世界体系之网上的关键结点。落实"开放"发展理念、实施开放发展战略是以慎重把握全球化这个大的背景为前

① 《马克思恩格斯选集》,人民出版社 1995 年版,第 273 页。

② 丰子义:《全球化与当代社会发展新变化》,《高校理论战线》2012 年第 8 期,第 5 页。

提的。第二，不谋全局者不足以谋一域，应该把全球化视为当代中国开放发展的内在要求。按照系统论的观点，系统内部与系统外部不停地发生着物质能量的交换。小系统处于大系统之中，并和自身之外的大系统不断地进行着物质能量的交换。在这种大系统和小系统（或整体与部分）的关系之中，大系统质的规定性便会在很大程度上影响到小系统质的规定性。如果将全球化同其中任一国家的关系看作是大系统与小系统的关系，那么，这一国家的发展显然带有全球化的规定性，中国当然也不例外。从这个意义上讲，全球化可以被视为当代中国落实开放发展理念、实施开放发展战略的内在要求。第三，应把全球化视为落实“开放”发展理念、实施开放发展战略、实现中国现代化的重要凭借和支撑。迄今为止的人类历史，现代化和全球化应该是同步的，现代化促进全球化，同时全球化也促进现代化。不同民族国家之所以积极参与全球化，目的就是为了利用全球化所提供的更大的发展平台和更广阔的发展空间来加速实现自己的现代化，中国现阶段开放发展的根本目的也在于此。第四，当前中国落实“开放”发展理念、实施开放发展战略必须注意全球化所带来的各种全球性问题。全球化浪潮的逐步兴起和高涨，促进了人类社会生产力的快速发展，提高了人们的物质生活水平，这是毋庸置疑的事实。但与此同时，全球化的日益发展也产生了许多前所未有的全球性问题，比如南北差距、贫富悬殊、资源问题、环境问题、恐怖主义蔓延、“文化乡愁”等。这些全球性问题，不仅是全球化发展的妨害因素，而且也是各个国家良性发展的重大阻碍。这对于当前中国落实“开放”发展理念、实施开放发展战略来说，同样是需要解决的问题。

具体来讲，落实“开放”发展理念、实施开放发展战略最为重要的是必须直面当代世界的发展现实和中国的发展问题。从全球范围来看，过去三十年左右，在“华盛顿共识”的主导和推动下，特别是随着20世纪90年代以来以计算机、通信和信息产业引导的国际分工的不断发展，全球价值链体系逐步建立并完善，全球贸易和国际直接投资强劲增长。但是2008年世界金融危机爆发以后，经济全球化的动力逐步减弱，世界经济增长低迷，贸易保护主义抬头。全球经济和国际贸易进入深度调整时期，新一轮的全球经贸规则也在酝酿之中。与此同时，新的技术和新的国际分工正在孕育，纳米材料、复合材料、数字制造、3D打印、智能制造、工业机器人、新能源等新技术以及由此产生的新的生产结构、组织结构、商业模式、多样化个性消费需求也在经济调整的阵痛中变得越来越具有现实可能性。就中国内部而言,经济发展已经进入“新常态”。持续了三十多年的经济快速增长逐步放缓;劳动力成本迅速上升,“人口红利”逐渐消失;部分原材料产业出现了严重的产能过剩,资源环境约束趋紧,产业结构亟待升级。与此同时,受益于三十多年的开放发展,中国经济体量日益增大;某些关键技术取得突破,产业分工深入发展,市场经济体制日益健全;具有国际竞争力的企业集团正在形成,大规模“走出去”成为可能;国际政治和文化影响力也大幅提升。所有这些因素,是在落实“开放”发展理念、实施开放发展战略时必须从整体上把握。

2. 落实“开放”发展理念、实施开放发展战略必须把握好当前中国开放发展的历史性

“历史向世界历史转变”的趋势或最终结果虽然是确定的,但“历史向世界历史转变”毕竟是一个漫长的进程。因此,有学者认为应把“历史向世界历史转变”分为两层含义或两个大的阶段。第一层含义或阶段是历史向资本主义世界历史时代的转变,是指资本主义世界历史时代及其演变发展过程,这是历史向世界历史转变的第一个大的阶段;这一转变过程至今仍在新的历史条件下继续着。第二层含义是人类普遍地向共产主义社会的转变,这是历史向世界历史转变的第二个大的阶段。同时,“‘历史向世界历史的转变’的两大阶段在时间规定性上不是截然分开的。在资本主义世界历史时代演变发展的一定阶段上,作为制度的社会主义的最初形态必然会形成和发展起来,从而构成‘历史向世界历史转变’的第二个大的阶段的起点。但是,作为不断革新着的社会主义在其发展的相当长的一个历史时期内,还不会成为全球化的主体,从而也还不可能成为决定或规定全球化本质的因素”。①

应该说,这种划分基本上是符合马克思的世界历史理论和历史发展的客观进程的。这里需要指出的是,也许用“两种性质”代替“两种含义”更为确切,这样更能够体现出“历史向世界历史转变”作为一个整体进程所内含的必然趋势以及由量变到质变所导致的必然历史结果。更为重要的是,虽然这两个阶

① 叶险明:《“历史向世界历史的转变”与全球化的本质及其发展趋势》,《中国人民大学学报》2002 年第 1 期,第 26－33 页。

段在时间规定性上不是截然分开的，而当前的历史仍处于第一阶段，即资本主义世界历史时代及其演变发展过程中。或者说，仍处于西方世界所主导的全球化时代；但是，第一阶段和第二阶段的划分毕竟应该有一个历史节点，即社会主义开始居于"历史向世界历史转变"主导地位的那一刻。

目前从全球范围来看，至少存在以下有利于出现这种历史节点的因素：资本的全球扩张所导致的民族国家的贫富差距日益扩大、资源压力、生态危机、传染病、恐怖主义等全球性问题；西方世界正在普遍经历的金融危机以及西方发达国家内部出现的关键部门的国有化、职工股份所有制、工会对企业管理的参与、覆盖全民的福利网络等；中国作为社会主义国家的日益发展强大以及中国传统文化克服危机的独特优势。那么，是否能够依据这些因素而判断这个历史节点在不久的将来就会出现呢？一方面这些因素的出现证明了"历史向世界历史转变"的必然趋势；另一方面，我们可以发现在克服所有这些问题的过程中，中国已经起到并将继续起到关键的作用。只要我们认清和把握中国当前的历史方位，坚定"道路自信、理论自信、制度自信、文化自信"①，秉持世界眼光和战略思维积极地参与这一进程，贯彻落实"开放"发展理念，制定和实施更为有效的开放发展战略，中国必定会继续发挥更为有力的影响，从而使历史的天平快速向历史节点倾斜。

三、"开放"发展理念的落实路径

1. 落实"开放"发展理念，需要处理好"引进来"和"走出去"的关系

(1)加强供给侧改革，增强创新能力，提高供给体系的质量和效率，解决如何"走出去"的问题。

加强供给侧改革，必须充分激发市场活力和社会成员的创造力。需要进一步破除相关的体制机制障碍，让市场在资源配置中的决定性作用充分发挥出来。当前我们所推进的政府简政放权工作，正是为了让市场更好地发挥作用。政府在经济领域的角色定位，是要为市场主体创造良好的经营环境和解决市场失灵问题。公共部门要充分利用现代信息技术，大力推进"互联网+政务服务"，建立内部数据共享平台，提高为企业主体和社会成员服务效率。与

① 习近平：《在庆祝中国共产党成立95周年大会上的讲话》，新华网2016年7月1日。

此同时，要通过各种措施促进科技与经济的深度融合，充分激发全社会创业创新活力。不断强化企业的市场和创新主体地位，深化科技管理体制改革、激发科研人员积极性，鼓励大众创业、万众创新，使产学研以及各种创业主体多方协同驱动创新。

加快培育人力资本，变“人口红利”为“人才红利”。在此基础上，要鼓励支持我国企业扩大对外投资，促进国内要素有序对外流动，实现市场、能源资源、投资对外深度融合，大力推动贴有中国标签的装备、技术、标准、服务等走向国际市场，实现中国从经济大国到经济强国的转变。在当前条件下，重点是必须扎实推进“一带一路”建设，打造陆上经济走廊和海上合作通道，实现互联互通，促进经贸合作；充分用好人民币海外合作基金、双边产能合作基金等金融财政政策工具，以企业为主采用市场化运作的方式，实施一批重大示范项目以大力加强对外产能合作；优化出口结构，在资本和技术密集装备经由“一带一路”走出去的同时，还要增大服务贸易比重，使走出去全面提质增效。

(2)提高开放发展水平，创新利用外资的新体制新机制，解决如何“引进来”的问题。

除单纯的先进技术设备、关键零部件及紧缺能源原材料的进口外，解决引进来的问题，重点在于严格把握引进外资的质量。要根据当代中国国内经济发展阶段、适应经济发展新常态、转变经济发展方式以及加速结构升级的需要，着力引进承载高新技术、高新人才以及先进管理理念的国际投资。这是我们在利用外资方面的关键点和着力点。在此前提下，还必须围绕引进外资，创新相关体制机制。要想提高引进外资效率，必须简化外资在华企业设立程序，为外商投资提供便利。同时还要通过全面深化改革，大力营造高效透明的公共管理和公共服务环境、竞争有序和公平正义的市场环境、法治化和可预期的外商投资环境，从制度层面形成新的比较优势和竞争优势。在开放模式方面，要加紧创新沿边和内陆开放模式，充分利用外资，打造新的外向型产业集群；在促进国内产业合理转移的同时，也要引导外资更多向中西部地区投放。加快上海、广东、天津、福建四个自由贸易试验区建设，通过体制机制创新大力提高自贸试验区建设质量；积极探索和利用自贸试验区建设经验，及时在更大范围内推广复制。总之，要采取多种合理措施，充分实现外商投资便利化，加速引进来的进程。实现以开放促改革、以开放促发展。

2. 落实开放发展理念，必须坚持平等互利和合作共赢的原则，坚决捍卫国家主权和国家安全

落实开放发展理念，必须坚持平等互利和合作共赢的原则。必须把平等互利和合作共赢原则体现到开放发展的方方面面，倡导与包括西方国家在内的世界各国互通有无、优势互补，做到同担责任、共享权利。同时，要积极推进全球治理合理化、规范化。一方面，要扩大和加强同发展中国家的团结合作，把我国发展与广大发展中国家共同发展紧密联系起来，从而推动全球治理改革，增加我国和广大发展中国家的代表性和话语权；另一方面，还要重视充分运用和发挥联合国、国际货币基金组织、世界银行、世界贸易组织特别是二十国集团、上海合作组织、亚太经合组织、金砖国家等各类国际组织的作用，尽可能运用多种手段规范国际交往中的各种活动和关系，推动国际秩序和治理体系朝着公正合理的方向发展，进而推进国际关系民主化，努力创造“国际社会共同进步的国际关系新格局”，在开放发展中不断吸收和利用全球化的积极成果并“消解随之而来的不利影响”。①

落实开放发展理念，更为基本的是要坚决维护国家主权和国家安全。在对外开放中，我们要坚决反对打着种种旗号粗暴干涉别国内政、肆意践踏别国主权的言行，注重应对各种传统安全问题，反对各种形式的霸权主义和强权政治。但仅仅做到这一点还是不够的。当今世界的复杂性以及新技术的传播利用，大大增加了对外开放中国内经济社会发展的不确定因素，使风险变得难以预测；再加上诸如恐怖主义等非传统安全问题，国家安全就会面临更大的挑战。必须在开放发展中不断壮大自身实力，为更加有效地维护国家主权和国家安全提供坚强支撑。

3. 坚持“文化自信”，加强对外文化交流，特别是要做好马克思主义和中国传统文化的传播，增进“历史向世界历史转变”的积极因素

当前中国的经济体量已经达到世界第二，中国对世界经济增长的贡献率近几年已经遥遥领先于其他国家。在发展中国家需要推进基础设施建设来促进城镇化和工业化、发达国家需要更新基础设施来适应新技术革命和新产业

① 贾高建：《社会发展理论与社会发展战略》，中共中央党校出版社 2005 年版，第 220 页。

发展需要的背景下,习近平主席提出的“一带一路”倡议,得到了绝大多数国家的积极响应。这不仅给沿线国家带来了难得的发展机遇,也给世界经济注入了新的活力。同时,由于西方国家经济恢复乏力,巨大的中国市场使西方资本竞相向中国集聚,从而分享中国发展所带来的机遇。亚洲基础设施投资银行的顺利建成运转,也同样表明了当今世界对中国经济发展的信心乃至依赖。这一切都彰显了当代中国在世界的经济影响力。与此同时,西方世界发展所致的负面现代性后果日益暴露出来,比如两极分化、经济危机、恐怖主义、生态环境恶化等等。这些问题的暴露及其在资本主义所主导框架下难以克服的顽固性,一方面体现了历史唯物主义所揭示的社会历史规律,彰显了马克思主义的真理性①;另一方面也使世界各国不约而同地把目光投向了具有丰富优秀历史文化的社会主义东方大国,以寻求解决之道。

2015 年世界马克思主义大会在北京召开,吸引了众多国际知名学者参加;被誉为“史学奥林匹克”的国际历史科学大会也于同一年在济南召开,这是国际历史科学大会首次进入亚洲;第 24 届世界哲学大会也将于 2018 年在北京举办。这些因素加速了“历史节点”的出现以及世界历史重心的东移。当前,在我们落实开放理念、实现开放发展的过程中,必须坚持道路自信、理论自信、制度自信、文化自信,勇于担负应有的国际责任,在实现自身发展的同时让世界共享中国的发展成果;必须大力传播马克思主义文化,在既利用资本又最大限度地限制资本消极作用的同时,增进马克思主义文化的世界影响力;要大力传播中国优秀传统文化,使世界各国人民真正认识到中国传统文化对于克服现代性消极后果的独特优势。一句话,在展现中国力量的同时,必须“讲好中国故事,传播好中国声音”,大力展示社会主义中国的清新气质和无穷魅力,不断增进“世界历史”达至历史节点的积极因素。

(原载于《系统科学学报》2017 年第 2 期)

---

① 杨桂通:《系统哲学是马克思主义哲学的全新发展》,《系统科学学报》2011 年第 2 期,第 1 - 4 页。